本书系西藏民族大学"西藏社会发展数量经济研究创新团队"项目和
"统计学专业实践教学模式创新研究"项目的阶段性成果

高等院校经济管理类主干课系列教材

计量经济学实验教程

——基于EViews和R软件的应用

JI LIANG JING JI XUE SHI YAN JIAO CHENG

汪 朋 张剑雄 编 著

厦门大学出版社
XIAMEN UNIVERSITY PRESS
国家一级出版社
全国百佳图书出版单位

前 言

　　计量经济学是教育部高等学校经济学科教学指导委员会确定的经济学各专业的八门核心课程之一。在掌握了计量经济学的基本理论和基本方法之后，要用计量经济学方法建立模型就要对大量数据进行处理，不用计算机处理是很难完成的。因此学会如何使用计算机软件处理大量数据，建立计量经济模型是广大师生和研究人员需要迫切解决的问题。但是在计量经济的教学中，软件使用是个薄弱环节，这主要存在两个方面的问题：一是由于计量经济学课程的课时限制，学生没有足够的时间将所学的方法与实际问题相结合，通过计算机软件进行建模、分析和模拟；二是实验使用的软件比较单一，普遍采用的是 EViews 软件，该软件的优点是易学易懂、操作简便，但其自身有很明显的局限。首先该软件像一个黑匣子，数据丢进去，结果出来，这导致学生很难懂得统计和计量背后的真正含义，使得学生在具体操作时往往显得比较迷茫、不够灵活；其次 EViews 在处理一些新出现的计量经济学问题上往往表现得束手无策。

　　基于此，笔者认为有必要开设一门计量经济学计算机软件使用的实验课程，除了介绍 EViews 的操作之外，还应该介绍一门语言类型的统计计量软件的使用，使得学生加深对计量经济学理论和方法的理解，做到对实验结果的准确理解和适当取舍，并在后续进一步学习和研究中若遇到新问题，能够灵活处理。因此，本书选择两个统计计量软件来介绍计量经济学的实验操作。一是选择了比较常用的 EViews 软件，所使用的版本是 EViews8.0；二是选择了 R 统计软件，该软件在国外流行比较广泛，近些年才引入国内，由于其具有免费性、开源性、编程简单直观等诸多优势，一经引入，发展极为迅速，已逐渐流行开来。但目前国内还没有出现专门的应用 R 软件进行计量经济学实验的教材，为此，笔者将 R 软件的操作列入本书的编写中，其操作内容也绝非像国内一般 R 操作介绍书那样只是对外文资料的一些简单翻译，它完全是笔者多年教学和科研经验的总结。

本书共分十一章,除了第一章是统计与计量软件 EViews 和 R 软件的简单介绍外,第二章至第十一章是贯穿目前中高级计量经济学课程全过程的实验,具体包括了经典线性回归模型、放宽基本假定的线性回归模型、含特殊解释变量的回归模型、时间序列模型、离散与受限因变量模型、面板数据模型以及常用的几个重要检验的 EViews 和 R 软件的操作过程。通过实验,尤其是通过 R 软件的计量经济学实验,学生能更深入、直观地理解和掌握计量经济学的理论和方法,了解计量经济分析的步骤和程序,从而达到实际应用的目的。

本书由汪朋和张剑雄共同撰写,其中汪朋主要承担第一章,第四章,第五章,第八章,第九章的第一节,第十章和第十一章的第一、二、三节的撰写工作;张剑雄主要承担第二章,第三章,第六章,第七章,第九章的第二节和第十一章的第四、五节的撰写工作。最后由汪朋进行了加工总纂、修改和定稿。

本书既可以看作是《计量经济学》理论教材的配套教材,也可以看作是计量经济学课程的延伸。适合于作为各类高等院校经济、管理学科本科生、研究生的实验教材或教学参考书,也可供具有一定数学、经济学、统计学和计算机基础的经济管理人员阅读和参考。

本书是西藏民族大学"西藏社会发展数量经济研究创新团队"项目和"统计学专业实践教学模式创新研究"项目的阶段性成果,本书的出版得到了"西藏社会发展数量经济研究创新团队"项目和厦门大学对口援助项目的经费支持,在此表示感谢!

最后,由于本人水平有限,加之时间紧迫,书中不妥甚至错误之处在所难免,恳请广大读者和同行批评指正。

汪朋

2015 年 8 月 15 日

目　录

第一章　EViews 和 R 软件的基本操作

第一节　EViews 的基本操作

一、预备知识

(一)什么是 EViews

EViews(Econometric Views)软件是 QMS(Quantitative Micro Software)公司开发的、基于 Windows 平台下的应用软件,其前身是 DOS 操作系统下的 TSP 软件。EViews 软件是由经济学家开发,主要应用在经济学领域,可用于回归分析与预测(regression and forecasting)、时间序列(time series)以及横截面数据(cross-sectional data)分析。与其他统计软件(如 EXCEL、SAS、SPSS)相比,EViews 功能优势是回归分析与预测,其功能框架见表 1.1.1。

表 1.1.1　Eviews 功能框架

Descriptive statistics 描述统计	Histogram and Statistics View of a Single Series Multiple Series 一个变量或多个变量的统计与图形主要有:图形包括线型图、条形图、多种散点图等;指标有均值、方差、偏度(Skewness)、峰度(Kurtosis)、Jarque-Bera Statistic(雅克-贝拉统计量)
	Correlogram View(相关分析)主要有:Autocorrelations(自相关)、Partial Autocorrelations(偏自相关)、Cross Correlation(交叉相关)、Q-Statistics(Q 统计量)等

续表

Regression 回归	Standard Regression Output(标准回归输出)、Regression Coefficients(回归系数)、t-Statistics(T 统计量)、R2（判定系数）
	Actual and Fitted Values and Residuals(实际值、拟合值、残差)、Actual Values(实际值)、Fitted Values(拟合值)、Residuals(残差)
	Collinearity(共线性)、Heteroskedasticity(异方差性)、Weighted Least Squares(加权最小二乘法)、Two-Stage Least Squares(二段最小二乘法)、Polynomial Distributed Lags(多项式分布滞后)、Nonlinear Least Squares(非线性最小二乘法)、Logit and Probit Models(对数概率单位模型)、Granger Causality(葛兰杰因果检验)、Forecast Variances(预测方差)、Exponential Smoothing(指数平滑)等
Serial Correlation 序列相关	Durbin-Watson Statistic(德宾－沃森统计量)
	ARIMA Models(自回归求积移动平均模型)
	Unit Root Tests(单位根检验)
	Estimation of Difference Models(差分模型的估计)
	Two-Stage Least Squares With Serial Correlation(有自相关的二段最小二乘)
Systems 系统方法	System Estimation(系统估计法)
	Vector Autoregression(VAR 向量自回归)
	Vector Error Correction Models and Cointegration Tests(向量误差校正模型与协积检验)等
Specification and Diagnostic Tests 模型设定与 诊断检验	Test on Coefficient(对系数的检验)、Wald Test of Coefficient Restriction(Wald 检验)、Omitted Variable(省略变量的检验)、Redundant Variable(富裕变量的检验)等
	Tests on Residuals（对残差的检验）、Histogram and Normality Test(相关图与正态性检验)、Series Correlation LMTest(拉格朗日乘数检验)、White Hereoskedasticity Test(怀特检验)等
	Specification and Stability Tests(模型设定与稳定性检验)：如 Chow's Breakpoint Test(邹氏检验)、Ramsey's RESET Test(拉姆齐 RESETJ 检验)

本教材是对目前最新的版本 EViews8.0 的介绍。它是 QMS 公司 2013 年 3 月推出的。

（二）EViews 的安装

EViews8.0 文件大小约 166MB。在安装程序中,点击 SETUP 或 Autorun.exe 安装,安装过程与其他软件安装类似。安装完毕后,将快捷键发送到桌面,电脑桌面就会显示有 EViews8.0 图标,整个安装过程就结束了。双击 EViews 按钮即可启动该软件,如图 1.1.1。

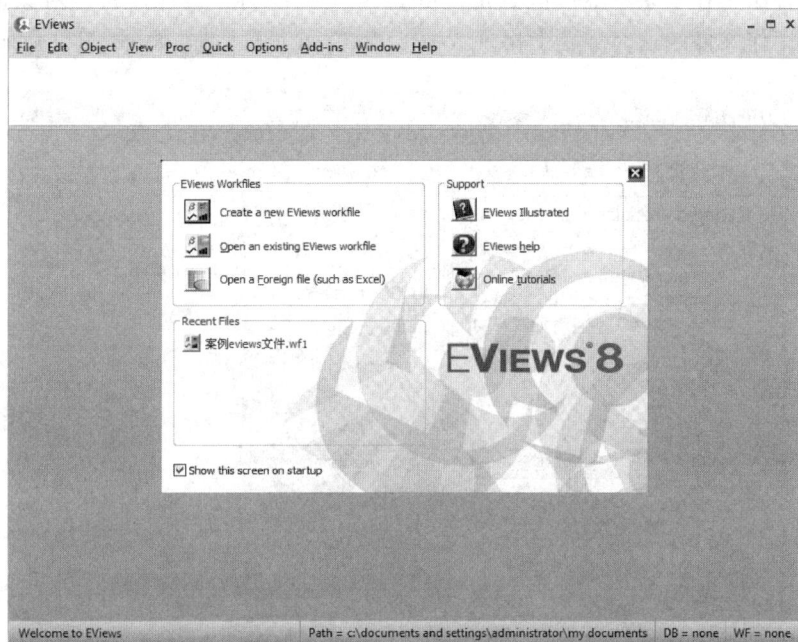

图 1.1.1　EViews8.0 启动界面

二、基本操作

(一)建立工作文件

工作文件(Work file)是用户使用 EViews 软件处理数据时存储在内存中的信息文件,包括在操作过程中输入和建立的全部命名对象。工作文件好比你工作时的桌面一样,上面放置了许多进行处理的东西(如序列、数组、方程、图形等等)。像结束工作时需要清理桌面一样,允许将工作文件保存到磁盘上,如果不对工作文件进行保存,工作文件中的任何东西,关闭机器时将被丢失。用户第一次使用 EViews 处理项目时,通常应从创建工作文件开始。只有建立工作文件或调入原有工作文件后,EViews 才允许用户进行下一步的数据处理。

EViews 的具体操作是在工作文件中进行的。如果想用 EViews 进行某项具体的操作,必须先新建一个工作文件或打开一个已经存在硬盘(或移动硬盘、U 盘等)上的工作文件,然后才能够定义变量、输入数据、建造模型等操作。

建立工作文件的方法有以下几种：

1.菜单方式

方法是在主菜单上依次点击 File→New→Workfile,选择新建对象的类型为工作文件。这时屏幕上出现 Workfile Create 对话框,如图 1.1.2 所示。

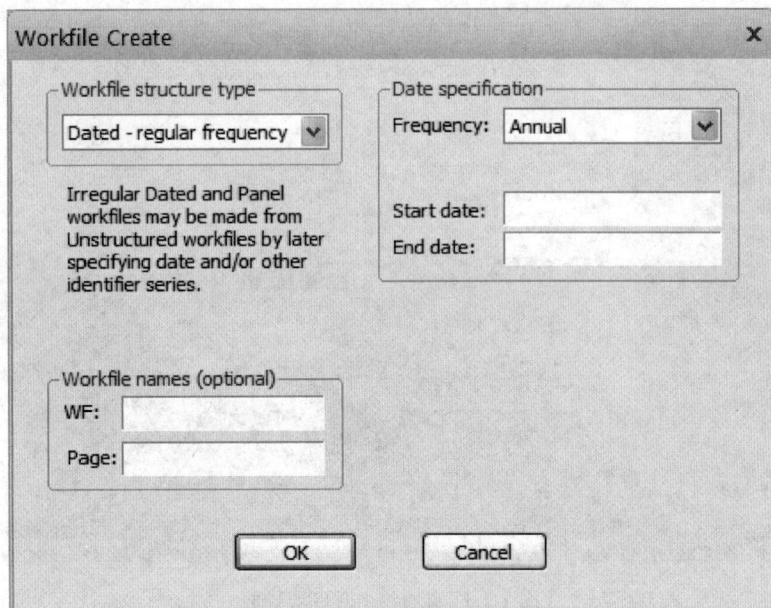

图 1.1.2 Workfile Create 对话框

然后进行 Frequency 项(数据类型)的选择:

Annual——以年为时间间隔的时序数据;

Semi-annual——以半年为时间间隔的时序数据;

Quarterly——以季度为时间间隔的时序数据;

Monthly——以月为时间间隔的时序数据;

Weekly——以周为时间间隔的时序数据;

Daily[5 day weeks]——每周为 5 天以天为时间间隔的时序数据;

Daily[7 day weeks]——每周为 7 天以天为时间间隔的时序数据;

Integer data——非时序数据或截面数据。

工作文件窗口是 EViews 的子窗口。它也有标题栏、控制框、控制按钮,如图 1.1.3 所示。标题栏指明窗口的类型:workfile、工作文件名和存储路径。标题栏下是工作文件窗口的工具条,工具条上是一些按钮,这些按钮的含义是：Views（观察按钮）、Procs（过程按钮）、Save（保存工作文件）、Sample（设置观察值的样本区间）、Genr（利用已有的序列生成新的序列）、Fetch（从磁盘上读取对象）、Store（存储对象）、Show（展示对象）、Freeze（冻结，形成独立的对象）、Delete（删除对象）。

此外，可以从工作文件目录中选取并双击对象（objects，指序列（series）、方程（equations）、模型（models）、系数（coefficients）等），用户就可以展示和分析工作文件内的任何数据。

要注意的是，工作文件一开始其中就包含了两个对象：一个是系数向量 C（保存估计系数用），另一个残差序列 RESID（实际值与拟合值之差）。所以 C 和 RESID 是 EViews 的保留字项，其他变量和对象不能以此命名。

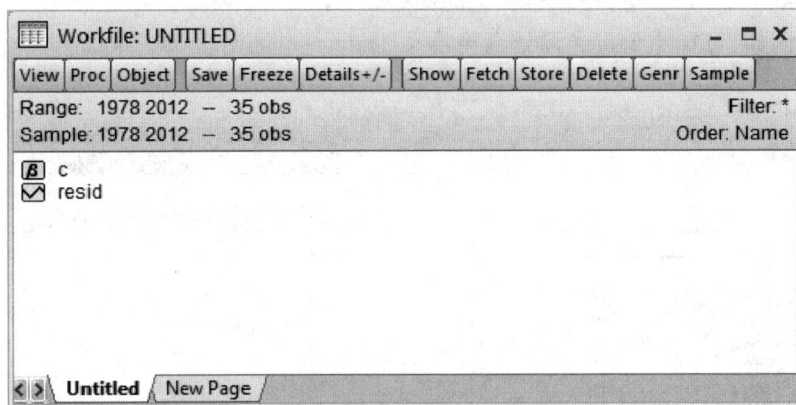

图 1.1.3 Workfile 工作框

使用"Views"选择对象后或直接使用"EViews"主窗口顶部的菜单选项，可以对工作文件和其中的对象进行一些处理。这些处理包括生成新的对象，建立组，估计参数，指数平滑，预测和模拟等。

2.命令方式

在命令窗口（主窗口）也可以直接输入建立工作文件的命令 CREATE，命令格式为

CREATE 数据频率 起始期 终止期

其中，数据频率类型分别为 A（年）、Q（季）、M（月）和 U（非时间序列数据）。输入 EViews 命令时，命令字与命令参数之间只能用空格分隔。例如创建 1978—2012 年的年度时间序列，可键入命令：

CREATE A 1978 2012

保存工作成果：将工作成果保存到磁盘，可点击工具条中 save→输入文件名、路径→保存，或点击菜单栏中"File→Save"或"Save as"，输入文件名、路径，最后保存文件（如果不及时保存工作文件，停电或电脑故障会造成数据丢失）。

（二）录入和编辑数据

建立或调入工作文件以后，可以录入和编辑数据。录入数据有以下三种基本方法：data 命令方式、菜单方式和读取其他文件（如 EXCEL）的数据。

1.data 命令方式

命令格式：data ＜变量名 1＞＜变量名 2＞… ＜变量名 n＞

功能：输入新变量的数据，或编辑、复制工作文件（包括其他类型的文件，如 EXCEL、SPSS 等）中现有变量的数据。

例如，可在主窗口光标处直接输入：Data y x，则出现如下界面：

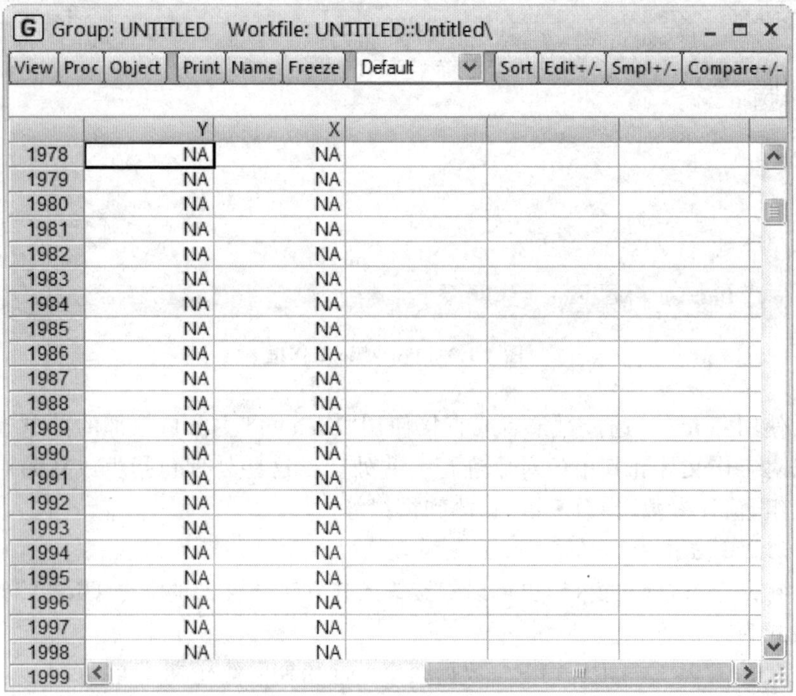

G Group: UNTITLED Workfile: UNTITLED::Untitled\		_ □ X

View	Proc	Object	Print	Name	Freeze	Default ▼	Sort	Edit+/-	Smpl+/-	Compare+/-

	Y	X				
1978	NA	NA				
1979	NA	NA				
1980	NA	NA				
1981	NA	NA				
1982	NA	NA				
1983	NA	NA				
1984	NA	NA				
1985	NA	NA				
1986	NA	NA				
1987	NA	NA				
1988	NA	NA				
1989	NA	NA				
1990	NA	NA				
1991	NA	NA				
1992	NA	NA				
1993	NA	NA				
1994	NA	NA				
1995	NA	NA				
1996	NA	NA				
1997	NA	NA				
1998	NA	NA				
1999						

图 1.1.4 数据录入窗口

这时可将数据输入或复制到 Y 和 X 所在的列即可。

2.菜单方式

在主菜单上点击 Objects→New object,在"New Object"对话框里选"Group"并在"Name for Object"上定义数据组名(如组名为 a),单击"OK"。或在主菜单上依次点击 Quick→Group,先建立一个空组。这两种方式都会出现如下数据编辑框:

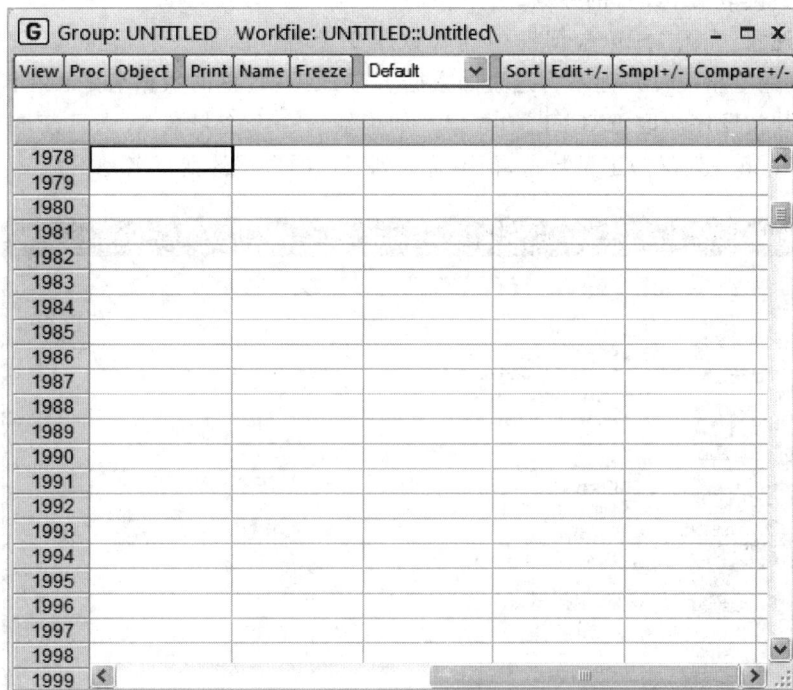

图 1.1.5　菜单方式下的数据录入窗口

录入数据之前,最好先给变量命名(当然也可在数据录入之后命名),方法是向上滚动鼠标,会在如上表格的"1978"所在的行之上新出现一行表格,该表格是用来数据命名的。

数据录入完毕后,关闭以上窗口即可将数据保存到工作文件中。

当然要修改变量名,可直接在工作文件中右击变量名,选择"rename",在新出现的窗口中的"name to identify object"项中输入新变量名字即可。

3.读取 EXCEL 数据

在建立了工作文本后,还可以直接读取 EXCEL 的数据。方法是点击File→Import→Read 后,出现如图 1.1.6 的对话框,在该对话框"file of type"

中选择"Excel(* .xls)",然后在磁盘中找到文件的位置,选中文件,点击"打开",则出现图 1.1.7 所示的对话框,在该对话框的"Names for series or Number if named in file"框中输入数据变量名即可。

说明:在图 1.1.7 的对话框的"Data order"项中选择"By Obervation-series in columns"(默认),则按列读取 EXCEL 的数据,若选择"By Series in rows",则按行读取 EXCEL 的数据。

注意:在图 1.1.7 数据框中输入数据变量名可以是一个,也可以是多个(之间用空格隔开),但不管这里的数据名与 EXCEL 里的数据名是否相同,这里一律按顺序读取 EXCEL 的数据。如你输入一个变量名 x,则只读取 EXCEL 中第一列(行)定量数据,而不管这列(行)的数据的变量名是不是 x。

图 1.1.6

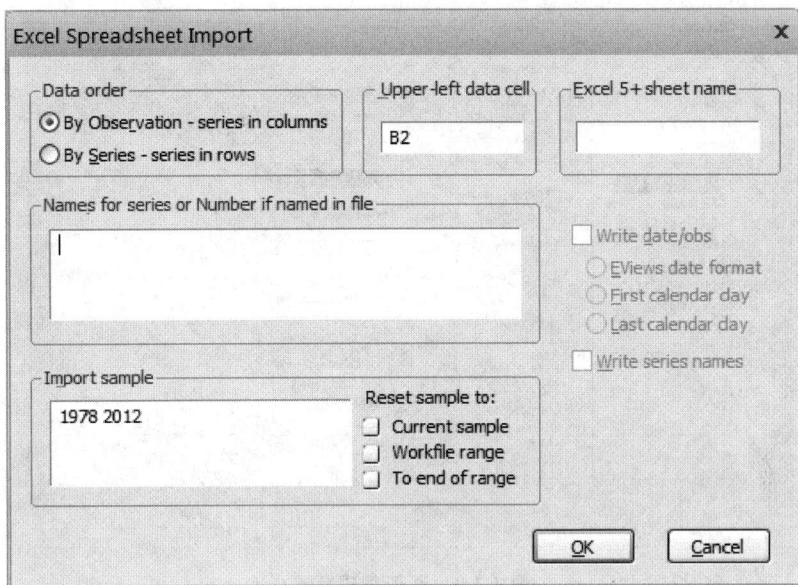

图 1.1.7

(三)图形分析

在估计计量经济模型之前,借助图形分析可以直观在观察经济变量的变动规律和相关关系,以便合理的确定模型的数学形式。图形分析中最常使用的是趋势图和相关图。进行图形分析有两种方式。

1.菜单方式

在数据窗口工具条上 Views 的下拉式菜单中选择 Graph(图形),则出现图 1.1.8,在该图中根据需选择要绘制的图形类型(Graph Type)。

2.命令方式

(1)趋势图:plot x y

该命令是将 x 和 y 的折线图画在一张图形上。

(2)散点图:scat x y

该命令是作 x 和 y 之间的散点图。

说明:在图形作出后,可以根据需要进行修改和补充。双击图形的任意区域,出现图 1.1.8 的数据框,在该对话框中进行相关项目的设置,可以对原始图形作出修改,具体如何修改设置,请读者自行摸索尝试,当然后面章节也会根据需要介绍一些图形的修改设置。

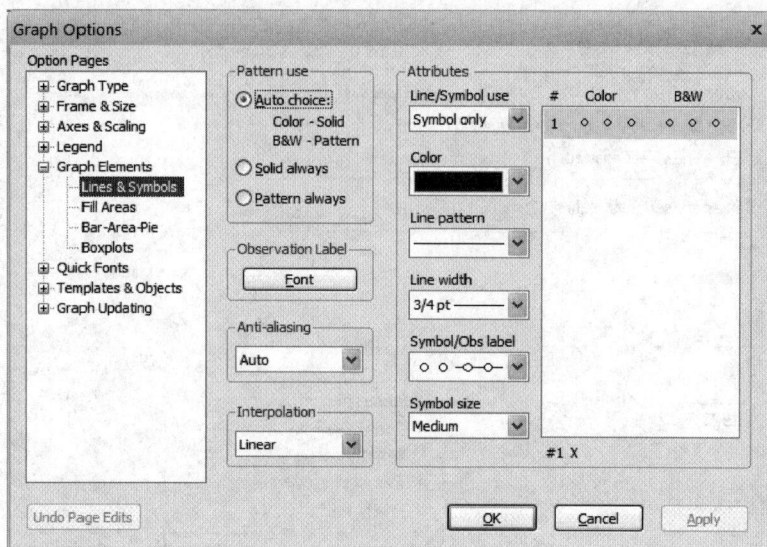

图 1.1.8　图形编辑状态

第二节　R 软件的基本操作

一、R 语言基本知识概述

(一)什么是 R

R 软件是一种自由软件编程语言与操作环境,主要用于统计分析、绘图与数据挖掘。R 是 S 语言的一种实现,最初的 S 语言的实现版本为 S-Plus,后来 Auckland 大学的 Robert Gentleman 和 RossIhaka 及其他志愿人员于 1996 年开发了第一个 R 系统,目前由世界一流的统计学家组成的 R 软件核心开发小组维护。

由于 R 软件和 S-Plus 都是基于 S 语言来开发的,因此 R 软件的使用与 S-Plus 有很多相似之处,两种软件有很好的兼容性,这也使得 S-Plus 的使用手册,只要经过不多的修改就能成为 R 软件的使用手册。但两者不同的是,S-Plus 是商业软件,是需要付费购买的,而 R 软件完全免费;同时 R 软件属于开放式软件,这相当于全世界所有的统计学家都在为 R 软件的发展和完善进行服务,所以 R 软件的更新非常快,一种新的统计与计量方法的出现到 R 软件上的可操作化所需的时间非常短。

与其说 R 软件是一种统计软件,还不如说 R 是一种数学计算环境。因为 R 提供了有弹性的、互动的环境来分析、可视及展示数据,它提供了若干统计程序包,以及一些集成的统计工具和各种数学计算、统计计算的函数,用户只需根据统计模型,指定相应的数据库及相关的参数,便可灵活机动的进行数据分析等工作,甚至创造出符合需要的新的统计计算方法。使用 R 软件可以简化数据分析的过程,从数据的存取,到计算结果的分享,R 软件提供了更加方便的计算工具,帮助人们更好地决策。通过 R 软件的许多内嵌统计函数,用户可以很容易学习和掌握 R 软件的语法,也可以编制自己的函数来扩展现有的 R 语言,完成我们的学习和科研工作。

与其他的计量经济学软件相比,应用 R 软件进行计量经济学实验,具有以下优势:

1.免费性。用户可以轻松下载,这样可以扩大软件的使用面,同时可以促进用户的相互交流,每一个用户都可以轻易获得该软件,都可以下载最新的相关资料。

2.全面性。相对于其他统计软件的单一,几乎所有的统计和计量经济学方法都可以在该软件上实现。R 针对不同的统计与计量经济学领域提供了几百种软件包,这些软件包可以使人们很轻松地实现所掌握的统计与计量方法,尤其是一些微观计量经济学以及时间序列计量经济学中的高级内容,这些内容在传统统计和计量经济学软件中很难实现。

3.有利于加深对计量经济理论和方法的理解,有助于对实验结果的认识和解释。这一点相比于其他几点,更能体现学习 R 软件的必要性。很多软件,如 SPSS、EViews 等界面操作软件,像一只黑箱子,数据丢进去,结果出来,借助这样的软件来学习统计和计量经济学,很难真正懂得统计和计量背后真正的含义。而 R 软件是通过编写程序代码来解决问题的,这使得我们能够把握统计和计量问题的本质,看到解决问题所依据的理论和方法,做到对实验结果的准确理解和适当取舍。

4.R 软件虽然需要编程,但与 SAS 中的编程语言相比,R 语言是彻底面向对象的统计编程语言,其编程思想非常简单,几乎就像是写数学公式一样简单,十分简洁和高效,这样用户就可以很便捷的在已有的程序和函数的基础上编写自己的程序,实现新问题和新方法。

5.R 是一套完整的数据处理、计算和绘图软件系统。其功能包括数据存储和处理系统;数组运算工具(其向量、矩阵运算方面的功能尤其强大);优秀的统计制图功能;可操纵数据的输入和输出,可实现分支、循环及用户的可自定义功能。

6.开放性和前沿性。由于 R 软件开放源代码,使得用户能免费、快捷地获取最新的 R 学习资料、R 源代码及最新的安装文件。同时,由于全世界一流统计学家都为 R 的发展免费服务,使得 R 更新很快,最新的统计与计量方法在从提出到在 R 实现所需的时间非常短,这是其他所有统计与计量软件所不能比拟的。

（二）R 软件的下载与安装

R 软件的官方网站为 https://www.r-project.org/,该网站包含了大量的 R 软件学习资料,同时 R 软件的安装文件也可以在该网站下载。另外,若要下载 R 软件的最新 Windows 版本(R-3.2.1 版,2015 年 6 月 18 日发布,约62.05 兆),可以直接进入网站:http://cran.r-project.org/bin/windows/base/,点击 Download R 3.2.1 for Windows 即可下载。

下载了 R 软件的安装文件后,点击运行该安装文件,按照 Windows 的提示进行安装即可。安装完成后,程序会创建 R 程序组并在桌面上创建 R 主程序的快捷方式(也可以在安装过程中选择不要创建)。通过快捷方式运行 R 软件,便可调出 R 软件的主窗口,如图 1.2.1 所示。

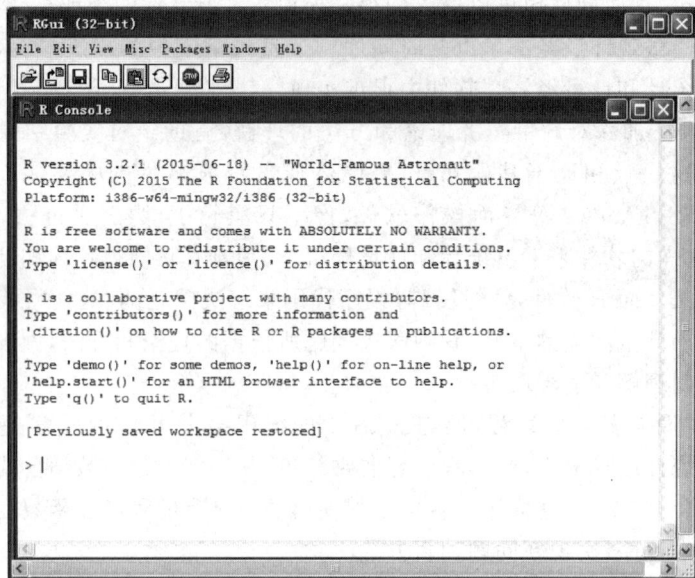

图 1.2.1　R 软件的主窗口

　　R 软件的界面与 Windows 的其他编程软件相类似，是由一些菜单和快捷按钮组成。快捷按钮下面的窗口便是命令输入窗口，它也是部分运算结果的输出窗口，有些运算结果（如图形）则会在新建的窗口中输出。主窗口上方的一些文字（如果是 R 软件中文版，则显示中文）是刚打开 R 软件时出现的一些说明和指引。文字下的">"符号便是 R 的命令提示符（矩形光标），在其后可输出命令。R 一般采用交互式工作方式，在命令提示符后输入命令，回车后便会输出计算结果。

　　需要注意的是，刚开始安装的 R 软件只包括了 8 个基本的模块，一些扩展的功能需要先安装相应的扩展程序包（简称扩展包）。R 软件中扩展包的安装有以下三种方式：

　　（1）菜单方式：单击主窗口工具栏中的【Packages】，选择【Install package(s)】，弹出如下窗口：

　　在上述对话框中选择想要安装的程序包，单击【确定】按钮。此时计算机将自动链接到指定的镜像点，下载程序包，并自动安装。

　　（2）命令方式：用函数 install.packages()，如果已经连接到互联网，在括号中输入要安装的程序包名称，选择镜像后，程序将自动下载并安装程序包。例如：要安装 lmtest 包，在控制台中输入 install.packages("lmtest") 即可。

　　（3）本地安装：在 R 软件的官方网站中下载所需要的扩展包，再依次点击 R 软件工具栏中的【Packages】→【Install package(s) from local zip files …】，选择下载好的扩展包文件，点击确定即可安装。

　　R 的扩展包安装后必须先载入内存才能使用，载入内存的方式有两种：

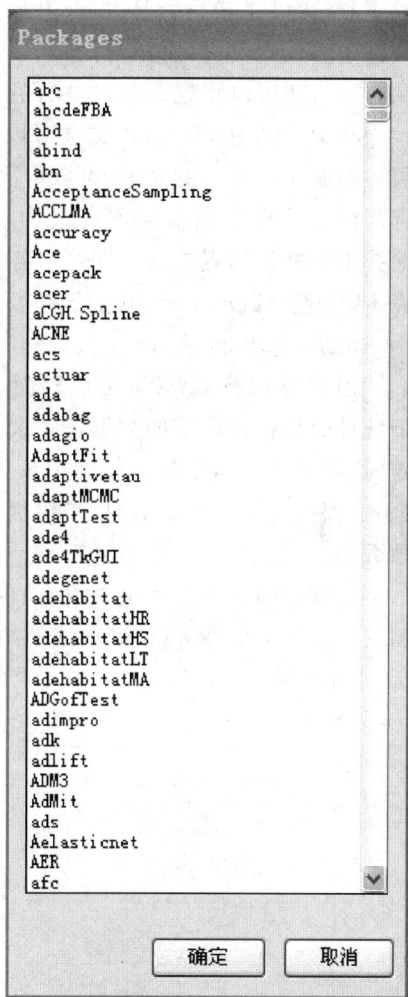

图 1.2.2　选择程序包对话框

(1)菜单方式:点击 R 软件工具栏中的【Packages】→【Load package】,再从已有的程序包中选定一个需要的进行加载。

(2)命令方式:通过函数 library( )进行加载,如要载入程序包 lmtest,输入的代码为 library(lmtest)。

(三)R 程序脚本的建立、打开和保存

在 R 软件主窗口可以输入、运行代码,但由于在主窗口,每回车一次,就会运行代码,导致结果与代码混淆,不够直观清晰。因此,当要输入的 R 代码较多时,建议建立一个 R 文本,在该文本中输入代码,通过有选择性的运行该文件中的代码,既可以做到代码与结果的分离,也可以起到控制结果输出的作用,同时,还可以将这个 R 文本保存起来,以备下次再用。

在 R 软件中,建立 R 文本可以在工具栏中点击【File】→【New script】即可。初次保存建立的文本,可以依次点击【File】→【Save as】,然后在出现的保存窗口中给 R 文本命名(要注意加上后缀名".r",否则下次在 R 中打开该文本时找不到文件),点击确定即可。若要打开保存好的 R 文本,可以在工具栏中点击【File】→【Open script】,选择要打开的文本即可。

(四)数据的录入

用 R 软件录入数据,可以以向量、矩阵、列表和数据框等形式输入数据,但统计分析往往面临的数据量较大,变量也很多,输入数据往往显得很困难。这时,可以考虑先在其他软件中录入数据,然后将数据读到 R 软件中。由于 Excel 是最为强大数据管理工具,因此,这里只说明 R 软件如何从 Excel 中读取数据。

R 软件的基本程序包中没有直接读取 Excel 数据文件的函数,此时需先将 Excel 默认文件类型(xlsx 或 xls)转化为"CSV(逗号分隔)"文件,其后缀名为.csv,如图 1.2.3 所示。

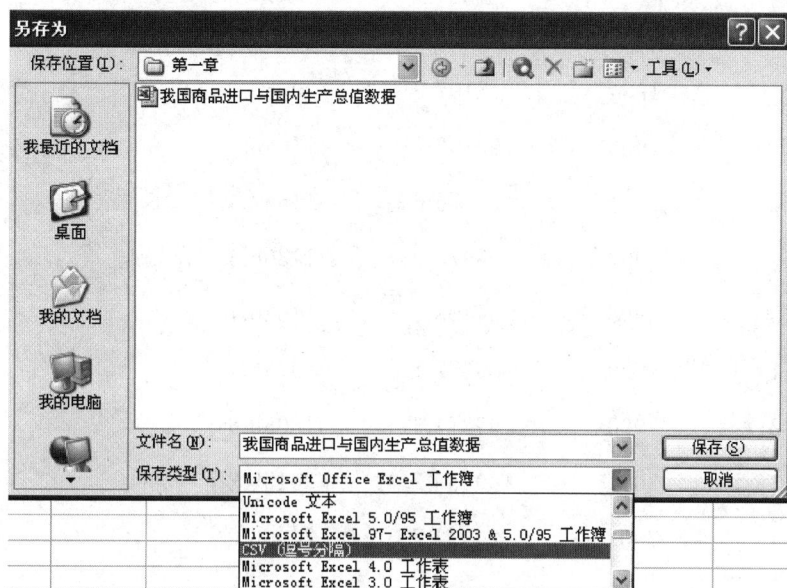

图 1.2.3　将 EXCEL 表另存为 csv 文件

然后再用函数 read.csv( )读取该 csv 文件,格式如下:

　　　read.csv("文件路径/文件名. csv")[①]

例如,将我国 1989—2008 年的商品进口与国内生产总值的数据保存为 Excel 的 csv 文件后,在 R 中输入代码:

rc＝read.csv("我国商品进口与国内生产总值数据.csv")；　rc

运行结果为:

	year	GDP	IM
1	1989	16992.3	2199.9
2	1990	18667.8	2574.3
3	1991	21781.5	3398.7
4	1992	26923.5	4443.3

---

　　① R 语言中表达路径用正斜杠"/"或双反斜杠"\\",这点与 Windows 操作系统不同 (Windows 用单反斜杠);另外,当文件在 R 语言工作目录中时,文件路径可以省略。

5	1993	35333.9	5986.2
6	1994	48197.9	9960.1
7	1995	60793.7	11048.1
8	1996	71176.6	11557.4
9	1997	78973.0	11806.5
10	1998	84402.3	11626.1
11	1999	89677.1	13736.4
12	2000	99214.6	18638.8
13	2001	109655.2	20159.2
14	2002	120332.7	24430.3
15	2003	135822.8	34195.6
16	2004	159878.3	46435.8
17	2005	183217.4	54273.7
18	2006	211923.5	63376.9
19	2007	257305.6	73284.6
20	2008	300670.0	79526.5

要注意的是,函数 read.csv()的结果是将读取的数据以数据框的形式读入 R 软件中,其 Excel 文件的第一行作为变量名。由于数据框中的变量没有载入内存,因此要直接调用变量,要先使用 attach()函数,将各变量名字连接到内存中,如输入:

attach(rc)   ♯将数据框 rc 的变量名连接到内存

GDP

运行结果为:

[1]16992.3 18667.8 21781.5 26923.5 35333.9 48197.9 60793.7 71176.6 78973.0 84402.3

[11]89677.1 99214.6 109655.2 120332.7 135822.8 159878.3 183217.4 211923.5 257305.6 300670.0

（五）R 软件的运算

1.四则运算

R 软件中,四则运算和乘方运算符号分别为:＋,－,＊,/,＾,其运算的优先级与数学中的法则相同。例如在语言中输入代码 $6+5*3^2$,运行后结果为 51。

2.赋值运算

读者可以用符号"＜－"、"＝"或"－＞"来将数值赋给一个变量,至于用哪个符号则视读者的喜好而定。例如,若将数值 9 赋给变量 x,则输入代码 $x<-9$ 或 $9->x$ 或 $x=9$。

要注意的是,赋值运算不显示结果,若要显示赋值的结果,可以在 R 中输入变量名,也可以在赋值时将代码用括号括起来。例如:在 R 中输入代码

x＝9；x

运行结果为:

[1] 9

或输入代码:

（x＝9）

运行结果为:

[1] 9

3.函数运算

R 软件中提供了大量的 R 函数,其调用的格式可以分为"有参数"和"无参数"两类。

如果函数 functionname 是没有参数的,那么只需输入 functionname()便可。但若该函数有参数,则用户就需要设定该函数的参数值。例如,R 软件中,算术平方根函数 sqrt()和绝对值函数 abs()都是只有一个参数的函数,若要计算 16 的算术平方根和－6 的绝对值,可以在 R 中输入代码:

sqrt(16)；abs(－6)

运行结果为:

[1] 4

[1] 6

4.关系运算

R 软件中关系运算的结果是 TRUE(简写为 T)或 FALSE(简写为 F),主要的关系运算符有"＜"、"＜＝"、"＝＝"、"＞"、"＞＝"、"！＝",分别表示"小于"、"小于或等于"、"等于"、"大于"、"大于或等于"、"不等于"。

关于运算就是要比较两个表达式是否存在关系符所表达的关系,如果有

这种关系,则结果为 TRUE,否则结果为 FALSE。例如在 R 软件中输入代码:

x=3;y=4

x<=y; x==y; x>y; x!=y

运行结果为:

[1] TRUE

[1] FALSE

[1] FALSE

[1] TRUE

要注意的是,在 R 软件中,TRUE 或 FALSE 是可以分别作为数值 1 或 0 来参与四则运算的,例如,在 R 中输入代码:

(x<=y)+(x==y)

运行结果为:

[1] 1

5.逻辑运算

R 软件中逻辑运算的结果是 TRUE 或 FALSE,主要的逻辑运算符有 "&"、"|"、"!",分别表示"与"、"或"、"非"。"&"主要判断表达式是否都成立,如果都成立,则运行的结果为 TURE,否则为 FALSE;"|"用于判断多个表达式中是否有成立的,若有,则结果为 TURE,否则为 FALSE;"!"改变某表达式成立的属性,如果该表达式成立,则对该表达式作"!"运算,则结果为 FALSE,反之则反。例如在 R 软件中输入:

x=3;y=4;z=2

(x>y)&(x>z); (x>y)|(x>z); !(x<=y)

运行结果为:

[1] FALSE

[1] TRUE

[1] FALSE

(六)R 软件的几点注意事项

(1)R 软件区分大小写(这一点与 Excel 是不相同的),即 A 与 a 不同;正常情况下所有数字和字母都是可用的;

(2)变量的名称中可以包含任何英文字母、数字、"_"及"."等,但第一个字必须是英文字母,除此之外,R 不允许变量名包含空格或四则运算符等;

(3)代码之间可用";"来分隔,或另起新行;

（4）R 软件中以"♯"代表注释，即"♯"后面的内容为代码的注释；

（5）R 区分全角和半角，一般 R 中的标点（如分号和逗号）和括号都是半角输入法下输入的，否则无法识别；

（6）R 软件提供强大的在线帮助，读者可以通过在线帮助自主学习 R 软件的一些函数、程序包、运算符等的使用方法。关于 R 函数的帮助文件，可以通过"？函数名"、"help(函数名)"或"help("函数名")"的方式来获取；关于程序包的帮助文件，可以通过"help(package＝程序包名)"的方式获取；关于运算符的帮助文件，则可以通过"help("运算符")"来获取。

二、R 软件中的向量与矩阵

（一）向量

1.向量的生成

（1）一般向量的生成

在 R 软件中，生成向量最简单和最常用的函数是 c( )，如果要生成一个变量名为 x，各元素分别为 8.2，3.7，4.5，5.6，7.3 的向量，在 R 软件中可以输入代码：

x＝c(8.2,3.7,4.5,5.6,7.3)

c( )函数还可以将不同的向量合并成一个长度更大的向量，例如，在 R 软件中输入代码：

x＝c(8.2,3.7,4.5,5.6,7.3)

y＝c(1,5,2)

c(x,0,y)

运行结果为：

[1] 8.2 3.7 4.5 5.6 7.3 0.0 1.0 5.0 2.0

（2）生成步长为 1（逐项加 1 或减 1）的向量

在 R 软件中，可以借助于"："运算来生成步长为 1 的向量。若 a 小于 b，则 a:b 表示生成从 a 开始，逐项加 1，直到最后一个元素是不超过 b 的最大数的向量；如果 a 大于 b，则 a:b 表示生成从 a 开始，逐项减 1，直到最后一个元素是不低于 b 的最小数的向量。例如，在 R 软件中输入代码：

1:5；5:1；1.2:5；5.2:1

运行结果为：

[1] 1 2 3 4 5

[1] 5 4 3 2 1

[1] 1.2 2.2 3.2 4.2

[1] 5.2 4.2 3.2 2.2 1.2

要注意的是,":"运算要优先于四则运算,例如在 R 软件中输入代码:

1:9−1;1:(9−1)

运行结果为:

[1] 0 1 2 3 4 5 6 7 8

[1] 1 2 3 4 5 6 7 8

(3)生成等差向量

如果要产生任意公差的等差向量,还可以使用 seq( )函数,其使用格式为

$$seq(from=value1, to= value2, by=value3)$$

它表示产生从 value1 开始,到 value2 结束,公差为 value3 的等差向量。例如,在 R 软件中输入代码:

seq(−2, 2, 0.5)

运行结果为:

[1] −2.0 −1.5 −1.0 −0.5 0.0 0.5 1.0 1.5 2.0

(4)生成重复向量

如果向量的元素中存在很多相同的数,则可以采用 rep( )函数来生成,其使用格式为:

$$rep(x, times=n)$$

它表示将 x(可以是数、向量等)重复 n 次后构成的向量。例如在 R 软件中输入代码:

x=1:3

rep(2,3); rep(x,3)

运行结果为:

[1] 2 2 2

[1] 1 2 3 1 2 3 1 2 3

2.向量的运算

对于向量可以作加(+)、减(−)、乘(*)、除(/)和乘方(^)运算,其含意是对向量的每一个元素进行相应的运算。例如在 R 软件中输入代码:

x=c(1,3,5);y=c(2,4,6)

x+y;x−y;x * y;x/y;x^2

运行结果为:

[1] 3 7 11

[1]−1 −1 −1

[1]2 12 30

[1]0.5000000 0.7500000 0.8333333

[1]1 9 25

在 R 软件中,做类似于数学中向量的乘法(即内积)用符号%＊%,例如对上面产生的 x 和 y 向量,做内积运算,只需在 R 中输入:

x%＊%y

运行结果为:

　　[,1]

[1,]　44

3.向量的元素和子向量的提取

R 软件提供了十分灵活地提取向量的元素和向量子集的功能。向量 x 中的某一个元素只要用 x[i]的格式提取即可。向量 x 的子集可以用 x[v]的形式提取,这里 v 是子向量的元素在 x 中的位置构成的向量;也可以用 x[−w]的形式提取,这里 w 是非子向量的元素在 x 中的位置构成的向量。

例如,在 R 软件中输入代码:

x＝c(1,5,2,4,6,2,7,9,8,5)

x[5];x[1:3];x[c(1,3,5)];x[−5]

运行结果为:

[1]6

[1]1 5 2

[1]1 2 6

[1]1 5 2 4 2 7 9 8 5

4.与向量有关的常用函数

R 软件中提供了大量针对向量的函数,这里列举一些较为常用的基础函数,指出它们的基本功能,见表 1.2.1。

表 1.2.1　与向量有关的基础函数及其功能

函数名	功能
length	计算向量的长度
min	求向量各元素中最小的元素
max	求向量各元素中最大的元素

续表

函数名	功能
sum	求向量各元素之和
prod	求向量各元素的连乘积
max	求向量各元素的最大值
min	求向量各元素的最小值
mean	求数据向量的算术平均数
median	求数据向量的中位数
var	求数据向量的样本方差
sd	求数据向量的样本标准差
sort	计算数据向量的顺序统计量
order	计算数据向量的顺序统计量在原数据中的位置

例如，在 R 软件中输入代码：

x＝c(1,5,7,3)

length(x)；min(x)；max(x)；sum(x)；prod(x)；mean(x)；var(x)；sd(x)

运行结果为：

[1]4

[1]1

[1]7

[1]16

[1]105

[1]4

[1]6.666667

[1]2.581989

（二）矩阵

1.矩阵的生成

R 软件中生成矩阵的方法很多，这里只介绍生成矩阵的函数 matrix( )，其一般使用格式为：

matrix(data＝NA,nrow＝1,ncol＝1,byrow＝FALSE,dimnames＝NULL)

其中 data 是一个向量数据；nrow 是矩阵的行数；ncol 是矩阵的列数；当 byrow＝TRUE 时，生成矩阵的数据按行放置，byrow＝FALSE（默认值），数据按列放置；dimnames 是设置矩阵行列名称的参数，缺省时不设置矩阵行列的名称。

例如，要生成一个元素分别为 1 到 20 的 4×5 矩阵，可以在 R 软件中输入代码：

A＝matrix(1:20,nrow＝4,ncol＝5)

B＝matrix(1:20,nrow＝4,ncol＝5,byrow＝T)

A；B

运行结果为：

	[,1]	[,2]	[,3]	[,4]	[,5]
[1,]	1	5	9	13	17
[2,]	2	6	10	14	18
[3,]	3	7	11	15	19
[4,]	4	8	12	16	20

	[,1]	[,2]	[,3]	[,4]	[,5]
[1,]	1	2	3	4	5
[2,]	6	7	8	9	10
[3,]	11	12	13	14	15
[4,]	16	17	18	19	20

要注意的是，当用于生成矩阵的数据的个数刚好等于矩阵行数与列数的乘积时，行参数 nrow 和列参数 ncol 只需设置一个即可，例如代码 matrix(1:20,nrow＝4)得到的矩阵与上面得到的 A 矩阵是相同的；当用于生成矩阵的数据的个数不等于矩阵行数与列数的乘积时，行参数 nrow 和列参数 ncol 就都需要设置，例如：

C＝matrix(1:20,nrow＝4,ncol＝4)

D＝matrix(1:20,nrow＝5,ncol＝5)

C；D

运行的结果为：

	[,1]	[,2]	[,3]	[,4]
[1,]	1	5	9	13
[2,]	2	6	10	14
[3,]	3	7	11	15
[4,]	4	8	12	16

	[,1]	[,2]	[,3]	[,4]	[,5]
[1,]	1	6	11	16	1
[2,]	2	7	12	17	2
[3,]	3	8	13	18	3
[4,]	4	9	14	19	4
[5,]	5	10	15	20	5

2.矩阵的运算

(1)矩阵的四则运算

在 R 软件中,对相同形状(行数与列数分别相同)的矩阵进行四则运算(＋、－、＊、/),其含意是对矩阵的每一个元素进行相应的运算。例如,在 R 软件中输入代码:

A＝matrix(1:9,nrow＝3,byrow＝T)

B＝matrix(2:10, nrow＝3,byrow＝T)

A；B；A＋B；A－B；A＊B；A/B

运行的结果为:

	[,1]	[,2]	[,3]
[1,]	1	2	3
[2,]	4	5	6
[3,]	7	8	9

	[,1]	[,2]	[,3]
[1,]	2	3	4
[2,]	5	6	7

	[,1]	[,2]	[,3]
[3,]	8	9	10

	[,1]	[,2]	[,3]
[1,]	3	5	7
[2,]	9	11	13
[3,]	15	17	19

	[,1]	[,2]	[,3]
[1,]	−1	−1	−1
[2,]	−1	−1	−1
[3,]	−1	−1	−1

	[,1]	[,2]	[,3]
[1,]	2	6	12
[2,]	20	30	42
[3,]	56	72	90

	[,1]	[,2]	[,3]
[1,]	0.500	0.6666667	0.7500000
[2,]	0.800	0.8333333	0.8571429
[3,]	0.875	0.8888889	0.9000000

(2)矩阵的数乘运算和乘法运算

在 R 软件中,矩阵的数乘运算可以直接用"＊"来实现,而线性代数中的矩阵乘法运算,需要通过运算符"％＊％"来实现。例如,在 R 软件中输入代码:

A＝matrix(1:12,nrow＝3,byrow＝T)
B＝matrix(12:1,nrow＝4,byrow＝T)
A；B；2＊A；A％＊％B

运行结果为:

	[,1]	[,2]	[,3]	[,4]
[1,]	1	2	3	4
[2,]	5	6	7	8

	[,1]	[,2]	[,3]	[,4]
[3,]	9	10	11	12

	[,1]	[,2]	[,3]
[1,]	12	11	10
[2,]	9	8	7
[3,]	6	5	4
[4,]	3	2	1

	[,1]	[,2]	[,3]	[,4]
[1,]	2	4	6	8
[2,]	10	12	14	16
[3,]	18	20	22	24

	[,1]	[,2]	[,3]
[1,]	60	50	40
[2,]	180	154	128
[3,]	300	258	216

3.矩阵的元素、行列向量及子矩阵的提取

在 R 软件中,可以用 A[u,v]的形式对矩阵 A 的一部分进行提取,这里 u 是要提取的部分在原矩阵中行的位置构成的向量(或数),v 是要提取的部分在原矩阵中列的位置构成的向量(或数),并且在 u 或 v 省略时,取出所有的行或列。例如在 R 软件中输入代码:

A＝matrix(1:12,nrow＝3,byrow＝T)

A;A[3,2];A[1,];A[,2];A[1:3,3:4];A[c(1,3),c(3,2)]

运行结果为:

	[,1]	[,2]	[,3]	[,4]
[1,]	1	2	3	4
[2,]	5	6	7	8
[3,]	9	10	11	12

[1] 10

[1] 1 2 3 4

```
[1]        2        6        10
           [,1]     [,2]
[1,]       3        4
[2,]       7        8
[3,]       11       12
           [,1]     [,2]
[1,]       3        2
[2,]       11       10
```

4.与矩阵有关的常用函数

R 软件中提供了大量针对矩阵的函数,这里列举一些较为常用的矩阵函数,指出它们的基本功能,见表 1.2.2。

表 1.2.2　与矩阵有关的常用函数及其功能

函数名	功能
t	求矩阵的转置
det	求方阵的行列式
diag	当作用的对象是一个向量时,生成对角矩阵;当作用的对象时一个矩阵,则取该矩阵的主对角线
solve	A 为方阵,b 为向量(长度与矩阵 A 的函数相同),则 solve(A)计算矩阵 A 的逆;solve(A,b)求解线性方程组 AX=b
eigen	求矩阵的特征值与特征向量
cbind	A,B 为两矩阵,则 cbind(A,B)按列合并 A,B 矩阵
rbind	A,B 为两矩阵,则 rbind(A,B)按行合并 A,B 矩阵
apply	对矩阵的各行或各列进行某种运算,其实格式为 apply(A, MARGIN, FUN, …),其中 A 是一个矩阵(或数组);MARGIN=1 表示对矩阵的行进行运算,MARGIN=2 表示对矩阵的列进行运算;FUN 是用来计算的函数

例如,在 R 中输入代码:

A=matrix(c(1:8,10),nrow=3,byrow=T); b=c(2,5,10)

A; t(A); det(A); diag(A); diag(b); solve(A); solve(A,b); apply(A,1,sum)

运行结果为：

```
    [,1] [,2][,3]
[1,]   1    2    3
[2,]   4    5    6
[3,]   7    8   10
      [,1]  [,2]  [,3]
[1,]   1    4    7
[2,]   2    5    8
[3,]   3    6   10
[1]  −3
[1]   1   5 10
      [,1]  [,2]  [,3]
[1,]   2    0    0
[2,]   0    5    0
[3,]   0    0   10
        [,1]      [,2]    [,3]
[1,] −0.6666667 −1.333333   1
[2,] −0.6666667  3.666667  −2
[3,]  1.0000000 −2.000000   1
[1]   2   −3    2
[1]   6   15   25
```

四、列表、数据框与因子

(一)列表
列表是一种特别的对象集合,组成它的元素的类型可以是任意对象(包括列表),且不同元素可以是不同类型的数据。

1.列表的生成

在 R 软件中,生成列表的函数是 list()。例如,在 R 软件中输入代码:

list(name="James",height=2.03,no.children=2,child.ages=c(11,8))

运行结果为:

$ name

[1] "James"

$ height

[1] 2.03

$ no.children

[1] 2

$ child.ages

[1] 11　8

2.列表的元素与子列表的提取

列表的元素可以用"列表名[[下标]]"或"列表名 $ 元素名"的格式提取。例如,在 R 软件中输入代码:

L=list(name="James",height=2.03,no.children=2,child.ages=c(11,8))

L[[1]];L[[4]]; L $ height

运行结果为

[1] "James"

[1] 11　8

[1] 2.03

要注意的是,列表不同于向量,它每次只能提取一个元素,如 L[[1:2]]的用法是不允许的。

要提取一个列表的子列表,可以用"列表名[下标]"或"列表名[下标范围]"来实现。例如,对于上面产生的列表 L,分别提取它的第一个元素构成的子列表和前两个元素构成的子列表,可以在 R 中输入代码:

L[1]; L[1:2]

运行结果为:

$ name

[1]"James"

$ name

[1]"James"

$ height

[1] 2.03

(二)数据框

数据框是 R 软件的一种数据结构。它通常是矩阵形式的数据,但矩阵各列可以是不同类型的。数据框的每列是一个变量,每行都是某个具体对象在各个变量上的一组观测值。

1.数据框的生成

生成数据框的函数是 data.frame()。例如,在 R 软件中输入代码:

sjk=data.frame(Name=c("Zhang Hua", "Wang Lei", "Du Xiaoming"),
          class=c("t1","t2","t3"),score=c(70,85,76))

sjk

运行结果为

	Name	class	score
1	Zhang Hua	t1	70
2	Wang Lei	t2	85
3	Du Xiaoming	t3	76

2.数据框的元素与子数据框的提取

数据框的元素与子数据框的提取,既可以采用类似于矩阵元素和子矩阵的提取方式,也可以采用"数据框名 $ 元素名"的方式来提取。例如,在得到上面数据框 sjk 的基础上,在 R 软件中输入代码:

sjk[2:3,c(1,3)]; sjk $ score

运行结果为:

	Name	score
2	Wang Lei	85
3	Du Xiaoming	76

[1] 70 85 76

3.数据框变量的调用和 attach()函数

数据框的主要用途是保存不同类型的多变量的数据,但由于数据框的变量名没有载入内存,因此要调用该变量,须采用"数据框名 $ 元素名"的方式。但是,这样比较麻烦,可以考虑用 R 软件中的 attach()函数把数据框中的变量"连接"到内存中,这样便可以自由调用该变量了。例如,在 R 软件中输入代码:

attach(sjk); score

运行结果为：

[1]　70　85　76

有时为了方便，需要取消变量的链接，这时可以使用与 attach() 功能相反的函数 detach()（无参数即可）。

（三）因子

因子是 R 软件中一类特殊的对象，其主要目的是为了表达与说明定性变量的取值。生成因子最基本的函数是 factor()。例如，在知道 5 位学生的性别后，生成一个性别因子，可以在 R 软件中输入代码：

sex＝c("M","F","M","M", "F")

sexf＝factor(sex)；　sexf

运行结果为：

[1]　M　F　M　M　F

Levels：F　M

产生一些有规律的因子，还经常使用 gl() 函数，该函数的使用格式为：

gl(n, k, length = n * k, labels = 1:n, ordered = FALSE)

其中 n 为水平数；k 为重复的次数；length 为结果的长度；labels 是一个 n 维向量；表示因子水平；ordered 是逻辑变量；表示是否为有序因子；缺省值为 FALSE。

在 R 软件中输入代码：

gl(3,5)

运行结果为：

[1]　1　1　1　1　1　2　2　2　2　2　3　3　3　3　3

Levels：1　2　3

在 R 软件中输入代码：

gl(3,1,15)

运行结果为：

[1]1　2　3　1　2　3　1　2　3　1　2　3　1　2　3

Levels：1　2　3

要注意的是，gl() 函数产生的因子中数字并不是真正意义上的数，它仅仅只代表类别，如上面产生的因子中的"1"、"2"、"3"分别代表第 1 类、第 2 类和第 3 类。

四、R 软件程序设计

与其他高级语言类似,R 软件也提供了的分支、循环等程序设计结构,下面主要介绍常用的三种结构:if/else 结构,for 循环和 while 循环。这些结构经常包含大量的 R 命令,故建议在 R 文本中编写。

（一）if/else 结构

if/else 结构的格式为:

if(cond) {statement1}

if (cond1) {statement1} else if (cond2) {statement2 } else {statement3}

第一种格式的意思是:如果条件 cond 成立,则执行表达式 statement1;否则跳过。

第二种格式的意思是:如果条件 cond1 成立,则执行表达式 statement1;如果条件 cond2 成立,则执行表达式 statement2;否则(cond1 和 cond2 都不成立),则执行表达式 statement3。

例 1.2.1 表达如下分段函数:

$$f(x)=\begin{cases} x^2+1, & x>1 \\ 2x, & x\leqslant 1 \end{cases}$$

解 在 R 软件中输入代码:

if(x>1) {y=x^2 +1}   else   {y=2 * x }

（二）for 循环

for 循环的格式为:

$$\text{for (name in expr\_1)\{ expr\_2\}}$$

其中 name 是循环变量,expr1 是一个向量表达式(通常是个序列,如 1:20),expr_2 通常是一组表达式。

例 1.2.2 构造一个 3 阶的 Hibert 矩阵 $(a_{ij})_{3\times3}=\left(\dfrac{1}{i+j}\right)_{3\times3}$。

解 在 R 软件中输入代码:

A=matrix(0, nrow=3, ncol=3)

for (i in 1:3) {

for (j in 1:3) {A[i,j]=1/(i+j) } }; A

运行结果为:

	[,1]	[,2]	[,3]
[1,]	0.5000000	0.3333333	0.2500000

[2,]	0.3333333	0.2500000	0.2000000
[3,]	0.2500000	0.2000000	0.1666667

（三）while 循环

while 循环语句的格式为：

$$\text{while (condition) \{ expression\}}$$

其意为当条件 condition 成立，则执行表达式 expr。

例 1.2.3 设银行年利率为 11.25%（按复利），将 10 000 元存入银行，问多长时间会连本带息翻一番？

解 在 R 软件中输入代码：

year=0；　a=10000

while（a<20000）

{a=a * (1+11.25/100)；year=year+1}；　year；a

运行结果为：

[1] 7

[1] 21091.14

五、编写函数

R 语言允许用户创建自己的函数（function）对象。一个 R 函数是通过下面的语句形式来定义的：

$$\text{name=function(arg1，arg2，\cdots)　\{expression \}}$$

其中 expression 是一组 R 语言表达式，它利用各参数（arg1，arg2，...）计算最终的结果。该组表达式的值就是函数的返回值。

例 1.2.4 将例 1.2.1 中的数学函数编写为 R 函数。

解 在 R 软件中输入代码：

f=function(x) {

if(x>1)　{y=x^2 +1}　　else　{y=2 * x}

y }

运行该函数的代码后，若要求出例 1.1 的数学函数在 0，1，2 的取值，则只需在 R 中输入代码：

f(0)；f(1)；f(2)

运行结果为：

[1] 0

[1] 2

[1] 5

关于函数的调用,这里在补充说明两点:

(1)当调用函数时,参数值是按顺序设置的,则参数名可以省略不写。但如果参数值不是按顺序设置的,则改变顺序的参数值必须带上参数名,即必须按"name＝object"方式给出参数值。

(2)许多时候,参数会被设定一些默认值,如果默认值符合要求,则可以省略这些参数的设置。

例如,定义如下函数:

fun＝function(data,data.frame,graph＝TRUE,limit＝20){
            ……(省略)   }

则以下调用方式是等价的:

fun(d,df,TRUE)

fun(d,df, graph＝TRUE,limit＝20)

fun(data＝d,limit＝20,graph＝TRUE,data.frame＝df)

六、R 绘图

在 R 软件中,有二类作图函数,一类是高级绘图函数,另一类是低级绘图函数。所谓高级绘图函数,是指在图形设备上产生一个新的图区,它可能包括坐标轴,标签,标题等等。而低级绘图函数是自身无法生成图形,它只在一个已经存在的图上加上更多的图形元素,如额外的点,线和标签等。

(一)plot()函数

R 软件中常用的高级绘图函数有很多,但鉴于本书后面的内容需要,这里只介绍 plot()这一高级绘图函数。

plot()函数可绘制数据的散点图、曲线图等,其用途很广,用法也很多,下面主要讲三种常用的用法。

1.plot(x, y)

这里 x 和 y 是两变量数据构成的向量,此种用法生成的是变量 x(作自变量)与变量 y(作因变量)之间的散点图。

2.plot(x)

这里如果 x 是一时间序列,则此种用法生成时间序列散点图。如果 x 是向量,则产生 x 关于下标的散点图。

3.plot(df);plot(～expr);plot(y～expr)

这里 df 是数据框,y 是任意一个对象,expr 是对象名称的表达式,如 a＋b

＋c。其中 plot(df)绘制数据框 df 中两两变量之间的散点图；plot(～expr)绘制表达式 expr 中涉及的变量两两之间的散点图，如 plot(～x＋y)与 plot(x,y)绘制的图形是相同的；plot(y～expr)绘制的是变量 y 作为因变量，与 expr中各变量之间的散点图，如 plot(y～x)与 plot(x,y)绘制的图形是相同的。

例 1.2.5 某产品 10 个销售周期的销售量、价格、销售费用的数据如表 1.2.3所示。根据这些数据绘制该产品销售量、价格、销售费用之间的散点图。

表 1.2.3 某产品的销售量、价格、销售费用的数据

销售周期	销售量(百万支)	销售价格(元)	销售费用(百万元)
1	7.38	3.85	5.50
2	8.51	3.75	6.75
3	9.52	3.70	7.25
4	7.50	3.70	5.50
5	9.33	3.60	7.00
6	8.28	3.60	6.50
7	8.75	3.60	6.75
8	7.87	3.80	5.25
9	7.10	3.80	5.25
10	8.00	3.85	6.00

解 以 Q 代表该产品销售量，P 代表产品价格，X 代表产品的销售费用，在R 中输入代码：

```
df＝data.frame(
Q＝c(7.38,8.51,9.52,7.50,9.33,8.28,8.75,7.87,7.10,8.00),
P＝c(3.85,3.75,3.70,3.70,3.60,3.60,3.60,3.80,3.80,3.85),
X＝c(5.50,6.75,7.25,5.50,7.00,6.50,6.75,5.25,5.25,6.00))
attach(df)
plot(Q)
plot(P,Q)          ♯或为 plot(Q～P)
plot(Q～P＋X)
plot(df)
```

运行结果为：

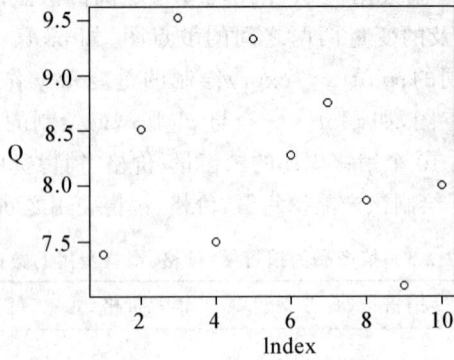

图 1.2.4　plot(Q)的运行结果

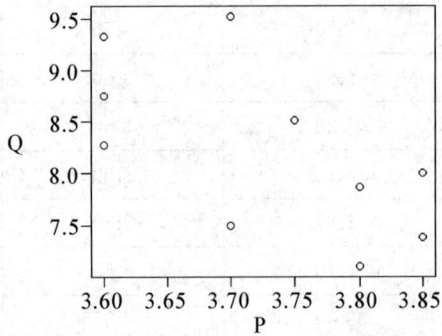

图 1.2.5　plot(P, Q)或 plot(Q~P)的运行结果

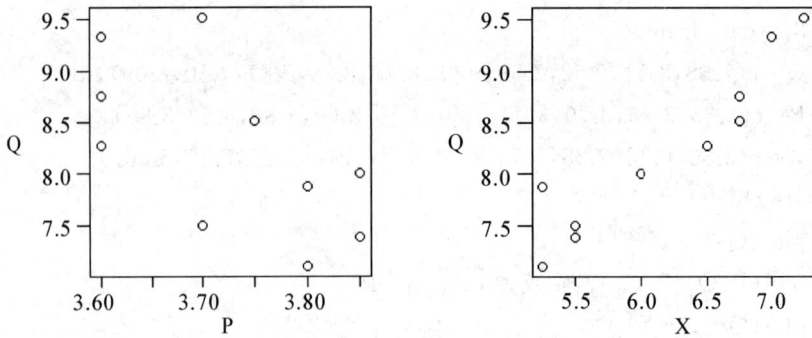

图 1.2.6　plot(Q~P＋X)的运行结果

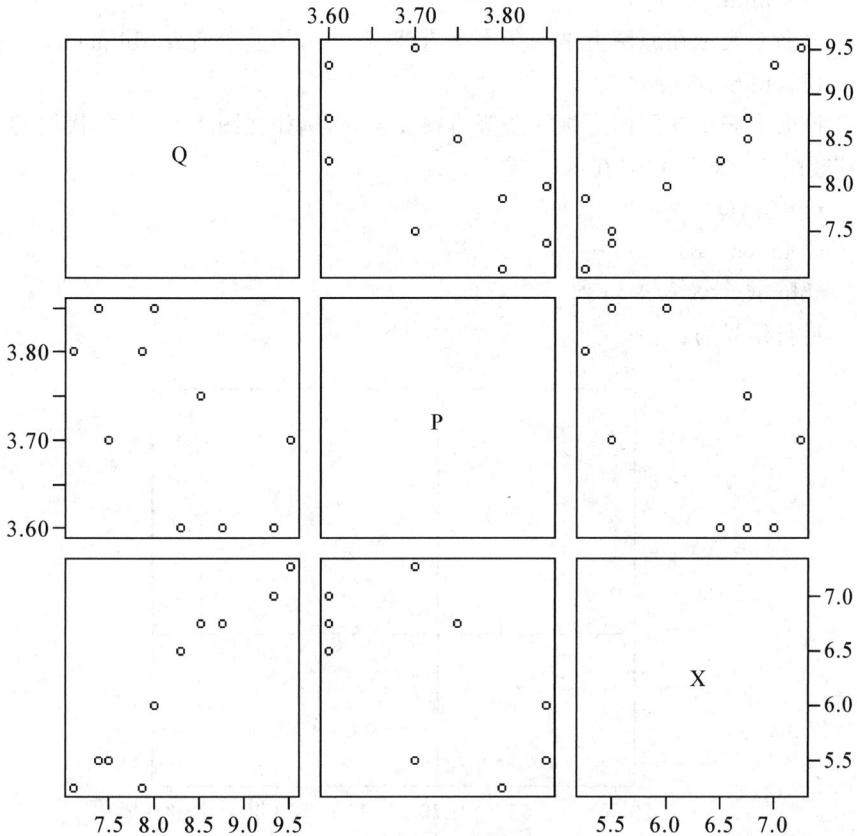

图 1.2.7　**plot(df)的运行结果**

(二)常用的低级绘图函数

1.加"点"与"线"的函数

加点函数是 points(),其作用是在已有图上加点,命令 points(x, y)其功能相当于 plot (x,y)。

加线函数 lines(),其作用是在已有图上加线,命令 lines(x, y)其功能相当于 plot(x, y, type="l")。

2.在图上加直线

函数 abline()可以在图形上加直线,其使用方法有四种格式。

(1)abline(a, b)

该命令的意思是在原图上画一条 $y = a + bx$ 的直线。

（2）abline(h＝y)

该命令表示在原图上画一条水平直线 $y = h$ ，相当于命令 abline(h，0)。

（3）abline(v＝x)

该命令表示在原图上画一条竖直线 $x = v$ ，例如在图 1.2.5 上加横线 $Q = 8$ 和竖线 $P = 3.7$，可以在 R 中输入：

plot(P,Q)

abline(h＝8)

abline(v＝3.7)

运行结果为：

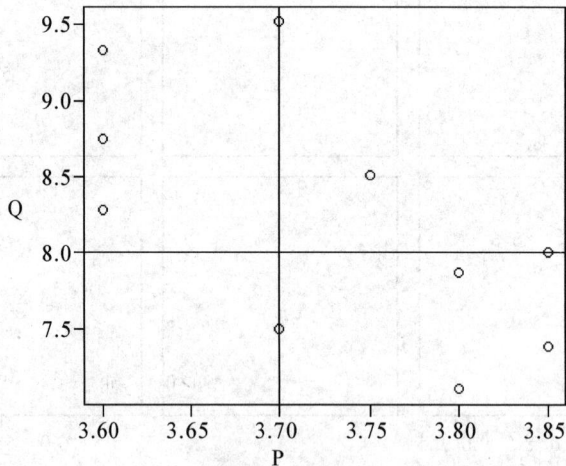

图 1.2.8　加横线和竖线后的散点图

（4）abline(lm.obj)

此命令表示绘出线性回归模型得到的线性方程。如对例 1.2.5 产品销售量和价格的数据,在两者的散点图上加上回归直线,可以在 R 中输入代码：

fm＝lm(Q∼P)

plot(P,Q)

abline(fm)

运行结果为：

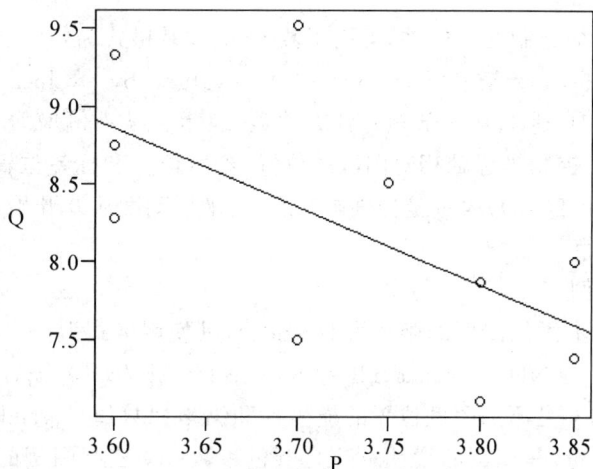

图 1.2.8　添加回归直线的散点图

3.在图上加标记

在图上加文字、标记或其他内容有两个函数,一个是加图的题目的函数 title(),用法是:

$$title(main="Main Title", \; sub = "sub title",)$$

其中主题目加在图的顶部,子题目加在图形的底部。

另一个函数是 text(),其作用是在图上加标记,命令格式为:

$$text(x, \; y, \; labels, \cdots)$$

其中 x, y 是数据向量,labels 可以是整数,也可以是字符串。在默认状态下,labels$=1$:length(x)。例如,需要绘出(x, y)的散点图,并将所有点用数字标记,其代码为:

plot(x,y);　text(x,y)

说明 1:text(x,y)将标记每个散点,如果将(x, y)改成具体的坐标点,则只在这个坐标点的位置标记。

说明 2:用 text(x, y,expression(...))可以在一个图形上加上数学公式,函数 expression 把自变量转换为数学公式。代码:

text(a, b, expression(p == over(1, 1+e^−(beta * x+alpha))))

则在图中相应坐标点(a, b)处显示下面的方程:

$$p = \frac{1}{1+e^{-(\beta x+\alpha)}}$$

4.改变坐标轴

修改和增加定制的坐标轴,可用函数 axis(),其格式为:

axis(side, at＝seq(from＝value1,to＝value2,by＝value3)，…)

其中 side(1 到 4,从底部顺时针方式数)表示在某一侧增加一个坐标轴。另一个参数 at 控制坐标轴相对图区的位置,刻度位置和标签位置。例如 axis (1，at＝seq(0，20,5))表示坐标轴画在底部,坐标刻度从 0 开始,刻度之间间隔 5,到 20 结束。

5.添加图例

在统计图上添加图例的函数为 legend(),其使用格式为:

legend(x,y＝NULL,legend,fill＝NULL,col＝par("col"),lty,lwd,pch,…)

其中 x 和 y 是添加图例位置的横坐标和纵坐标数值;legend 是字符或表达式构成的向量,是图例的说明;col 是颜色参数;lty 控制图例的符号是用虚线还是实线;lwd 控制图例符号的粗细;pch 控制图例点的符号参数;其他参数请参见在线帮助。

关于 legend()函数的具体使用方法,读者可参见第八章的案例。

6.绘图布局的控制

par()函数可统一要求后面的绘制图形都按照 par 指定的参数来绘制(除非后面的函数再单独设置了参数,否则一律按 par()指定的来绘制)。例如:

par(bg＝"yellow")   ♯bg 为背景参数

将导致后来的图形都以黄色的背景来绘制。

另外 par()函数还可将后面的图形按顺序控制在一张画面输出,具体代码为:

par(mfrow＝c(2,2))或 par(mfcol＝c(2,2))

以上代码的意思是将后面的四幅图按 2 行 2 列的方式输出在一张画面上,其中 mfrow 是指按行排列,mfcol 是指按列排列。

(三)常用的绘图参数

不管是高级绘图函数,还是低级绘图函数,都需要使用一些特定的绘图参数来控制图形的输出,下面的表 1.2.4 给出了常用的一些绘图参数。

表 1.2.4　常用的绘图参数

参数名	用途及设置
add	add＝TRUE 表示所绘图形在原图上加图,默认值 add＝FALSE,即用新图替换原图。
axes	axes＝FALSE 表示所绘图形没有坐标轴,默认值 axes＝TRUE。
type	type＝"p",绘散点图(默认值); type＝"l",绘实线,但不画点; type＝"b",所有点被实线连接; type＝"o",实线通过所有的点; type＝"h",绘出点到横轴的竖线; type＝"s",绘出阶梯形曲线; type＝"n",不绘制任何点和线。
bg	指定背景色(例如 bg＝"red", bg＝"blue";用 colors()可以显示 657 种可用的颜色名)。
bty	控制图形边框形状,可用的值为:"o","l","7","c","u" 和"]"(边框和字符的外表相像);如果 bty＝"n"则不绘制边框。
col	控制符号的颜色,可以为整数,也可以为字符串,如 col＝2 和 col＝"red"都表示红色(用 colors()可以显示 657 种可用的颜色名)。
font	控制文字字体的整数(1:正常,2:斜体,3:粗体,4:粗斜体)。
lty	控制连线的线型,可以是整数(1:实线,2:虚线,3:点线,4:点虚线,5:长虚线,6:双虚线),或者是不超过 8 个字符的字符串(字符为从"0"到"9"之间的数字)交替地指定线和空白的长度,单位为磅(points)或像素,例如 lty＝"44" 和 lty＝2 效果相同。
lwd	控制图形的粗细。取实数值,其值越大,图形越粗,反之则反。
cex	控制图形中数据点的大小。取实数值,其值越大,数据点越大,反之则反。
legend	图例参数。除了利用 x,y 设置图例的坐标外,用"topleft", "center","bottomright"等设置位置非常方便。ncol 设置图例的列数,horiz 设置图例的排列方向。
pch	点的符号参数;其值在 0:25,其中 pch＝19 为实圆点、pch＝20 为小实圆点、pch＝21 为圆圈、pch＝22 为正方形、pch＝23 为菱形、pch＝24 为正三角尖、pch＝25 为倒三角尖,另外 21－25 可以填充颜色(用 bg 参数)。
mfrow	c(nr, nc)的向量,分割绘图窗口为 nr 行 nc 列的矩阵布局,按列次序使用各子窗口。
xlab	其值为字符串,用来说明 x 轴。
ylab	其值为字符串,用来说明 y 轴。
main	其值为字符串,用来说明主标题。

续表

参数名	用途及设置
sub	其值为字符串,用来说明子标题。
xlim	用来设置 x 轴的区间范围,若 x 轴范围为 -1 到 1 之间,则可以设置 xlim=c($-1,1$)。
ylim	用来设置 y 轴的区间范围,设置方法同 xlim。

下面以例 1.2.5 的数据为例,综合应用上面介绍的高级绘图函数、低级绘图函数及绘图参数来绘制图形。在 R 软件中输入代码:

```
Q=c(7.38,8.51,9.52,7.50,9.33,8.28,8.75,7.87,7.10,8.00)
P=c(3.85,3.75,3.70,3.70,3.60,3.60,3.60,3.80,3.80,3.85)
X=c(5.50,6.75,7.25,5.50,7.00,6.50,6.75,5.25,5.25,6.00)
model=lm(Q~P+X)
se=sqrt(deviance(model)/(length(x)-3))
```
♯函数 deviance()计算模型残差平方和,本代码主要是要计算模型的标准误差 se
```
e=resid(model)          ♯计算模型残差
par(col=4, lty=3)
par(mfrow=c(3,2))       ♯将后面四幅图以 2 行 2 列方式绘在统一画面
plot(P,Q)
plot(X,Q)
plot(e,type="o",xlab="t" ,ylim=c(-1,1))
abline(0,0) ♯在图上添加水平线 y=0
abline(se,0,lty=2,col="red")      ♯在图上添加水平线虚线 y=se
abline(-se,0,lty=2,col="red")     ♯在图上添加水平线虚线 y=-se
Qhat=predict(model)               ♯计算 Q 的估计值(拟合值)
plot(P,e^2,ylab= as.expression(substitute(e^2)))
                        ♯作 P 与残差平方的散点图
plot(X,e^2,ylab= as.expression(substitute(e^2)))
                        ♯作 X 与残差平方的散点图
plot(Q,Qhat)
```
运行结果为:

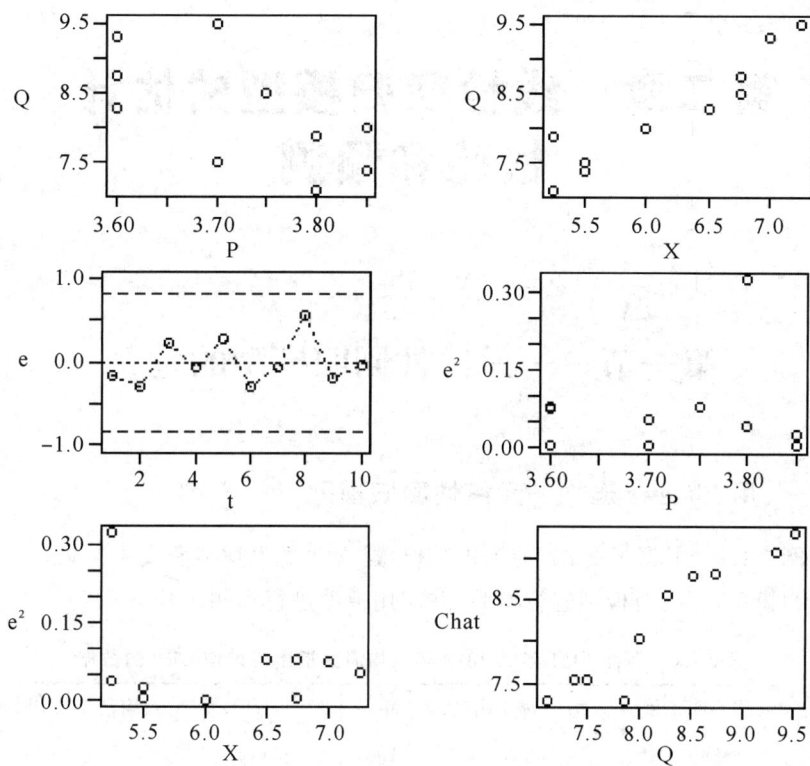

图 1.2.10　Q 关于 P 和 X 的回归模型的各散点图

第二章 线性回归模型的估计、检验和预测

第一节 一元线性回归模型的建立

一、用 EViews 建立一元线性回归模型

例 2.1.1 根据表 2.1.1 的提供数据,建立西藏人均消费支出与人均 GDP 的回归模型,然后对模型进行检验,并应用模型进行预测。

表 2.1.1 西藏 1981 年至 2012 年人均消费指出与人均 GDP 的数据

年份	人均 GDP(元)	人均消费支出(元)	年份	人均 GDP(元)	人均消费支出(元)
1981	560	301	1997	3144	1471
1982	544	319	1998	3666	1551
1983	538	293	1999	4180	1669
1984	702	359	2000	4572	1823
1985	894	422	2001	5324	1939
1986	842	438	2002	6117	2725
1987	863	499	2003	6893	2825
1988	964	543	2004	8103	2950
1989	1021	647	2005	9036	3019
1990	1276	735	2006	10422	2990
1991	1358	839	2007	12083	3215
1992	1468	903	2008	13824	3504
1993	1624	931	2009	15295	4027

续表

年份	人均 GDP(元)	人均消费支出(元)	年份	人均 GDP(元)	人均消费支出(元)
1994	1964	1110	2010	17319	4326
1995	2358	1202	2011	20077	4730
1996	2688	1312	2012	22936	5340

数据来源:《西藏统计年鉴(2013)》

以 X 代表人均 GDP,以 Y 代表人均消费。在 EViews 中,首先建立工作文件,按上一章第一节的方式将以上数据录入 EViews 中,然后按下列步骤建立和应用模型。

(一)总体回归模型的建立

为了判断西藏人均 GDP 与人均消费之间是否具有线性,需要作出两者之间的散点图。按命令方式在 EViews 主窗口输入命令:

$$\text{scat}\quad X\quad Y$$

则作出散点图 2.1.1。通过该图可知,西藏人均 GDP 与人均消费的散点大致分布在一条直线附近,因此,总体回归模型可设定为:

$$Y_i = \beta_0 + \beta_1 X_i + u_i \tag{2.1.1}$$

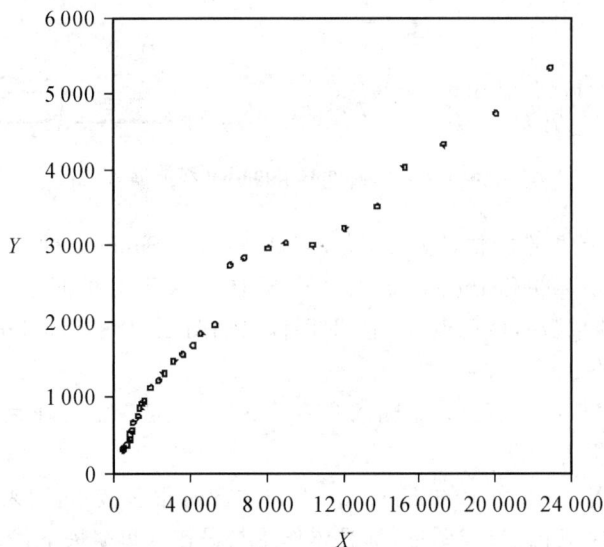

图 2.1.1　西藏人均 GDP 与人均消费的散点图

（二）用 OLS 法估计总体回归方程

估计总体回归方程，即要估计模型的位置参数，用 EViews 实现 OLS 估计，和其他操作（如作图）一样，有菜单方式和命令方式两种：

1.菜单方式

在主窗口上选择 Quick→Estimate Equation，出现：

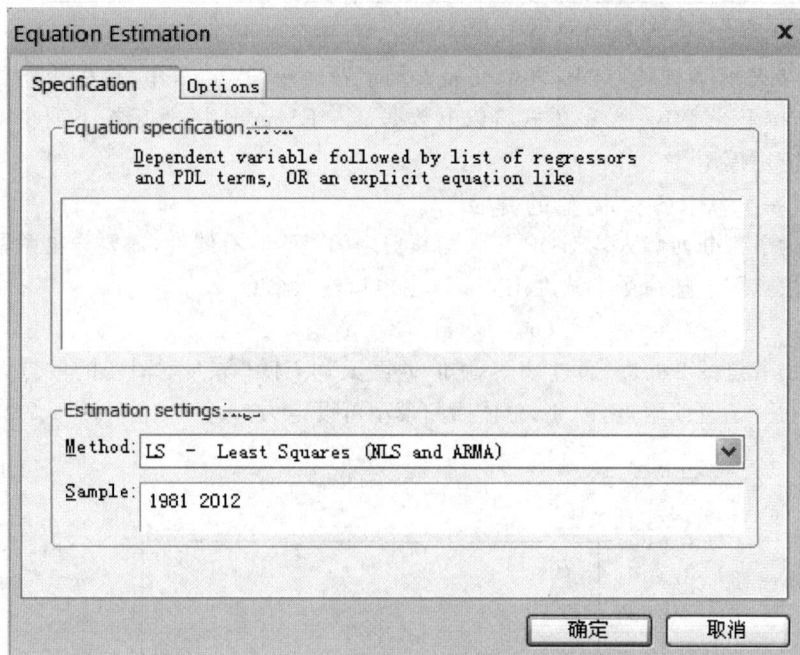

图 2.1.2　**Estimate Equation** 对话框

在 Method 里选择估计方法，默认项 LS-Least Squares 即为 OLS 法。然后在 Equation Specification 中输入 Y C X（作 Y 关于 X 的回归，C 为 EViews 固定的截距项系数），然后点"确定"即可输出如图 2.1.3 的估计报告。

2.命令方式

在命令窗口（即主窗口）中输入命令：LS　Y　C　X，回车后也能出现图 2.1.3 的估计报告。

说明 1：图 2.1.3 所示的 Equation 窗口顶部有很多按钮，用来控制是否显示或输出一些估计结果或图形，其具体作用与操作这里略去不述，本教程将在后面有关章节进行介绍。

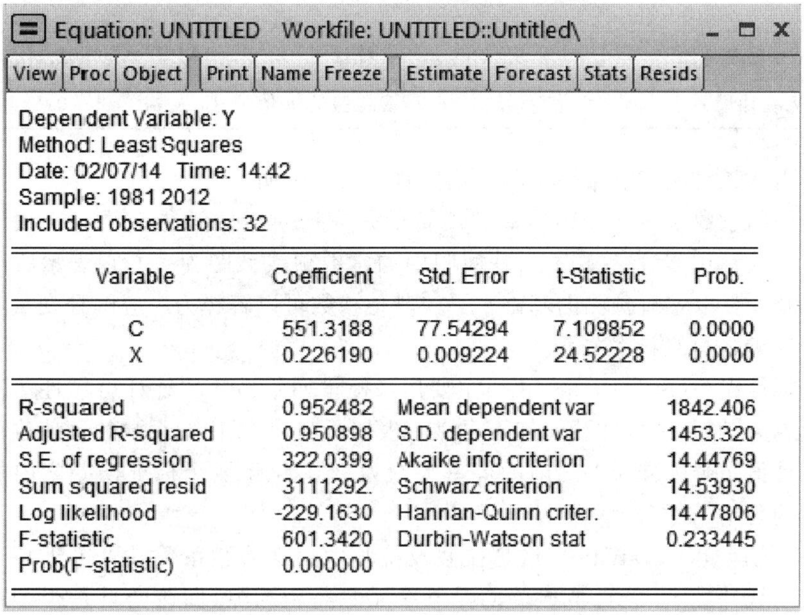

```
☰ Equation: UNTITLED   Workfile: UNTITLED::Untitled\        _ □ ✕
View Proc Object  Print Name Freeze  Estimate Forecast Stats Resids

Dependent Variable: Y
Method: Least Squares
Date: 02/07/14  Time: 14:42
Sample: 1981 2012
Included observations: 32

   Variable      Coefficient    Std. Error    t-Statistic    Prob.

     C            551.3188      77.54294      7.109852      0.0000
     X            0.226190      0.009224      24.52228      0.0000

R-squared             0.952482   Mean dependent var    1842.406
Adjusted R-squared    0.950898   S.D. dependent var    1453.320
S.E. of regression    322.0399   Akaike info criterion  14.44769
Sum squared resid     3111292.   Schwarz criterion     14.53930
Log likelihood       -229.1630   Hannan-Quinn criter.  14.47806
F-statistic           601.3420   Durbin-Watson stat     0.233445
Prob(F-statistic)     0.000000
```

图 2.1.3　方程窗口：例 2.1.1 的参数估计报告

说明 2：图 2.1.3 估计报告的上半部分为参数估计结果，其中第 1 列为解释变量名（包括常数项），第 2 列为相应的参数估计值，第 3 列为参数的标准误差，第 4 列为 t 统计量值，第 5 列为双侧 t 检验的伴随概率值（p 值），即 $\mathrm{P}(|t| > t_i) = p$。

估计报告的下半部分主要是一些统计检验值，其中各统计量的含义见表 2.1.2。

表 2.1.2　图 2.1.3 各项统计结果的解释

常数和解释变量	参数估计值	参数标准差	t 统计量	t 检验的 p 值
C	551.3188	77.54294	7.109852	0.0000
X	0.226190	0.009224	24.52228	0.0000
可决系数 R^2	0.952482	被解释变量均值		1842.406
调整的可决系数 $\overline{R}^2$	0.950898	解释变量标准差		1453.320
回归方程标准差 $\hat{\sigma}$	322.0399	赤池信息准则 AIC		14.44769
参差平方和 $\sum e_i^2$	3111292.	施瓦茨信息准则 SC		14.53930

续表

似然函数的对数	−229.1630	F 统计量	601.3420
D.W.统计量	0.233445	F 检验的 p 值	0.000000

以下是对这些输出结果的作用的具体解释说明:

回归系数(Coefficient):系数度量的是它所对应的解释变量对于预测的贡献。被称作 C 的系数序列是回归中的常数项或截距项——它表示所有其他解释变量取零时预测的基础水平。其他参数可以解释为对应解释变量和被解释变量之间的斜率关系。

标准误差(Std. Error,SE):主要用来衡量回归系数的统计可靠性。标准误差越大,回归系数估计值越不可靠。根据回归理论,回归系数的真值位于系数估计值一个标准误差之内的概率大约为 2/3,位于两个标准误差之内的概率大约为 95%。

t 统计量(t-Statistic):这是在假设检验中用来检验系数是否等于某一特定值的统计量。t 统计量检验的是某个系数是否为零(即该变量是否不存在于回归模型中),它等于系数与其标准误差之比。如果 t 统计量的值大于 1,则该系数的真值至少有 2/3 的可能性不为零。如果 t 统计量的值大于 2,则该系数的真值至少有 95% 的可能性不为零。

双侧概率(Prob,p 值):此列显示了在 t 分布中取得前一列的 t 统计量的概率。通过这一信息可以方便地分辨出是拒绝还是接受系数真值为零的假设。正常情况下,概率低于 0.05 即可认为对应系数显著不为零。

可决系数或样本可决系数(R-squared):R^2 衡量的是在样本范围内用建立的回归模型来预测被解释变量的好坏程度,或者说是用解释变量来解释被解释变量的程度。$R^2 = 1$ 说明回归拟合得很完美,若 $R^2 = 0$ 则建立的回归并不比被解释变量的简单平均值拟合得更好。要注意的是,如果回归没有截距项或常数项,或者使用了两阶段最小二乘法,则 R^2 可能取负。

调整的可决系数(Adjusted R-squared)$\overline{R}^2$:它与 R^2 相当接近,只是在方差的度量上有微小的差异。它比 R^2 小(当存在一个以上的自变量时)而且可能为负。

回归的标准误差(S. E. of regression):这是一个对预测误差大小的总体度量。它和被解释变量的单位相同,是对残差大小的度量。大约 2/3 的残差将落在正负一个标准误差的范围之内,而 95% 的残差将落在正负两个标准残差的范围之内。

残差平方和(Sumsquared resid):顾名思义,它是残差的平方和,可以用作一些检验统计量的构造基础。

对数似然估计值(Log likelihood):这是在系数估计值的基础上对对数似然函数的估计值(假定误差服从正态分布)。可以通过观察方程的约束式和非约束式的对数似然估计值的差异来进行似然比检验。

DW 统计量(Durbin-Watsonstat):这是对序列相关性进行检验的统计量。如果它比 2 小很多,则证明这个序列正相关。详细讨论见第 4 章。

赤池信息准则(Akaike info criterion):赤池信息准则即 AIC,它对方程中的滞后项数选择提供指导。它是在残差平方和的基础上进行的。在特定条件下,可以通过选择使 AIC 达到最小值的方式来选择最优滞后分布的长度。AIC 的值越小越好。

施瓦茨准则(Schwarz Criterion):施瓦茨准则与 AIC 类似,它们具有基本相同的解释。

F 统计量(F-Statistic):这是对回归式中的所有系数均为 0(除了截距项或常数项)的假设检验。如果 F 统计量超过了临界值,那么至少有一个系数可能不为 0。例如,如果有三个解释变量和 100 个观测值,则 F 统计量大于2.7 将表明在至少 95% 的可能性上这三个变量中的一个或多个不为 0。根据F 统计量下一行给出的概率(即 F 检验的 P 值)也可以方便地进行这项检验:如果概率值小于 0.05,则说明至少有一个解释变量的回归系数不为零。

图 2.1.3 显示的回归结果写成标准格式如下:

$$\hat{Y}_i = 551.3188 + 0.226190 X_i \tag{2.1.2}$$
$$s = (77.54294)(0.009224)$$
$$t = (7.109852)(24.52228)$$
$$R^2 = 0.952482, \overline{R}^2 = 0.950898$$
$$S.E. = 322.0399, F = 601.3420, D.W. = 0.233445$$

(三)模型的检验

1.经济意义的检验

经济意义检验就是根据经济理论判断估计参数的正负符号是否合理、大小是否适当。经济意义检验要求读者具备较扎实的经济理论基础。

就例 2.1.1 而言,从经济意义上看,$\hat{\beta}_1 = 0.226190$,符合经济理论中绝对收入假说边际消费倾向在 0 与 1 之间,表明西藏人均 GDP 每增加 100 元,人均消费支出平均增加 22.62 元。

2.估计标准误差评价

估计标准误差是根据样本资料计算的,用来反映被解释变量的实际值 Y_i 与估计值 $\hat{Y}_i$ 的平均误差程度的指标。$\hat{\sigma}$ = S.E.越大,则回归直线精度越低;S.E.越小,则回归直线精度越高,代表性越好。当 S.E. = 0 时,表示所有的样本点都落在回归直线上,解释变量与被解释变量之间表现为函数关系。

就例 2.1.1 而言,S.E. = 322.0399,即估计标准误差为 322.0399 元,它代表西藏人均消费支出估计值与实际值之间的平均误差为 322.0399 元。

3.拟合优度检验

拟合优度是指样本回归直线与样本观测数据之间的拟合程度,用样本可决系数的大小来表示。可决系数用来描述解释变量对被解释变量的解释程度。

就例 2.1.1 而言,$R^2 = 0.952482$,这说明样本回归直线的解释能力为 95.25%,它代表西藏人均消费支出 Y_i 的总变差中,由解释变量人均 GDP 解释的部分占 95.25%,或者说,西藏人均消费支出变动的 95.25% 可由样本回归直线作出解释,模型的拟合优度较高。

4.变量的显著性检验

对于 β_1,t 统计量为 24.52228。给定 $\alpha = 0.05$ 查 t 分布表,在自由度为 $n - 2 = 30$ 下,得临界值 $t_{0.025}(30) = 2.042$,因为 $t = 24.52228 > 2.042 = t_{0.025}(30)$,所以拒绝 $H_0 : \beta_1 = 0$,表明西藏人均 GDP 对西藏人均消费支出有显著性影响(当然也可通过 p 值来判断)。

(四)拟合与预测

还可以在估计出的图 2.1.3 所示的“Equation”框中选“Forecast”项,EViews 自动计算出样本范围内的被解释变量的拟合值,拟合变量记为 YF,其拟合值加减 2S.E.所形成的图形见图 2.1.4。

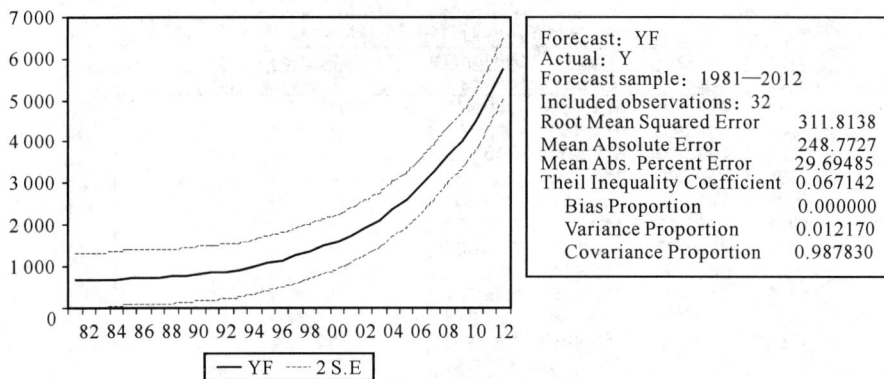

图 **2.1.4**　拟合值曲线图

　　单击图 2.1.3 窗口中的"Resid"按钮,将显示模型的拟合图和残差图,见图 2.1.5(Residual 代表残差,Actual 代表 Y_i 的实际值,Fitte 代表 Y_i 的拟合值)。

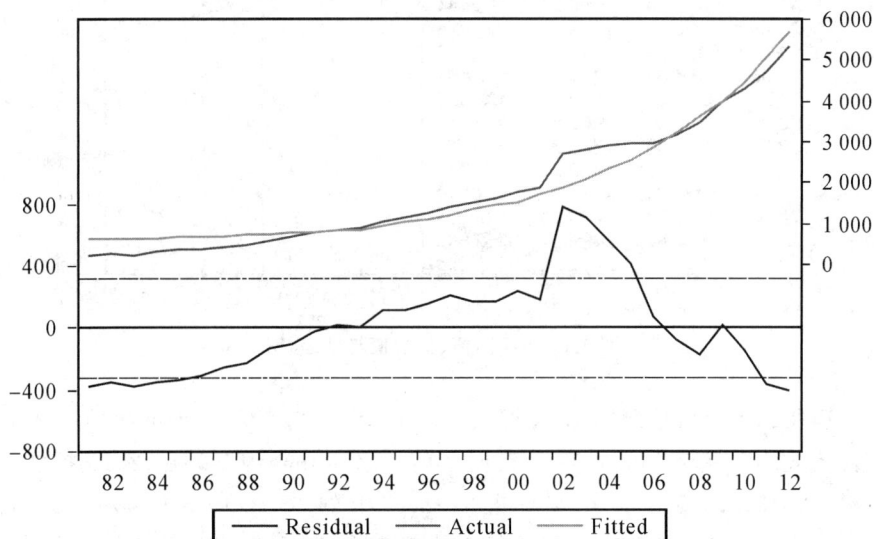

图 **2.1.5**　实际值、拟合值与残差(a)

　　单击方程窗口中的"View→Actua,Fitted,Resid→Table"按钮,可以得到拟合值与残差的有关结果(见图 2.1.6)。

View	Proc	Object		Print	Name	Freeze		Estimate	Forecast	Stats	Resids
obs	Actual		Fitted		Residual			Residual Plot			
obs	Actual		Fitted		Residual			Residual Plot			
1981	301.000		677.985		-376.985						
1982	319.000		674.366		-355.366						
1983	293.000		673.009		-380.009						
1984	359.000		710.104		-351.104						
1985	422.000		753.533		-331.533						
1986	438.000		741.771		-303.771						
1987	499.000		746.521		-247.521						
1988	543.000		769.366		-226.366						
1989	647.000		782.259		-135.259						
1990	735.000		839.938		-104.938						
1991	839.000		858.485		-19.4853						
1992	903.000		883.366		19.6338						
1993	931.000		918.652		12.3481						
1994	1110.00		995.557		114.443						
1995	1202.00		1084.68		117.324						
1996	1312.00		1159.32		152.682						
1997	1471.00		1262.46		208.539						
1998	1551.00		1380.53		170.467						
1999	1669.00		1496.79		172.206						
2000	1823.00		1585.46		237.539						
2001	1939.00		1755.56		183.444						
2002	2725.00		1934.93		790.075						
2003	2825.00		2110.45		714.551						
2004	2950.00		2384.14		565.861						
2005	3019.00		2595.17		423.825						
2006	2990.00		2908.67		81.3254						
2007	3215.00		3284.38		-69.3768						
2008	3504.00		3678.17		-174.174						
2009	4027.00		4010.90		16.0998						
2010	4326.00		4468.71		-142.709						
2011	4730.00		5092.54		-362.542						
2012	5340.00		5739.22		-399.221						

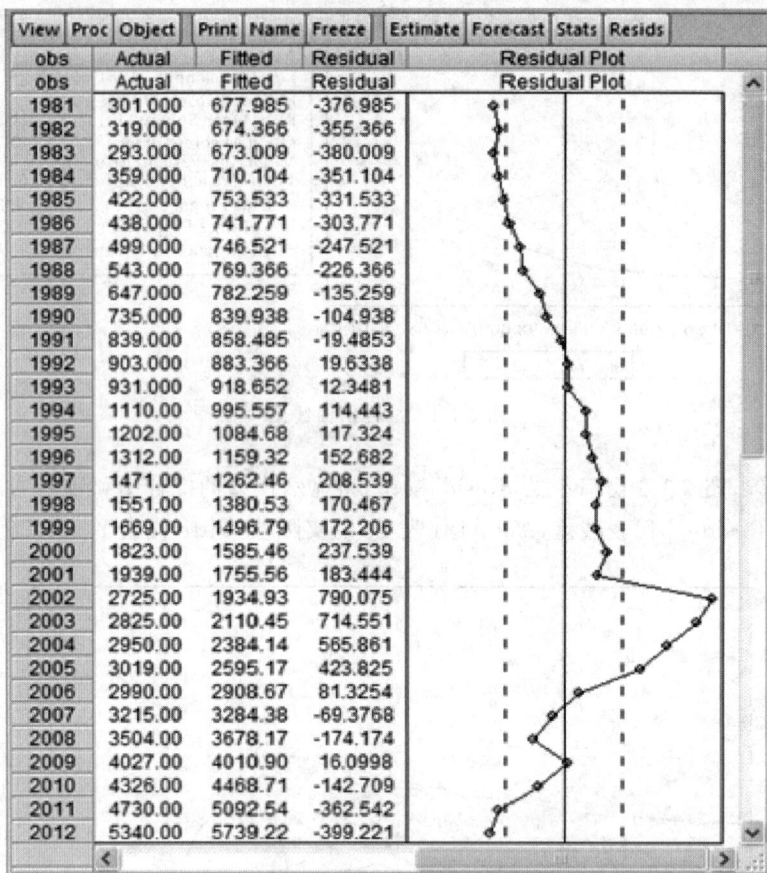

图 2.1.6　实际值、拟合值与残差(b)

运用趋势分析预测 2013 年西藏人均 GDP 为 22 165 元。下面预测 2013 年西藏人均消费支出。在输入数据之前应将 Range 从 1981—2012 扩展为 1981—2013。即点击工作文件框"Procs"中的"Structure/Resize Current Page",出现图 2.1.7 的对话框,在该对话框中将"End date"改为 2013,然后双击工作文件中的变量 X,在出现的数据编辑框中点击"Edit＋/－",将 $X_{2013} = 22165$ 输入变量 X 中,在前面"Equation"对话框里选"Forecast",将时间"Forecast Sample"定义在 1981—2013,这时 EViews 自动计算出 $\hat{Y}_{2013} = 61\,226.7$ 亿元,见表 2.1.3。

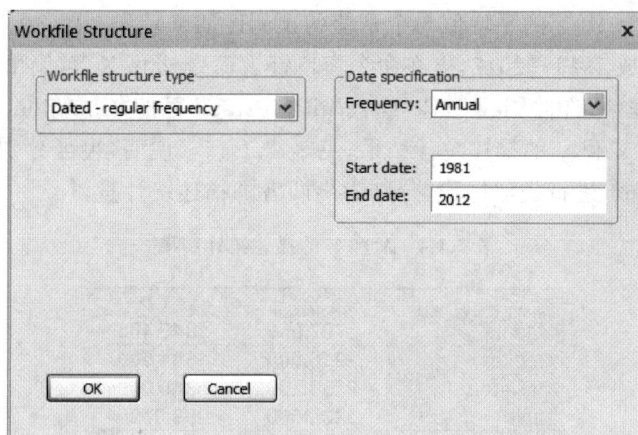

图 2.1.7　修改样本数据行数的对话框

表 2.1.3　预测结果

	Modified: 1981 2013 // eq01.fit(f=actual) yf			
1981	677.9854			
1982	674.3664			
1983	673.0092			
1984	710.1044			
1985	753.5330			
1986	741.7711			
1987	746.5211			
1988	769.3663			
1989	782.2592			
1990	839.9377			
1991	858.4853			
1992	883.3662			
1993	918.6519			
1994	995.5567			
1995	1084.676			
1996	1159.318			
1997	1262.461			
1998	1380.533			
1999	1496.794			
2000	1585.461			
2001	1755.556			
2002	1934.925			
2003	2110.449			
2004	2384.139			
2005	2595.175			
2006	2908.675			
2007	3284.377			
2008	3678.174			
2009	4010.900			
2010	4468.709			
2011	5092.542			
2012	5739.221			
2013	5564.828			

下面计算 Y_{2013} 的平均值与个别值的预测区间。首先在图 2.1.7 将样本数据范围还原成 1981—2012，再在命令窗口键入命令 data X Y，调出 X、Y 的数据框，在该框中点击"View"，选"Descriptive Stats"里的"Common Sample"使计算出有关 x 和 y 的描述统计结果，见表 2.1.4。（说明：也可分别打开 X、Y 各自的数据框，进行类似操作，分别输出两者的描述统计量。）

表 2.1.4　**X 和 Y 的描述统计结果**

	X	Y
Mean	5707.969	1842.406
Median	2916.000	1391.500
Maximum	22936.00	5340.000
Minimum	538.0000	293.0000
Std. Dev.	6270.694	1453.320
Skewness	1.319567	0.800073
Kurtosis	3.686953	2.539027
Jarque-Bera	9.915907	3.697287
Probability	0.007027	0.157451
Sum	182655.0	58957.00
Sum Sq. Dev.	1.22E+09	65476308
Observations	32	32

根据此表可计算出如下结果：

$$\sum (X_i - \overline{X})^2 = (n-1)\sigma_x^2 = 31 \times 6270.694^2 = 1218969700$$

$$(X_{2013} - \overline{X})^2 = (22165 - 5707.969)^2 = 270833869$$

给定显著性水平 $\alpha = 0.05$，查表得 $t_{0.025}(30) = 2.042$，于是得 Y_{2013} 的平均值的预测区间为

$$\hat{Y}_{2013} \pm t_{\alpha/2}(n-2)\hat{\sigma} \sqrt{\frac{1}{n} + \frac{(X_{2013} - \overline{X})^2}{\sum (X_i - \overline{X})^2}} = 5564.828 \pm 2.042 \times 322.0399 \times$$

$$\sqrt{\frac{1}{32} + \frac{270833869}{1218969700}}$$

$$= 5564.828 \pm 331.0523$$

$$= [5233.776, 5895.880]$$

Y_{2013} 的个别值的预测区间为

$$\hat{Y}_{2013} \pm t_{a/2}(n-2)\hat{\sigma}\sqrt{1+\frac{1}{n}+\frac{(X_{2013}-\overline{X})^2}{\sum(X_i-\overline{X})^2}} = 5564.828 \pm 2.042 \times 322.0399 \times$$

$$\sqrt{1+\frac{1}{32}+\frac{270833869}{1218969700}}$$

$$=5564.828 \pm 736.2341$$

$$=[4828.594, 6301.062]$$

二、用 R 软件建立一元线性回归模型

仍以例 2.1.1 为例。使用 R 软件之前,先做一项准备工作,即将数据以 EXCEL 的 CSV 文件格式保存,文件名为"例 2.1.1 数据:西藏人均消费支出. csv",文件中数据变量名为 X、Y。

对于例 2.1.1,首先作出 X 与 Y 的散点图,代码如下:

a=read.csv("例 2.1.1 数据:西藏人均消费支出.csv")

　　　　　　　　　　　　　　　　　　　♯将数据读入 R 软件中

attach(a)　　　　　　　　　　　　　　♯将数据变量名载入内存

plot(X,Y)　　　　　　　　　　　　　　♯画出 X 与 Y 的散点图

运行以上代码,得图 2.1.8:

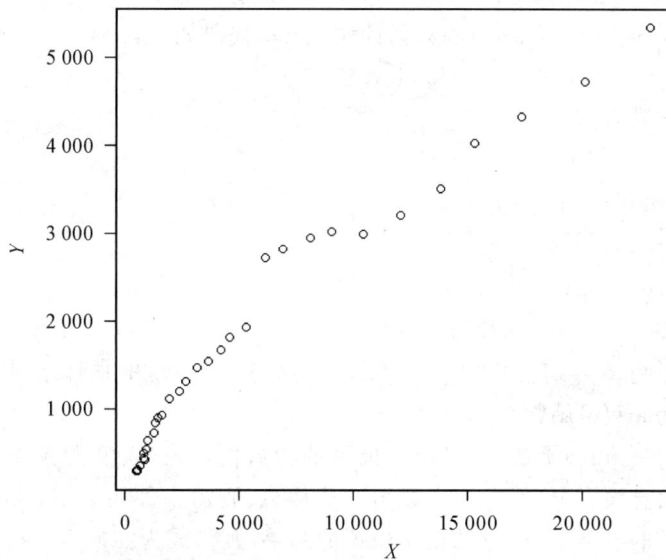

图 2.1.8　用 R 软件作出的 X 与 Y 的散点图

可见,用 R 软件作出的 X 与 Y 的散点图与 EViews 完全相同,因此总体回归模型设定(2.1.1)式的形式。

下面用 R 软件估计和检验(2.1.1)式,为此,先介绍几个常用的与回归模型相关的函数:

1.线性回归模型的基本函数是 lm( )

其调用形式是

$$lm(formula, data = data.frame, weights, \cdots)$$

该函数返回值是线性回归模型结果的对象。其中 formula 为模型公式,data.frame 为数据框,weights(默认为空,进行普通最小二乘估计)为加权最小二乘估计的权重向量,其他参数(这里省略没写)见该函数的在线帮助。

说明 1:作 y 关于 x 的一元线性回归,则 formula 为 y~x;若作 y 关于 x 过原点(即无截距项)的一元线性回归,formula 为 y~0+x;若作 y 关于 x1 和 x2 的二元线性回归,formula 为 y~x1+x2;三元及以上线性回归(包括无截距项)的情况类似。

说明 2:data.frame 中的变量通过函数 attach( )已载入内存,则 data=data.frame 可省略,故下述代码 lm(formula, data=data.frame)和 attach(data.frame); lm(formula)等价。当然,formula 公式中涉及变量不以数据框的形式储存,而是单独输入的,则 data=data.frame 直接省略。

接上面的代码,用 lm( )函数估计例 2.1.1,代码如下:

$$lm(Y \sim X)$$

运行结果为:

Call:

lm(formula=Y~X)

Coefficients:

(Intercept)	X
551.3188	0.2262

这里得到 $\hat{\beta}_0 = 551.3188, \hat{\beta}_1 = 0.2262$,这与 EViews 的估计结果相同。

2.summary( )函数

单纯使用 lm( )函数,则只返回模型的参数估计值,模型的各项检验统计量等相关信息没有显示,若需要显示这些信息,则需要使用 summary( )函数来提取模型的各项信息,返回模型模拟的结果,其格式为:

$$summary(object, \ldots)$$

其中 object 为估计的模型返回值。

若要得出例 2.1.1 的模型的各项结果,则输入的代码应为:

model＝lm(Y～X)

summary(model)

运行以上代码,得出如下结果:

Call:

lm(formula＝Y～X)

Residuals:

Min	1Q	Median	3Q	Max
−399.221	−261.584	−3.569	170.902	790.075

Coefficients:

	Estimate	Std. Error	t value	Pr(>|t|)	
(Intercept)	5.513e+02	7.754e+01	7.11	6.59e−08	***
X	2.262e−01	9.224e−03	24.52	< 2e−16	***

Signif. codes: 0 ' *** ' 0.001 ' ** ' 0.01 ' * ' 0.05 '.' 0.1 ' ' 1

Residual standard error:322 on 30 degrees of freedom

Multiple R-squared:0.9525,   **Adjusted R-squared**:0.9509

F-statistic:601.3 on 1 and 30 DF,   **p-value**:<2.2e−16

关于以上结果,Residuals 项显示的是残差的最小值、第一四分位数、中位数、第三四分位数和最大值;Coefficients 项目显示的分别是模型参数估计值、参数估计的标准差、t 统计量和和 t 检验的 p 值(后面的"*"表明 t 检验显著的程度,"***"表明极为显著,"**"表明很显著。"*"表明一般显著,"."表明勉强显著,什么符号都没出现表明不显著);Signif. codes 表明打"*"的标准,即 t 检验的 p 值在什么范围,打什么样的符号;Residual standard error 项给出的是残差标准差 S.E. ＝$\hat{\sigma}$ 及相应的自由度;Multiple R-squared 为可决系数;Adjusted R-squared 为调整的可决系数;F-statistic 给出 F 检验的统计量及相应的自由度,后面的 p-value 则给出 F 检验的 p 值。

3.coef( )函数

该函数的作用是将模型回归系数的估计值以向量的形式返回(从而可以以向量的形式进行相关运算),其格式为:

coef(object,...)

如输入代码 coef(model),运行结果为:

(Intercept)	X
551.3188051	0.2261903

4.resid( )函数

该函数用于计算模型的残差向量,格式为:

$$resid(\,object\,,\ldots)$$

在 R 软件中输入代码:resid(model),则运行结果为:

1	2	3	4	5	6	7
−376.98540	−355.36636	−380.00921	−351.10443	−331.53298	−303.77108	−247.52108
8	9	10	11	12	13	14
−226.36630	−135.25915	−104.93769	−19.48530	19.63376	12.34807	114.44335
15	16	17	18	19	20	21
117.32435	152.68154	208.53874	170.46737	172.20554	237.53892	183.44378
22	23	24	25	26	27	28
790.07483	714.55112	565.86080	423.82520	81.32538	−69.37679	−174.17419
29	30	31	32			
16.09980	−142.70946	−362.54245	−399.22065			

5.deviance( )函数

函数用于计算模型的残差平方和 $\sum (Y_i - \hat{Y}_i)^2$,其使用格式为:

$$deviance(object,\ldots)$$

该函数运算结果与 sum(resid(object)^2)相同。

6.confint( )函数

该函数用于计算模型回归系数的置信区间,其格式为:

$$confint(object,\ parm,\ level=0.95,\ldots)$$

其中 level 为置信水平(默认为 0.95)。

若要计算例 2.1.1 的参数估计值的 95% 置信区间,则只需输入代码:

$$confint(model)$$

运行结果为:

	2.5%	97.5%
(Intercept)	392.9550026	709.682608
X	0.2073527	0.245028

故 β_0 和 β_1 的 95% 置信区间分别为 $[392.9550026,709.682608]$ 和 $[0.2073527,0.245028]$。

若要参数估计值的 99% 置信区间,则需输入代码:

$$confint(model,level=0.99)$$

则运行结果为:

	0.5%	99.5%
(Intercept)	338.0760679	764.5615422
X	0.2008247	0.2515560

7.predict( )函数

在 EViews 中,只给出了回归模型的点预测值,而区间预测需要根据公式进行相关的计算,但在 R 软件中,不仅能进行点预测,还能直接进行区间预测,相关的函数为 predict( ),其使用格式为:

$$predict(object, newdata, interval=none, level=0.95)$$

其中,newdata 省略,则输出已有的自变量 X 对应的因变量 Y 的拟合值,当要根据 X 的新值预测 Y 的值时,则需要先将 X 的新值(或新值向量)以数据框的形式赋予 newdata,即在预测前先建立这样一个数据框:newdata = data.frame(x=…);interval 表示预测区间,默认是 none,即只有点预测,选项"confidence"和"prediction"分别表示总体均值和个别值预测区间。level 为置信水平,默认为 0.95。

下面用 predict( )函数计算例 2.1.1 的西藏人均消费指出 Y 的拟合值和预测值,代码如下:

predict(model)　　#计算 1981 至 2012 年 Y 的拟合值

newdata=data.frame(X=22165)　　#将 2013 年西藏人均 GDP 的值赋予 X

predict(model,newdata,interval="confidence")　　#计算 2013 年 Y 的平均值的 95% 置信区间

predict(model,newdata,interval="prediction",level=0.99)　　#计算 2013 年 Y 的 99% 置信区间

运行以上代码,输出的结果分别为

＞predict(model)

1	2	3	4	5	6	7
677.9854	674.3664	673.0092	710.1044	753.5330	741.7711	746.5211
8	9	10	11	12	13	14
769.3663	782.2592	839.9377	858.4853	883.3662	918.6519	995.5567
15	16	17	18	19	20	21
1084.6756	1159.3185	1262.4613	1380.5326	1496.7945	1585.4611	1755.5562
22	23	24	25	26	27	28
1934.9252	2110.4489	2384.1392	2595.1748	2908.6746	3284.3768	3678.1742
29	30	31	32			
4010.9002	4468.7095	5092.5424	5739.2207			

> predict(model, newdata, interval = "confidence")   # 计算 2013 年 Y 的平均值的 95% 置信区间

	fit	lwr	upr
1	5564.828	5233.731	5895.924

> predict(model, newdata, interval = "prediction", level = 0.99)   # 计算 2013 年 Y 的 99% 置信区间

	fit	lwr	upr
1	5564.828	4573.329	6556.327

读者可以将这里计算的结果与 EViews 的计算结果进行，发现基本上是一致的。

第二节　多元线性回归模型的建立

一、用 EViews 建立多元线性回归模型

用 EViews(或 R)建立多元线性回归模型的步骤与一元线性回归模型基本类似，为了更大程度的介绍 EViews(或 R)的使用，这里以可转换为多元线性回归模型的非线性回归模型为例。

例 2.2.1 根据表 2.2.1 给出的 1991—2012 年间总产出(用西藏地区生产总值 GDP 度量,单位:亿元),劳动投入 L (用西藏从业人员度量,单位:万人),以及资本投入 K (用西藏全社会固定投资度量,单位:万元)。建立西藏的柯布—道格斯生产函数。

表 2.2.1　西藏 1991—2012 年 GDP、劳动投入与资本投入数据

年份	GDP	L	K
1991	30.53	109.73	105665
1992	33.29	110.92	133297
1993	37.42	112.35	181458
1994	45.99	114.34	211718
1995	56.11	115.09	369492
1996	64.98	117.7	303605
1997	77.24	120.47	345495
1998	91.5	120.22	427457
1999	105.98	123.91	566030
2000	117.8	124.18	665044
2001	139.16	126.33	857725
2002	162.04	130.2	1089868
2003	185.09	132.81	1386165
2004	220.34	137.32	1684361
2005	248.8	143.6	1961916
2006	290.76	148.2	2323503
2007	341.43	158.15	2711811
2008	394.85	163.5	3099304
2009	441.36	169.07	3794158
2010	507.46	173.39	4632585
2011	605.83	185.55	5492690
2012	701.03	202.06	7099822

数据来源:《西藏统计年鉴(2013)》

利用 EViews 软件求解如下:首先建立工作文件,其次在命令窗口输入命令

data   GDP   L   K

调出数据编辑窗口后,将上表的样本数据输入或复制到该编辑器中。再次,在 EViews 软件的命令窗口,键入命令

LS   log(GDP)   C   log(L)   log(K)

输入结果如表 2.2.2 所示:

表 2.2.2   回归结果

Dependent Variable:LOG(GDP)

Method:Least Squares

Date:02/10/14   Time:07:53

Sample:1991 2012

Included observations:22

Variable	Coefficient	Std. Error	t-Statistic	Prob.
C	−7.132438	1.025090	−6.957863	0.0000
LOG(L)	0.509990	0.330569	1.542765	0.1394
LOG(K)	0.699941	0.047049	14.87685	0.0000
R-squared	0.993732	Mean dependent var		4.990463
Adjusted R-squared	0.993072	S.D. dependent var		0.979186
S.E. of regression	0.081501	Akaike info criterion		−2.050277
Sum squared resid	0.126206	Schwarz criterion		−1.901498
Log likelihood	25.55304	Hannan-Quinn criter.		−2.015229
F-statistic	1506.127	Durbin-Watson stat		1.287684
Prob(F-statistic)	0.000000			

由此建立的西藏柯布—道格斯生产函数为

$$\ln GDP = -7.132434 + 0.509990\ln L + 0.699941\ln K$$
$$s = (1.025090) \quad (0.330569) \quad (0.047049)$$
$$t = (-6.957863) \quad (1.542765) \quad (14.87685)$$
$$R^2 = 0.993732, \overline{R}^2 = 0.993072, S.E. = 0.081501, F = 1506.127, D.W. = 1.287684$$

对回归方程解释如下:偏斜率系数 0.509990 表示产出对劳动投入的弹性,也就是说,在资本投入保持不变的条件下,劳动投入每增加一个百分点,平

均产出将增加 0.51%。类似地,在劳动投入保持不变的条件下,资本投入每增加一个百分点,产出将平均增加 0.70%。如果将两个弹性系数相加,我们将得到一个重要的经济参数——规模报酬参数,它反映了产出对投入的比例变动。如果两个弹性系数之和为 1,则称规模报酬不变(即劳动投入和资本投入同时扩大 1 倍时,则产出也扩大 1 倍);如果两个弹性系数之和大于 1,则称规模报酬递增(即劳动投入和资本投入同时扩大 1 倍时,则产出扩大大于 1 倍);如果两个弹性系数之和小于 1,则称规模报酬递减(即劳动投入和资本投入同时扩大 1 倍时,则产出扩大小于 1 倍)。在本例中,两个弹性系数之和为 1.21,表明西藏经济的特征是规模报酬递增的。估计标准误差为 S.E.=0.081501 亿元,调整的样本可决系数 $\overline{R}^2$=0.993072,表明劳动投入(对数)和资本投入(对数)对产出(对数)的解释能力为 99.3%,很高的解释程度表明模型很好地拟合了样本数据。

另外,在本例中除了 lnL 的系数的显著性检验没有通过外,其他回归参数的显著性检验以及回归模型显著性检验都通过。

例 2.2.2 为了分析某行业的生产成本情况,从该行业中选取了 10 家企业,表 2.2.3 中列出了这些企业总成本 Y(万元)和总产量 X(吨)的有关资料,试建立该行业的总成本函数和边际成本函数。

表 2.2.3 某行业产量与总成本统计资料

总成本 Y	19.3	22.6	24.0	24.4	25.7	26.0	27.4	29.7	35.0	42.0
总产量 X	10	20	30	40	50	60	70	80	90	100

根据边际成本的 U 型曲线理论,总成本函数可以用产量的三次多项式近似表示,即

$$Y = \beta_0 + \beta_1 X + \beta_2 X^2 + \beta_3 X^3 + u$$

建立工作文件,将数据导入 EViews 后,在命令窗口键入:

$$\text{LS} \quad \text{Y} \quad \text{C} \quad \text{X} \quad \text{X}^2 \quad \text{X}^3$$

运行结果如表 2.2.4 所示:

表 2.2.4　回归结果

Dependent Variable：Y

Method：Least Squares

Date：02/10/14　Time：08：57

Sample：1 10

Included observations：10

Variable	Coefficient	Std. Error	t-Statistic	Prob.
C	14.17667	0.637532	22.23678	0.0000
X	0.634777	0.047786	13.28372	0.0000
X^2	−0.012962	0.000986	−13.15005	0.0000
X^3	9.40E−05	5.91E−06	15.89677	0.0000
R-squared	0.998339	Mean dependent var		27.61000
Adjusted R-squared	0.997509	S.D. dependent var		6.581363
S.E. of regression	0.328491	Akaike info criterion		0.900560
Sum squared resid	0.647438	Schwarz criterion		1.021594
Log likelihood	−0.502800	Hannan-Quinn criter.		0.767786
F-statistic	1 202.220	Durbin-Watson stat		2.700212
Prob(F-statistic)	0.000000			

得到总成本函数的估计式为

$$\hat{Y}=14.17667+0.634777X-0.012962X^2+0.000094X^3$$
$$s=(0.637532)\quad(0.047786)\quad(0.000986)\quad(0.00000591)$$
$$t=(22.23678)\quad(13.28372)\quad(-13.15005)\quad(15.89677)$$
$$R^2=0.998339,\overline{R}^2=0.997509,S.E.=0.328491,F=1202.220,D.W.=2.700212$$

对总成本函数求导数，得到边际成本函数的估计式为

$$\frac{d\hat{Y}}{dX}=0.634777-0.025924X+0.000272X^2$$

因此，当产量低于 $0.025\ 924/(2\times0.000\ 272)=47.673$（吨）时，边际成本是递减的；而产量超过这个水平时，边际成本又呈上升趋势。

二、用 R 软件建立多元线性回归模型

还是以例 2.2.1 和例 2.2.2 为例。

估计例 2.2.1 的模型,首先将数据以 EXCEL 的 CSV 文件格式保存,文件名为"例 2.2.1 数据:西藏 1991—2012 年 GDP 与要素投入.csv",文件中数据变量名为 GDP、L、K,然后在 R 中输入如下代码:

a＝read.csv("例 2.2.1 数据:西藏 1991—2012 年 GDP 与要素投入.csv")

attach(a)

cdmodel＝lm(log(GDP)～log(L)＋log(K))

summary(cdmodel)

运行结果为:

Call:

lm(formula＝log(GDP)～log(L)＋log(K))

Residuals:

Max	Min	1Q	Median	3Q
−0.233679	−0.025171	0.004664	0.047144	0.131108

Coefficients:

	Estimate	Std. Error	t value	Pr($>$|t|)	
(Intercept)	−7.13244	1.02509	−6.958	1.25e−06	***
log(L)	0.50999	0.33057	1.543	0.139	
log(K)	0.69994	0.04705	14.877	6.36e−12	***

Signif. codes:0 ‘ *** ’ 0.001 ‘ ** ’ 0.01 ‘ * ’ 0.05 ‘.’ 0.1 ‘ ’ 1

Residual standard error:0.0815 on 19 degrees of freedom

Multiple R-squared:0.9937, Adjusted R-squared:0.9931

F-statistic:1506 on 2 and 19 DF, p-value:$<$ 2.2e−16

关于此结果的分析,同上面对 EViews 报告的分析。

若预计 2013 年西藏从业人员数 L 将达到 220 万人,全社会固定资产 K 将达到 8 000 000 万元,则要预测 2013 年西藏 GDP 的 95％置信区间,则可输入代码:

new＝data.frame(L＝220, K＝8000000)

predict(cdmodel, new, interval＝"prediction", level＝0.95)

运行结果为：

	fit	lwr	upr
1	6.743788	6.516869	6.970707

由此可知 $\ln GDP$ 的 95％置信区间为 $[6.516869，6.970707]$，从而西藏 2013 地区生产总值的 95％置信区间为

$$[e^{6.516869}，e^{6.970707}]=[676.457，1\,064.976]$$

对于例 2.2.2，则输入以下代码：

Y＝c(19.3，22.6，24.0，24.4，25.7，26.0，27.4，29.7，35.0，42.0)

X＝c(10，20，30，40，50，60，70，80，90，100)

cmodel＝lm(Y～X＋I(X^2)＋I(X^3))

summary(cmodel)

运行结果为：

Call：

lm(formula＝Y～X＋I(X^2)＋I(X^3))

Residuals：

Min	1Q	Median	3Q	Max
−0.44263	−0.07416	0.03744	0.14635	0.44350

Coefficients：

	Estimate	Std. Error	t value	Pr(>|t|)	
(Intercept)	1.418e+01	6.375e−01	22.24	5.41e−07	***
X	6.348e−01	4.779e−02	13.28	1.13e−05	***
I(X^2)	−1.296e−02	9.857e−04	−13.15	1.19e−05	***
I(X^3)	9.396e−05	5.911e−06	15.90	3.93e−06	***

Signif. codes： 0 ' *** ' 0.001 ' ** ' 0.01 ' * ' 0.05 '.' 0.1 ' ' 1

Residual standard error：0.3285 on 6 degrees of freedom

Multiple R-squared：0.9983， Adjusted R-squared：0.9975

F-statistic：1202 on 3 and 6 DF， p-value：1.001e−08

可见，运行的结果与 EViews 相同。

注意：运用 lm( )函数时，除了函数运算之外，变量间的其他运算(如四则运算)得到的整体必须运用 I( )表达在 lm( )函数中，因此关于例 2.2.2，代码 cmodel＝lm(Y～X＋ X^2＋ X^3)是错误的，而对于例 2.2.1，由于是进行对数

回归(新变量是原变量的对数函数),因此代码 cdmodel＝lm(log(GDP)～log
(L)＋log(K))是可以运行得到正确结果的。

　　当然,若要预测总产量 $X=110$ 万吨时,该行业总成本 Y 的 95% 置信区
间,则输入代码:

　　new＝data.frame(X＝110)

　　predict(cmodel, new, interval＝"prediction", level＝0.95)

　　运行结果为:

	fit	lwr	upr
1	52.22667	50.47178	53.98155

所以该行业总成本 Y 的 95% 置信区间为 $[50.47178, 53.98155]$。

第三章　异方差性的检验与修正

第一节　用 EViews 进行异方差性的检验与修正

例 3.1.1　已知某地区的个人储蓄 Y,可支配收入 X 的截面样本数据见表 3.1.1,建立它们之间的线性计量经济模型并估计之。(此例参见[英]A.科苏扬尼斯著,许开甲等译《经济计量学理论——经济计量方法概述》上册)。

表 3.1.1　某地区个人储蓄与可支配收入数据

序号	Y	X	序号	Y	X
1	264	8 777	17	1 578	24 127
2	105	9 210	18	1 654	25 604
3	90	9 954	19	1 400	26 500
4	131	10 508	20	1 829	26 760
5	122	10 979	21	2 200	28 300
6	107	11 912	22	2 017	27 430
7	406	12 747	23	2 105	29 560
8	503	13 499	24	1 600	28 150
9	431	14 269	25	2 250	32 100
10	588	15 522	26	2 420	32 500
11	898	16 730	27	2 570	35 250
12	950	17 663	28	1 720	33 500
13	779	18 575	29	1 900	36 000
14	819	19 635	30	2 100	36 200
15	1 222	21 163	31	2 800	38 200
16	1 702	22 880			

此例可根据经济理论建立如下计量经济模型

$$Y_i = \beta_0 + \beta_1 X_i + u_i \qquad (3.1.1)$$

用普通最小二乘法进行估计,估计结果如下:

$$\hat{Y}_i = -700.4110 + 0.087831 X_i \qquad (3.1.2)$$

$$s = (116.6679) \quad (0.004827)$$

$$t = (-6.003458) \quad (18.19575)$$

$$R^2 = 0.919464, \overline{R}^2 = 0.916686, S.E. = 244.4088, F = 331.0852, D.W. = 1.089829$$

相应 EViews 输出结果见表 3.1.2。下面以此为例用 EViews 检验该模型是否存在异方差,若存在,则采用加权最小二乘法进行修正。

表 3.1.2　OLS 回归的结果

Dependent Variable: Y

Method: Least Squares

Date: 02/11/14　Time: 09:35

Sample: 1 31

Included observations: 31

Variable	Coefficient	Std. Error	t-Statistic	Prob.
C	−700.4110	116.6679	−6.003458	0.0000
X	0.087831	0.004827	18.19575	0.0000

R-squared	0.919464	Mean dependent var		1266.452
Adjusted R-squared	0.916686	S.D. dependent var		846.7570
S.E. of regression	244.4088	Akaike info criterion		13.89790
Sum squared resid	1732334.	Schwarz criterion		13.99042
Log likelihood	−213.4175	Hannan-Quinn criter.		13.92806
F-statistic	331.0852	Durbin-Watson stat		1.089829
Prob(F-statistic)	0.000000			

一、异方差性的检验

(一)图示法检验

在 EViews 的命令窗口输入命令

scat　x　y

$$\text{scat} \quad \text{x} \quad \text{resid}\tilde{\ }2$$

则作出 (X_i, Y_i)、$(X_i, \tilde{e}_i^2)$ 的散点图如下：

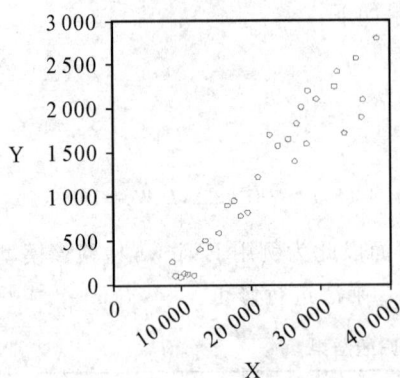

图 3.1.1　(X_i, Y_i) 的散点图　　　　　图 3.1.2　$(X_i, \tilde{e}_i^2)$ 的散点图

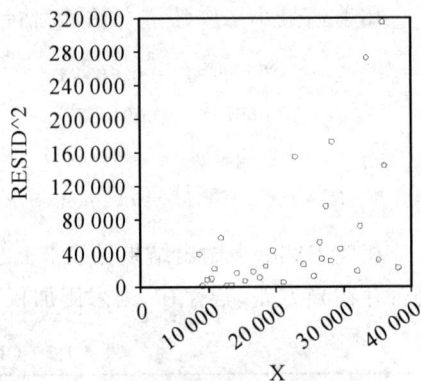

(二)解析法检验

1.戈德菲尔德—匡特(G—Q 检验)

用 EViews 进行 G—Q 检验的步骤如下：

(1)将样本观测按解释变量 X 排序。有两种方式：

①菜单操作：在 Workfile 窗口中点击 Procs→Sort Current Page,弹出对话框(图 3.1.3),输入 X,并选择按升序排序,点击 OK 即可。

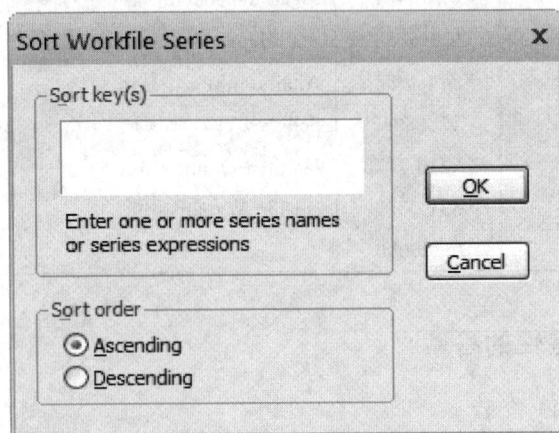

图 3.1.3

②命令方式:在命令窗口输入命令:sort x,则 EViews 将数据集按 X 的升序进行排序。

(2)去掉样本中间约 1/4 的数据(对于本例,去掉中间 7 个数据),将剩下的数据分成两个子样本,分别进行回归。

这一步在 EViews 的操作中仍有菜单操作和命令操作两种方式:

①菜单操作:在 Workfile 窗口中,点击 Sample,将样本范围分别改为 1—12 和 20—31,用 OLS 法分别做 Y 对 X 的线性回归,结果见表 3.1.3 和表 3.1.4。

②命令操作:在命令窗口输入命令:

$$SMPL \quad 1 \quad 12$$
$$LS \quad Y \quad C \quad X$$
$$SMPL \quad 20 \quad 31$$
$$LS \quad Y \quad C \quad X$$

这里 SMPL 命令的作用是截取样本的范围。运行上述命令,同样得到结果表 3.1.3 和表 3.1.4。

表 3.1.3 较小 X 对应的样本的回归结果

Dependent Variable:Y

Method:Least Squares

Date:02/11/14　Time:17:16

Sample:1 12

Included observations:12

Variable	Coefficient	Std. Error	−Statistic	Prob.
C	−823.5754	169.3227	−4.863940	0.0007
X	0.095394	0.013067	7.300328	0.0000
R-squared	0.842009	Mean dependent var		382.9167
Adjusted R-squared	0.826210	S.D. dependent var		306.1590
S.E. of regression	127.6320	Akaike info criterion		12.68719
Sum squared resid	162899.2	Schwarz criterion		12.76801
Log likelihood	−74.12314	Hannan-Quinn criter.		12.65727
F-statistic	53.29478	Durbin-Watson stat		1.055825
Prob(F-statistic)	0.000026			

表 3.1.4　较大 X 对应的样本的回归结果

Dependent Variable：Y

Method：Least Squares

Date：02/11/14　Time：17：17

Sample：20 31

Included observations：12

Variable	Coefficient	Std. Error	t-Statistic	Prob.
C	598.9132	774.1214	0.773668	0.4570
X	0.047725	0.024031	1.986002	.0751

R-squared	0.282856	Mean dependent var		2125.917
Adjusted R-squared	0.211142	S.D. dependent var		350.6481
S.E. of regression	311.4375	Akaike info criterion		14.47129
Sum squared resid	969933.3	Schwarz criterion		14.55210
Log likelihood	−84.82772	Hannan-Quinn criter.		14.44136
F-statistic	3.944205	Durbin-Watson stat		2.756295
Prob(F-statistic)	0.075119			

　　(4)计算 F 统计量,并作出决策。根据表 3.1.3 和表 3.1.4 知,根据两个样本计算出的残差平方和分别为 $\mathrm{RSS}_1 = 162\ 899.2$,$\mathrm{RSS}_2 = 969\ 933.3$,于是

$$F = \frac{\mathrm{RSS}_2}{\mathrm{RSS}_1} = \frac{969\ 933.3}{162\ 899.2} = 5.9542 > 2.98 = F_{0.05}(10,10)$$

因此,拒绝同方差的假定,表明原模型随机误差项存在递增的异方差。

2.White 检验

　　在运用所有样本数据得到的"Equation"窗口中依次点击：View→Residual Diagnostics→White Heteroskedasticity,出现图 3.1.4 所示的窗口,在该窗口"Test type"项中选择"White",同时可以选择在辅助回归模型中是否包含交叉乘积项 Cross terms(本例为一元回归模型,辅助回归模型中只有 X 和 X^2 两项,不存在交叉乘积项,因此 Include White Cross terms 前的钩选不选均可)。执行命令之后,屏幕将显示 White 检验的结果(即辅助回归模型的估计结果),如表 3.1.5。

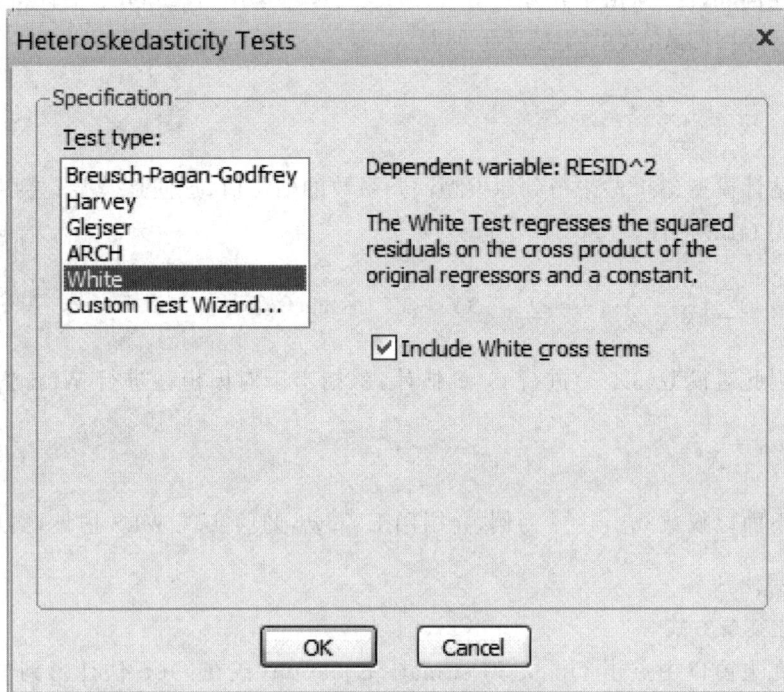

图 3.1.4 异方差性检验的选择窗口

表 3.1.5 White 检验的估计结果

Heteroskedasticity Test：White			
F-statistic	5.819690	Prob. F(2,28)	0.0077
Obs * R-squared	9.102584	Prob.Chi-Square(2)	0.0106
Scaled explained SS	7.485672	Prob.Chi-Square(2)	0.0237

说明：结果中的 F 值统计量为辅助回归模型的 F 值统计量。

由以上结果可知 White 检验的卡方统计量 $\chi^2 = 9.102584 > 5.99 = \chi^2_{0.05}(2)$，也表明模型存在异方差性（当然，这一点也可由卡方统计量的 p 值为 0.0106 看出）。

二、异方差性的修正

修正异方差最常用的方法是模型变换法和加权最小二乘法（WLS），但两个方法本质上是相同的。

在例 3.1.1 中,由于异方差与 X 有关,可以考虑用 X 或 OLS 估计得到的残差除原回归式,这里用 X 除原回归式,即:

$$\frac{Y_i}{X_i} = \beta_0 \frac{1}{X_i} + \beta_1 + u_i \tag{3.1.3}$$

通过估计模型(3.1.3)来得到原模型回归系数的估计值,这便是模型变换法。

用 OLS 估计模型(3.1.3)是基于

$$\sum \left(\frac{Y_i}{X_i} - \frac{\hat{Y}_i}{X_i} \right)^2 = \sum \frac{1}{X_i^2} (Y_i - \hat{Y})^2 \rightarrow \min \tag{3.1.4}$$

因此对模型(3.1.3)进行 OLS 估计,就相当于对原模型进行 WLS 估计,权数 $w_i = \dfrac{1}{X_i^2}$。

下面以权数 $w_i = \dfrac{1}{X_i^2}$ 为例,介绍用 EViews 如何实现 WLS 估计,实现方式有两种:

1.菜单方式

在主窗口中点击 Quick→Estimate Equation(或在 OLS 估计得到的 E-quation 窗口中点击 Estimate),出现窗口 3.1.5,在 Specification 按钮下的 E-quation Specification 项中输入 y c x,Equation settings 项的 Method 框仍选 LS,Sample 框输入 1 31。然后点击 Options 按钮,出现图 3.1.6 的界面,在 Weights 项的 Type 框中选择"Inverse variance",然后在 Weight Series 框中输入 1/x~2,点击确定即可出现表 3.1.6 的结果。

表 3.1.6 WLS 估计的结果(菜单操作方式)

Dependent Variable:Y

Method:Least Squares

Date:02/12/14   Time:16:39

Sample:1 31

Included observations:31

Weighting series:1/X~2

Weight type:Inverse variance (average scaling)

Variable	Coefficient	Std. Error	t-Statistic	Prob.
C	−742.4684	71.91567	−10.32415	0.0000
X	0.089751	0.004347	20.64696	0.0000

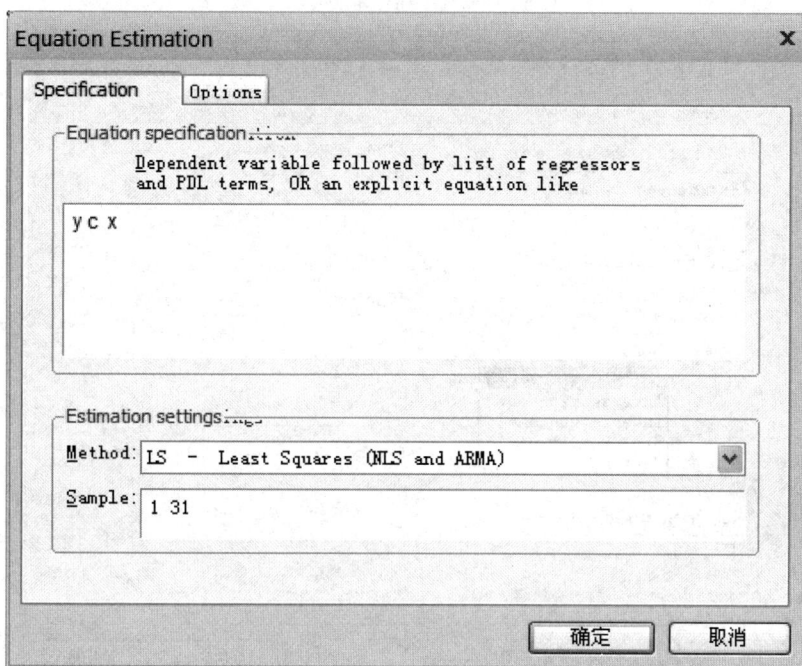

图 3.1.5 方程估计窗口(a)

续表

Weighted Statistics			
R-squared	0.936305	Mean dependent var	814.8817
Adjusted R-squared	0.934109	S.D. dependent var	366.9088
S.E. of regression	172.5870	Akaike info criterion	13.20202
Sum squared resid	863801.4	Schwarz criterion	13.29454
Log likelihood	−202.6313	Hannan-Quinn criter.	13.23218
F-statistic	426.2970	Durbin-Watson stat	1.536238
Prob(F-statistic)	0.000000	Weighted mean dep.	597.3615
Unweighted Statistics			
R-squared	0.919023	Mean dependent var	1266.452
Adjusted R-squared	0.916231	S.D. dependent var	846.7570
S.E. of regression	245.0763	Sum squared resid	1741810.
Durbin-Watson stat	1.931371		

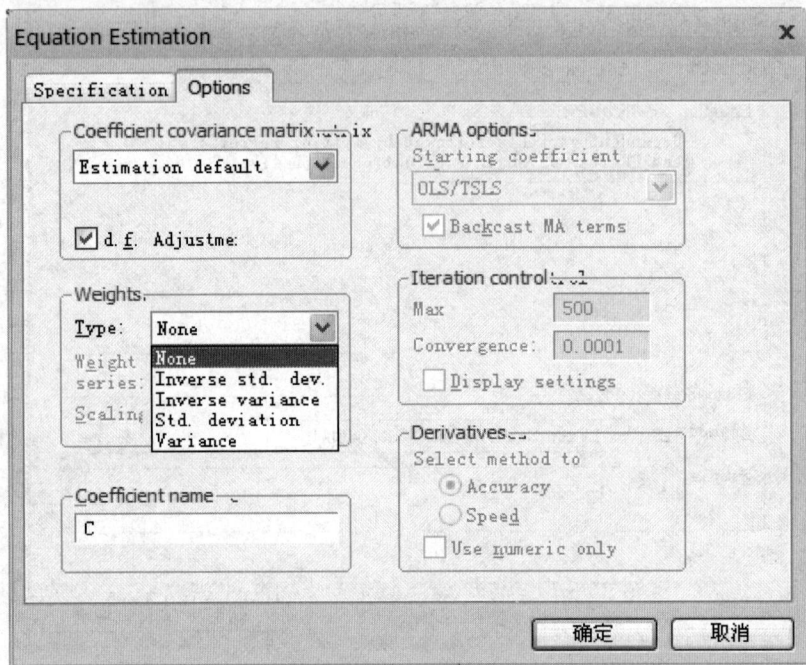

图 3.1.6　方程估计窗口(b)

说明 1:在 EViews6 及以下的版本中,图 3.1.6 的 Weights 项中没有 type 选择框,只有 Weight series 框,这时由于加权最小二乘法与模型变换法的等价性,EViews6 及以下的版本输入的权数并非是加权最小二乘估计原理式(即(3.1.5)式)中的权数 w_i,而是模型变换系数,即(3.1.5)式中权数的算术平方根 $\sqrt{w_i}$。

$$\sum_{i=1}^{n} w_i (Y_i - \hat{Y}_i)^2 \rightarrow \min \tag{3.1.5}$$

因此,对于本例,在 EViews6 及以下的版本中输入的权数应为 $1/X_i$。

说明 2:由于 EViews 工作文件 Workfile 中的 resid 储存的是最后一次运行得到的方程的残差,因此若选取的权数不是这里的 $1/X_i^2$,而是原模型 OLS 估计得到的残差 $\widetilde{e_i}$ 的函数,则在进行 WLS 估计之前,需对原模型再做一次 OLS 估计,以保证 resid 储存的是 $\widetilde{e_i}$,而不是其他方程的残差。

2.命令方式

在 EViews 的命令窗口中输入命令:

SMPL 1 31

LS(w＝1/x) y c x

运行上述命令,得出的结果如表3.1.7。

说明:由于加权最小二乘法与模型变换法的等价性,命令方式所给的权数
是模型变换系数,即上述(3.1.5)式中权数的算术平方根 $\sqrt{w_i}$ 。

表 3.1.7 WLS 估计的结果(命令方式)

Dependent Variable:Y

Method:Least Squares

Date:02/12/14 Time:16:53

Sample:1 31

Included observations:31

Weighting series:1/X

Weight type:Inverse standard deviation(EViews default scaling)

Variable	Coefficient	Std. Error	t-Statistic	Prob.
C	−742.4684	71.91567	−10.32415	0.0000
X	0.089751	0.004347	20.64696	0.0000

Weighted Statistics			
R-squared	0.936305	Mean dependent var	903.0766
Adjusted R-squared	0.934109	S.D. dependent var	406.6195
S.E. of regression	191.2661	Akaike info criterion	13.40755
Sum squared resid	1060899.	Schwarz criterion	13.50006
Log likelihood	−205.8170	Hannan-Quinn criter.	13.43771
F-statistic	426.2970	Durbin-Watson stat	1.536238
Prob(F-statistic)	0.000000	Weighted mean dep.	597.3615

Unweighted Statistics			
R-squared	0.919023	Mean dependent var	1266.452
Adjusted R-squared	0.916231	S.D. dependent var	846.7570
S.E. of regression	245.0763	Sum squared resid	1741810.
Durbin-Watson stat	1.931371		

三、异方差性的再检验

为检验模型是否还存在异方差性,需要对 WLS 的估计的结果再进行异方差性的检验,这里采用 White 检验,在 WLS 估计得到的 Equation 窗口中点击 View→Residual Diagnostics→White Heteroskedasticity→White→OK,得到的结果如表 3.1.8。

表 3.1.8 对 WLS 估计的结果进行 White 检验的结果

Heteroskedasticity Test:White			
F-statistic	3.334016	Prob. F(2,28)	0.0503
Obs * R-squared	5.962524	Prob. Chi-Square(2)	0.0507
Scaled explained SS	4.358770	Prob. Chi-Square(2)	0.1131

通过卡方统计量对应的 p 值为 0.0507 知,在 5% 的显著性水平下,可以认为模型的异方差被克服。

第二节 用 R 进行异方差性的检验与修正

还是以上节例 3.1.1 为例。

一、异方差性的检验

(一)图示法检验

将数据以 EXCEL 的 CSV 文件格式保存,文件名为"某地区个人储蓄与可支配收入.csv",文件中数据变量名为 X,Y,然后打开 R 软件,新建程序脚本,在 R 编辑器中输入如下代码:

```
a=read.csv("某地区个人储蓄与可支配收入.csv")
attach(a)
model.ols=lm(Y~X)
e=resid(model.ols)
plot(X,Y)
plot(X,e^2)
```

运行上述代码,作出散点图 3.2.1 和 3.2.2。

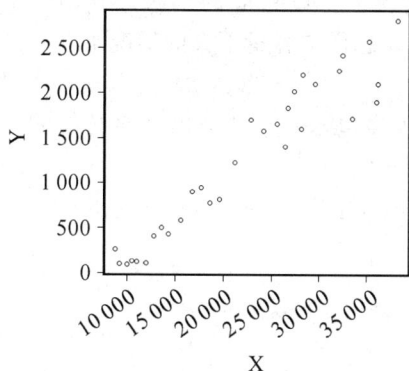

图 3.2.1　(X_i, Y_i) 的散点图

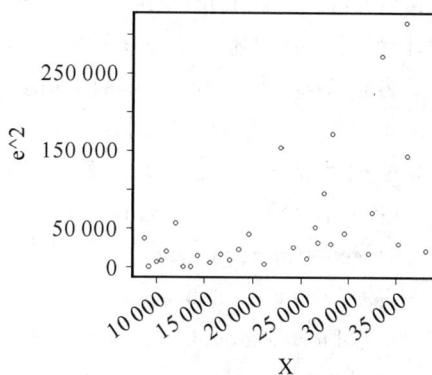

图 3.2.2　$(X_i, \tilde{e}_i^2)$ 的散点图

(二)解析法检验

1.戈德菲尔德—匡特检验(G—Q 检验)

方法 1：应用 gqtest( )函数

R 语言直接进行 G—Q 检验的函数为 gqtest( )，但该函数不在 R 语言的基本包，需要下载安装扩展包 lmtest，具体方法见第一章第二节。关于 gqtest( )，使用格式如下：

gqtest(formula, point = 0.5, alternative = c("greater", "two.sided", "less"),……)

其中 formula 为原模型公式(本例为 Y~X)；point 参数控制两子样本在总样本中的数量比例，默认值 0.5，表明两子样本容量相同，都占总量的 50%；alternative 表明备择假设的方向，默认为递增方向的异方差。其他参数见帮助。

下面运用 gqtest( )检验例 3.1.1 的异方差性。具体代码如下：

```
library(lmtest)                    #将 lmtest 包载入内存
gqtest(Y~X)
```

运行结果为：

```
Goldfeld—Quandt test
data：Y~
GQ=4.915, df1=14, df2=13, p-value=0.003374
```

通过检验结果的 p 值可知，模型存在明显的递增异方差。

说明：由于 gqtest( )函数是按去掉中间约 1/8 的数据来区分两个子样本，且虽然有 point = 0.5 的控制，但两子样本容量比例只是接近 1:1，而不是严格的 1:1。因此算出的 F 统计量与按传统 $G-Q$ 检验的步骤计算出的 F 统计量不同,有时还会相差比较大,尤其是在总样本容量不大的情况下。

方法 2:应用自编的 R 函数 GQtest( )

本书根据内容的需要制作了 ecosup 程序包[①],该包中含有实现传统 $G-Q$ 检验的函数——GQtest( ),其代码如下:

```
GQtest=function(formula,order.by=NULL,alternative = "greater"){
object=lm(formula)
y=object $ model[,1]
x=object $ model[,-1]
n=length(y)
c=round(n/4)
if (ncol(as.matrix(x))==1) {
x1=sort(x)[1:round((n-c)/2)]
y1=y[order(x)][1:round((n-c)/2)]
x2=sort(x)[(n+1-round((n-c)/2)):n]
y2=y[order(x)][(n+1-round((n-c)/2)):n]
}
else {
x1=x[order(order.by),][1:round((n-c)/2),]
y1=y[order(order.by)][1:round((n-c)/2)]
x2=x[order(order.by),][(n+1-round((n-c)/2)):n,]
y2=y[order(order.by)][(n+1-round((n-c)/2)):n]
}
rss1=deviance(lm(y1~as.matrix(x1)))
rss2=deviance(lm(y2~as.matrix(x2)))
if (alternative=="greater"){
F=rss2/rss1
}
else if (alternative=="less"){
F=rss1/rss2
}
```

---

① 本书所有自编的函数都在该函数包中。

```
df＝round((n－c)/2)－ncol(object $ model)
p＝1－pf(F,df,df)
list(F_statistic＝F,df＝c(df,df),p_value＝p)
}
```

该函数中,formula 参数同上;order.by 参数是用于设定排序的变量(异方差跟哪个解释变量有关,就选择按哪个解释变量来排序);alternative 控制备择假设的方向,为"greater"(默认值),检验的假设中备择假设为递增异方差,为"less",备择假设则为递减异方差。

使用该函数检验异方差性,既可以先将函数代码专门保存在一个 r 文本中,文件名为"GQtest.r",然后调用该函数;也可以先通过安装并载入 ecosup 包,然后调用该函数。[①]

对于例 3.1.1,用 GQtest( )函数检验异方差性的代码如下:

```
source("GQtest.r")              ♯ 或用代码 library(ecosup)②
GQtest(Y～X)
```

运行结果为:

```
$ F_statistic
[1] 5.954193
$ df
[1] 10   10
$ p_value
[1] 0.004664475
```

通过计算出来的 F 统计量的值及其 p 值可知,模型存在明显的递增异方差。

2.White 检验

对于例 3.1.1,White 检验是基于以下辅助回归模型进行的:

$$\tilde{e}_i^2 = \alpha_0 + \alpha_1 X_i + \alpha_2 X_i^2 + v_i \tag{3.2.1}$$

这里 $\tilde{e}_i$ 是进行 OLS 估计得到模型的残差。

在 R 软件中输入以下代码,以实现 White 检验。

```
white＝lm(e^2～X＋I(X^2))
summary(white)
```

---

① 后面使用本书自编的函数的方法类似,不再赘述。
② 后面使用本书自编的函数均采用加载 ecosup 的方式。

运行得到结果：

Call：

lm(formula＝e^2～X＋I(X^2))

Residuals：

Min	1Q	Median	3Q	Max
−127 565	−32 606	−12 077	10 708	185 583

Coefficients：

	Estimate	Std. Error	t value	Pr($>$|t|)
(Intercept)	1.998e+04	8.277e+04	0.241	0.811
X	−2.199e+00	8.094e+00	−0.272	0.788
I(X^2)	1.457e−04	1.756e−04	0.830	0.414

Residual standard error：67750 on 28 degrees of freedom

Multiple R-squared：0.2936，   Adjusted R-squared：0.2432

F-statistic：5.82 on 2 and 28 DF，   p-value：0.007699

由该结果知辅助回归式(3.2.1)的可决系数 $R^2＝0.2936$，从而 White 检验的统计量为：

$$\chi^2 = nR^2 = 31 \times 0.2936 = 9.1016 > 5.99 = \chi^2_{0.05}(2)$$

所以认为原模型存在异方差性。

显然，应用上面的代码进行 White 检验，对应用者的要求比较高，首先一点就是必须能写出 White 检验辅助回归的形式，然后根据辅助回归的结果计算卡方统计量，最后再进行判断。这个过程对于非统计专业的计量经济学读者来说是较困难的。为此，我们考虑了 White 检验最一般的情况，在 ecosup 包中编写了操作较为简便的 White 检验的函数——whtest( )函数，其具体代码如下：

```
whtest＝function(formula，cross＝TRUE){
object＝lm(formula)
e＝resid(object)
a＝as.matrix( object $ model)
x＝a[,−1]
k＝ncol(as.matrix(x))
if (cross＝＝TRUE){
if(k＝＝1){
```

```
x=cbind(x,x^2)}
else{
for(i in 1:k){
for(j in i:k){
x=cbind(x,x[,i] * x[,j])
} } } }
else {
for(i in 1:k){
x=cbind(x,x[,i]^2)
}  }
fit=lm(I(e^2)~x)
RSS=deviance(fit)
TSS=sum((e^2-mean(e^2))^2)
R2=1-RSS/TSS
n=length(e)
chisq=n * R2
h=ncol(x)
p=1-pchisq(chisq,h)
list(chisq_statistic=chisq,df=h,p_value=p)    }
```

该函数中,cross 参数用来控制辅助回归是否包含交叉项,cross=TRUE (默认值)表示辅助回归包含交叉项,否则 cross=FALSE 则不包含交叉项。

对于例 3.1.1,进行 White 检验,只需使用如下代码:

```
library(ecosup)
whtest(Y~X)
```

运行结果为:

```
$ chisq_statistic
[1] 9.102584
$ df
[1] 2
$ p_value
[1] 0.01055356
```

这里计算出的 χ^2 统计量为 9.1026,与上面计算出的结果是一致的,而且这里给出的检验的 p 值(为 0.0106),从 p 值上更明显地看出模型存在异方差。

二、异方差性的修正

同第一节，以 $w_i = \dfrac{1}{X_i^2}$ 为权数，进行 WLS 估计，代码如下：

model.wls＝lm(Y～X,weight＝1/X^2)

summary(model.wls)

运行得出结果：

Call：

lm(formula＝Y～X, weights＝1/X^2)

Residuals：

Min	1Q	Median	3Q	Max
-0.018439	-0.007677	0.002513	0.006385	0.024920

Coefficients：

	Estimate	Std. Error	t value	Pr(>|t|)	
(Intercept)	$-7.425e+02$	7.192e+01	-10.32	3.18e$-$11	***
X	8.975e$-$02	4.347e$-$03	20.65	$<$ 2e$-$16	***

Signif. codes：0 ' *** ' 0.001 ' ** ' 0.01 ' * ' 0.05 '.' 0.1 ' ' 1

Residual standard error：0.01043 on 29 degrees of freedom

Multiple R-squared：0.9363，　　　Adjusted R-squared：0.9341

F-statistic：426.3 on 1 and 29 DF，　p-value：$<$2.2e$-$16

三、异方差性的再检验

下面用 White 检验对 WLS 的估计的结果进行再检验。由于 WLS 估计等价于模型变换法，即对模型

$$\frac{Y_i}{X_i} = \beta_0 \frac{1}{X_i} + \beta_1 + u_i \tag{3.2.2}$$

进行 OLS 估计，因此对 WLS 的估计的结果进行 White 检验，也就是将上述模型的残差关于其自变量作如下辅助回归：

$$\frac{e_i^2}{X_i^2} = \gamma_0 + \gamma_1 \frac{1}{X_i} + \gamma_2 \frac{1}{X_i^2} + \varepsilon_i \tag{3.2.3}$$

这里 e_i 为上述 WLS 估计得到的模型的残差。

在 R 软件中输入代码：

e.w＝resid(model.wls)

white.w＝lm((e.w/X)^2~I(1/X)+I(1/X^2))

summary(white.w)

运行得到辅助回归模型 3.2.3 的可决系数 $R^2＝0.1923$，对应的卡方统计量为：

$$\chi^2 = nR^2 = 31 \times 0.1923 = 5.9613 < 5.99 = \chi^2_{0.05}(2)$$

这表明在 5% 的显著性水平下，WLS 估计已将原模型的异方差克服掉。

第四章　序列相关性的检验与修正

第一节　用 EViews 进行序列相关性的检验与修正

例 **4.1.1**　西藏 1991—2012 年城镇居民人均消费支出 CONS(单位:元)，人均可支配收入 INC(单位:元)以及消费价格指数 CPI(1989＝100)数据见表 4.1.1。

表 4.1.1　西藏城镇居民人均消费支出与人均可支配收入

年份	城镇人均消费支出 CONS	城镇人均可支配收入 INC	城镇居民价格指数 CPI
1991	2 721	1 995	115.1
1992	2 825	2 083	125.5
1993	3 083	2 348	144.6
1994	3 700	3 330	181.5
1995	3 981	4 000	220.2
1996	4 023	5 030	241.1
1997	4 744	5 135	252.7
1998	4 169	5 439	252.2
1999	4 579	5 998	250.7
2000	4 737	6 448	251.8
2001	4 992	7 119	249.8
2002	8 278	7 762	252.3
2003	9 112	8 058	254.3
2004	8 895	8 200	259.4
2005	9 040	8 411	263.3
2006	7 515	8 941	268.3

续表

年份	城镇人均消费支出 CONS	城镇人均可支配收入 INC	城镇居民价格指数 CPI
2007	7 888	11 131	276.1
2008	8 324	12 482	291.8
2009	9 421	13 544	296.2
2010	11 028	14 980	302.8
2011	11 393	16 196	316.4
2012	12 958	18 028	330.0

数据来源:《西藏统计年鉴(2013)》

为了消除价格因素对城镇居民收入和消费支出的影响,不宜直接采用现价人均可支配收入和现价人均消费支出的数据,而需要用经消费价格指数进行调整后的不变价格(1989＝100)计的人均可支配收入 X 和人均消费支出 Y 的数据来考察两者的关系,这里

$$X = \frac{INC}{CPI}, Y = \frac{CONS}{CPI}$$

根据绝对收入假说的消费函数理论,可建立的理论模型为:

$$Y_t = \beta_0 + \beta_1 X_t + u_t \tag{4.1.1}$$

用普通最小二乘法进行估计,估计结果如下:

$$\hat{Y}_t = 10.87190 + 0.509282 X_t \tag{4.1.2}$$
$$s = (2.716418) \quad (0.083046)$$
$$t = (4.002294) \quad (6.132556)$$
$$R^2 = 0.652827, \overline{R}^2 = 0.635469, S.E. = 4.608261, F = 37.60824, D.W. = 0.593317$$

相应 EViews 输出结果见表 4.1.2。下面以此为例用 EViews 检验该模型是否存在序列相关性,若存在,则采用广义差分法进行修正。

表 4.1.2　OLS 估计的结果

Dependent Variable:Y

Method:Least Squares

Date:02/12/14　Time:21:58

Sample:1991 2012

Included observations:22

续表

Variable	Coefficient	Std. Error	t-Statistic	Prob.
C	10.87190	2.716418	4.002294	0.0007
X	0.509282	0.083046	6.132556	0.0000
R-squared	0.652827	Mean dependent var		26.40271
Adjusted R-squared	0.635469	S.D. dependent var		7.632552
S.E. of regression	4.608261	Akaike info criterion		5.980086
Sum squared resid	424.7215	Schwarz criterion		6.079272
Log likelihood	−63.78095	Hannan-Quinn criter.		6.003452
F-statistic	37.60824	Durbin-Watson stat		0.593317
Prob(F-statistic)	0.000005			

一、序列相关性的检验

(一)图示法检验

在 EViews 的命令窗口输入命令

$$plot\ resid$$
$$scat\ resid(-1)\ resid$$

则作出如图 4.1.1 和 4.1.2 所示的残差相关图,其中 $\tilde{e}_t$ 为 OLS 估计得到的模型(即模型 4.1.2)的残差。

说明:resid(−1)表示滞后一期的残差,以后在 EViews 中(−1)均表示滞后一期。

由图 4.1.1 知,模型的残差连续多期为正和连续多期为负,表明所建立的模型的随机误差项存在明显的正序列相关性。从图 4.1.2 可以看出散点$(\tilde{e}_{t-1},\tilde{e}_t)$ 主要集中在一、三象限,且大致分布在某直线附近,表明模型的随机误差项存在一阶正线性相关性。

(二)解析法检验

1.杜宾—瓦特森检验(D.W.检验)

根据表 4.1.2 的回归结果 D.W.检验统计量 D.W.=0.593317,查表得在 5%的显著性水平下,样本容量为 22,解释变量个数为 1 的 D.W.检验的临界值 $d_L=1.24$, $d_U=1.43$,由于

$$D.W.=0.593317<1.24$$

故依据判别规则,认为随机误差项存在着至少一阶正序列相关性。

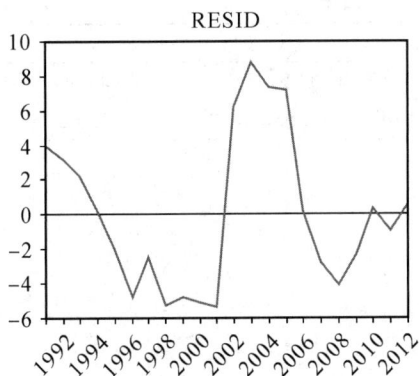

图 4.1.1　残差折线图

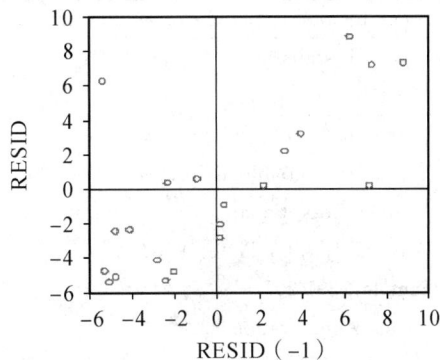

图 4.1.2　$(\tilde{e}_{t-1},\tilde{e}_t)$ 散点图

2.拉格朗日乘数检验(布劳殊—戈弗雷检验,LM 检验或 BG 检验)

在用 OLS 估计得到的 Equation 窗口中点击 View→Residual Diagnostics →Serial correlation LM Test,出现图 4.1.3 所示的窗口,在该窗口中设置要检验的序列相关的阶数(默认为 2),这里将阶数设置为 2(因为从 D.W.检验得知至少一阶相关,故 2 阶开始),点击 OK,出现表 4.1.3 的结果。

结果表明 LM 检验统计量 $LM=11.95731$,而查表知 $\chi^2_{0.05}(2)=5.99$,由于 $LM>\chi^2_{0.05}(2)$,表明可能存在二阶序列相关性(或通过 p 值也能判断),但根据表 4.1.3 的结果知,LM 检验对应的辅助回归式中之后两期的残差 $\tilde{e}_{t-2}$ 的 t 检验没有通过(其 p 值超过了 0.1),因此综合认定模型存在明显的一阶序列相关性。

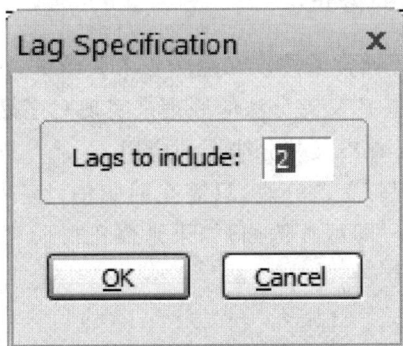

图 4.1.3　LM 检验阶数设置窗口

表 4.1.3   LM 检验的结果

Breusch-Godfrey Serial Correlation LM Test:

F-statistic	10.71582	Prob. F(2,18)	0.0009
Obs * R-squared	11.95731	Prob. Chi—Square(2)	0.0025

Test Equation:

Dependent Variable:RESID

Method:Least Squares

Date:02/13/14　Time:09:07

Sample:1991 2012

Included observations:22

Presample missing value lagged residuals set to zero.

Variable	Coefficient	Std. Error	t-Statistic	Prob.
C	−0.469000	1.938568	−0.241931	0.8116
X	0.016382	0.059289	0.276314	0.7855
RESID(−1)	0.942428	0.219490	4.293721	0.0004
RESID(−2)	−0.370229	0.219539	−1.686392	0.1090

R-squared	0.543514	Mean dependent var	−4.44E−16
Adjusted R-squared	0.467433	S.D. dependent var	4.497203
S.E. of regression	3.281932	Akaike info criterion	5.377708
Sum squared resid	193.8794	Schwarz criterion	5.576079
Log likelihood	−55.15478	Hannan-Quinn criter.	5.424438
F-statistic	7.143883	Durbin-Watson stat	2.144424
Prob(F-statistic)	0.002327		

二、序列相关性的修正

序列相关性的修正通常采用广义差分法和广义最小二乘法,但两者是等价的,而 EViews 中是按广义差分法的原理来实现对序列相关性的修正的,因此下面只介绍 EViews 在广义差分法上的应用。

在 EViews 中实现广义差分法,只需在回归估计解释变量的部分逐次增加 AR(1),AR(2),……即可。例如,如果是修正一阶序列相关(即一阶广义差分法),输入的命令为

LS　y　c　x　AR(1)

如果修正二阶序列相关(二阶广义差分法),输入命令为

LS　y　c　x　AR(1)　AR(2)

说明 1：用上面的方法实现广义差分法不仅输出被解释变量与解释变量之间的估计信息，还将输出各阶自相关系数 ρ 的估计值（由 AR 项的系数给出）及其标准差、t 统计量值等等，且根据 AR 项的 t 检验值是否显著，可以进一步确定自相关性的具体形式。

说明 2：广义差分法的关键是各阶自相关系 ρ 的估计，上面的命令是按柯克伦—奥科特迭代法来估计 ρ 的。在 EViews8 中，迭代估计过程中迭代次数和误差精度的默认值分别 500 次和 0.0001。如果需要提高估计精度，或者估计程序结束时得到的并不是一个收敛的估计值（即迭代估计过程没有收敛），此时可以重新定义误差精度或迭代的最大次数，具体步骤如下：

①在方程窗口中点击"Estimate"按钮；

②在弹出的方程说明对话框中点击"Options"；

③在 Iteration control 对话栏中重新输入：最大迭代次数（max），收敛精度（convergence）；

④点击"OK"返回方程说明对话框，再点击"OK"重新估计模型。

对于例 4.1.1，使用命令 LS　y　c　x　AR(1)，输出结果如表 4.1.4 所示：

表 4.1.4　广义差分法的估计结果

Dependent Variable：Y

Method：Least Squares

Date：02/13/14　Time：09：49

Sample（adjusted）：1992 2012

Included observations：21 after adjustments

Convergence achieved after 7 iterations

Variable	Coefficient	Std. Error	t-Statistic	Prob.
C	8.447298	6.576679	1.284432	0.2153
X	0.563289	0.171680	3.281040	0.0042
AR(1)	0.684484	0.170202	4.021599	0.0008
R-squared	0.828781	Mean dependent var		26.53425
Adjusted R-squared	0.809757	S.D. dependent var		7.795443
S.E. of regression	3.400129	Akaike info criterion		5.417067
Sum squared resid	208.0958	Schwarz criterion		5.566285
Log likelihood	−53.87921	Hannan-Quinn criter.		5.449451

续表

F-statistic	43.56430	Durbin-Watson stat	1.479390
Prob(F-statistic)	0.000000		
Inverted AR Roots	0.68		

通过表 4.1.1 可知该估计的 D.W.＝1.48，而在 5％的显著性水平下，样本容量为 21(一阶序列相关，数据减少 1 个)，解释变量个数为 2(AR 项这里看作一个特殊的解释变量)的 D.W.检验临界值分别为 $d_L = 1.13$，$d_U = 1.54$，由于 $d_L <$ D.W.$= 1.48 < d_U$，无法判断是否存在一阶序列相关。

下面采用 LM 检验判断广义差分法得到的结果是否还存在，序列相关性。在估计得到的 Equation 窗口点击 View→Residual Diagnostics→Serial correlation LM Test，在出现的阶数设置窗口将阶数设为 1，点击 OK，得到如下结果：

表 4.1.5　对广义差分法估计结果的 LM 检验

Breusch-Godfrey Serial Correlation LM Test：			
F-statistic	2.509725	Prob. F(1,17)	0.1316
Obs＊R-squared	2.701434	Prob. Chi-Square(1)	0.1003

从表 4.1.5 可以看出，LM 检验的卡方统计量的 p 值为 0.1003，表明所得到的模型不再存在序列相关性。

表 4.1.1 的估计结果可以按如下标准格式写出：

$$\hat{Y}_i = 8.447298 + 0.563289X_i + 0.684484AR(1) \qquad (4.1.3)$$
$$s = (6.576679)\quad(0.171680)\quad(0.170202)$$
$$t = (1.284432)\quad(3.281040)\quad(4.021599)$$
$$R^2 = 0.828781, \overline{R}^2 = 0.809057, S.E. = 3.400129, F = 43.56430, D.W. = 1.479390$$

要注意的是，这里是为了结果显示的方便，将 AR 项写进估计的方程中，但实际上并不是对 Y 真正意义上的解释变量。这里 AR(1)的系数是一阶自相关系数。

第二节　用 R 软件进行序列相关性的检验与修正

以上节例 4.1.1 为例，介绍 R 软件在序列相关性的检验和克服上的应用。

一、序列相关性的检验

(一)图示法检验

将数据以 EXCEL 的 CSV 文件格式保存,文件名为"西藏城镇居民人均消费与人均可支配收入.csv",文件中数据为不变价格下的西藏城镇居民可支配收入与消费支出,变量名分别为 X,Y。打开 R 软件,新建程序脚本,在 R 编辑器中输入如下代码:

```
a=read.csv("西藏城镇居民人均消费与人均可支配收入.csv")
attach(a)
model.ols=lm(Y~X)
e=resid(model.ols)
plot(e, xlab="t")
abline(h=0)              #在 plot( )所画图形上增加横轴线,下同
e1=e[1:21]              #取残差的第 1 到 21 个观测值,表示的是 e(t-1)
e2=e[2:22]              #取残差的第 2 到 22 个观测值,表示的是 e(t)
plot(e1,e2,xlab="e(t-1)",ylab="e(t)")
abline(h=0)
abline(v=0)            #在 plot( )所画图形上增加纵轴线
```

运行上述代码,画出图形 4.2.1 和 4.2.2。

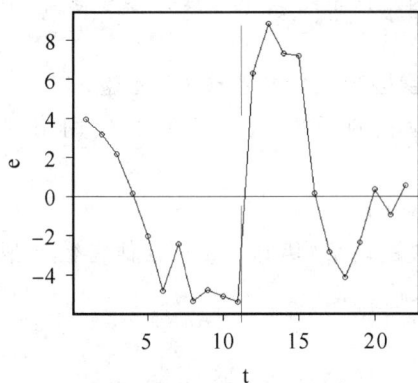

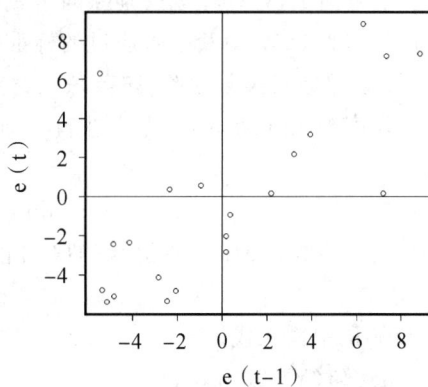

图 4.2.1　残差折线图　　　　图 4.2.2　$(\tilde{e}_{t-1}, \tilde{e}_t)$ 散点图

这里 $\tilde{e}$ 为原模型 OLS 估计得到的残差项。

从图 4.2.1 和图 4.2.2 能清楚地看出模型至少存在一阶序列相关性。

(二)解析法检验

1.杜宾—瓦特森检验(D.W.检验)

在 R 软件的基本程序包中没有提供 D.W.检验的函数,需要安装扩展程序包 lmtest,并载入内存,方可应用该包中的函数 dwtest( )进行 D.W.检验,其使用格式如下:

$$dwtest(formula, \cdots)$$

这里其他参数省略,读者自行查阅帮助。

下面运用 dwtest( )检验例 4.1.1 的序列相关性。具体代码如下:

```
library(lmtest)          #将 lmtest 包再如内存
dwtest(Y~X)
```

运行结果为:

```
Durbin-Watson test
data: Y~X
DW=0.5933, p-value=1.055e−05
alternative hypothesis:true autocorrelation is greater than 0
```

可见,该函数计算出的 D.W.统计量与 EViews 相同,由上节的分析知 D.W.检验表明至少存在一阶正序列相关性。

说明:dwtest( )虽然给出了检验的 p 值,但由于 D.W.检验的临界值有上限和下限两个,且存在无法判断的区域,因此这里的 p 值只具有参考意义,不能将其作为 D.W.检验是否通过的标准。

2.拉格朗日乘数检验(布劳殊—戈弗雷检验,LM 检验或 BG 检验)

程序包 lmtest 也提供了进行 LM 检验的函数 bgtest( ),其使用格式为

$$bgtest(formula, order=1, \cdots)$$

其中参数 order 为要检验的序列相关的阶数(默认为 1),其他参数见帮助。

在 R 中输入代码:

```
bgtest(Y~X,order=1)          #一阶 LM 检验
bgtest(Y~X,order=2)          #二阶 LM 检验
```

运行结果为:

```
Breusch-Godfrey test for serial correlation of order 1
data: Y~X
```

LM test＝10.3706，df＝1，p-value＝0.001280

Breusch-Godfrey test for serial correlation of order 2

data： Y～X

LM test＝11.9573，df＝2，p-value＝0.002532

从检验的 p 值看,模型至少存在一阶序列相关性,可能存在直到二阶序列相关性,但从一阶 LM 检验统计量值(为 10.3706)到二阶 LM 检验统计量值(为 11.9573)的变化,可以看出,两者差距不明显,这说明模型的二阶序列相关性可能不显著,但是否不显著,bgtest( )无法准确判断,这得从 LM 检验的原理着手,即考虑如下辅助回归式:

$$\widetilde{e}_t = \alpha_0 + \alpha_1 X_t + \rho_1 \widetilde{e}_{t-1} + \rho_2 \widetilde{e}_{t-2} + v_t \tag{4.2.1}$$

该式为二阶 LM 检验的辅助回归式。

在 R 软件中输入代码:

bg2＝lm(e[3:22]～X[3:22]＋e[2:21]＋e[1:20])

　　♯说明:滞后两期,损失两个观测值,e(t)从第三个观测值开始

summary(bg2)

运行结果为:

Call：

lm(formula＝e[3:22]～X[3:22]＋e[2:21]＋e[1:20])

Residuals：

Min	1Q	Median	3Q	Max
−4.2654	−2.1127	−0.1616	1.1453	9.6654

Coefficients：

	Estimate	Std. Error	t value	Pr(>|t|)	
(Intercept)	−1.31425	2.17304	−0.605	0.553794	
X[3:22]	0.03696	0.06407	0.577	0.572073	
e[2:21]	0.94173	0.22976	4.099	0.000839	***
e[1:20]	−0.36644	0.22586	−1.622	0.124241	

Signif. codes：0 ' *** ' 0.001 ' ** ' 0.01 ' * ' 0.05 '.'0.1 ' ' 1

Residual standard error：3.306 on 16 degrees of freedom

Multiple R-squared：0.5589，　　Adjusted R-squared：0.4762

F-statistic：6.758 on 3 and 16 DF， p-value：0.003728

从上述的结果可知，e[1:20]（代表 $\tilde{e}_{t-2}$）的 t 检验的 p 值超过了 0.1，这表明辅助回归式 4.2.1 中，$\tilde{e}_{t-2}$ 不显著。因此，综合判断原模型只存在一阶序列相关性。

说明：由于 bgtest( ) 函数不输出辅助回归的信息，不利于序列相关阶数的判断，为此，ecosup 包中编写了能输出辅助回归信息的 LM 检验函数 BGtest( )，代码如下：

```
BGtest＝function(formula, order＝1){
object＝lm(formula)
e＝resid(object)
n＝length(object $ model[[1]])
et＝e[(order＋1):n]
et_＝matrix(0,nrow＝n−order,ncol＝order)
for(j in 1:order){
et_[,j]＝e[(order−(j−1)):(n−j)]
}
x＝as.matrix(object $ model)[(order＋1):n,−1]
LM＝(n−order) * summary(lm(et~x＋et_)) $ r.squared
list(LM＝LM,p_value＝1-pchisq(LM,order),summary＝summary(lm
(et~x＋et_)))
}
```

该函数中 order 代表序列相关的阶数，默认为 1。要进行 2 阶 LM 检验，在 R 软件中输入代码：

```
library(ecosup)
BGtes(Y~X, 2)
```

运行结果为：

```
$ LM
[1] 11.17811
$ p_value
[1] 0.003738557
$ summary
```

Call：

lm(formula＝et～x＋et_)

Residuals：

Min	1Q	Median	3Q	Max
−4.2654	−2.1127	−0.1616	1.1453	9.6654

Coefficients：

	Estimate	Std. Error	t value	Pr(>|t|)	
(Intercept)	−1.31425	2.17304	−0.605	0.553794	
x	0.03696	0.06407	0.577	0.572073	
et_1	0.94173	0.22976	4.099	0.000839	***
et_2	−0.36644	0.22586	−1.622	0.124241	

Signif. codes：0 ‘ *** ’ 0.001 ‘ ** ’ 0.01 ‘ * ’ 0.05 ‘.’0.1 ‘ ’ 1

Residual standard error：3.306 on 16 degrees of freedom

Multiple R-squared：0.5589，　　Adjusted R-squared：0.4762

F-statistic：6.758 on 3 and 16 DF，　p-value：0.003728

通过该结果知，二阶 LM 检验虽通过，但 $e_{t\text{-}2}$ 的 t 检验没通过，因此认定原模型只存在一阶序列相关。

另外，BGtest( )函数与 R 软件自带函数 bgtest( )计算的 LM 统计量结果不同，但两者差别很小，一般判断的结果是一致的。造成差别的主要原因是辅助回归损失了样本容量，bgtest( )函数对其进行了调整，而自编函数 BGtest( )函数则没有。

二、序列相关性的修正

还是用广义差分法来修正模型的序列相关性，但 R 软件没有提供实现广义差分法的函数，其具体实现，需读者根据广义差分的原理自编程序代码来。

关于例 4.1.1，其广义差分法就是要估计：

$$Y_t - \rho Y_{t-1} = \beta_0(1-\rho) + \beta_1(X_t - \rho X_{t-1}) + \varepsilon_t \tag{4.2.2}$$

其中 ρ 是一阶自相关系数，ε_t 也是原模型随机误差项的一阶自回归形式(4.2.3)的误差项。

$$u_t = \rho u_{t-1} + \varepsilon_t \tag{4.2.3}$$

对于广义差分模型(4.2.2)的估计,最关键的是要先估计出一阶自相关系数 ρ,估计方法有很多种,下面介绍其中的两种:

1.利用 D.W.统计量进行估计

在大样本情况下,有

$$\hat{\rho} \approx 1 - \frac{D.W.}{2} \tag{4.2.4}$$

而对于小样本,泰尔(Theil.H)建议使用下述近似公式:

$$\hat{\rho} \approx \frac{n^2(1 - D.W./2) + (k+1)^2}{n^2 - (k+1)^2} \tag{4.2.5}$$

其中 k 为解释变量的个数,当 $n \to \infty$ 时,$\hat{\rho} \to 1 - \frac{D.W.}{2}$。

2.迭代估计或柯克伦—奥科特(Cochrange-Orcutt)估计

利用 D.W.统计量估计出来的 ρ 往往比较粗糙,估计精度不高,而柯克伦—奥科特估计法是通过一系列的迭代运算,逐步提高 ρ 的近似估计精度。其具体步骤为:

(1)采用普通最小乘法估计原模型 $Y_t = \beta_0 + \beta_1 X_t + u_t$,得到随机误差项 u_t 的"近似估计值",以之作为(4.2.3)的样本观测值;

(2)采用普通最小二乘法枯计方程(4.2.3),得到 ρ 的第一次估计值,记作 $\hat{\rho}(1)$;

(3)将 $\hat{\rho}(1)$ 代入(4.2.2),并对之进行普通最小二乘估计,得到 β_0,β_1 的第一次估计值 $\hat{\beta}_0(1),\hat{\beta}_1(1)$;

(4)将 $\hat{\beta}_0(1),\hat{\beta}_1(1)$ 代回原模型,求出原模型随机误差项的新的"近似估计值",以之作为(4.2.3)的样本观测值;

(5)重复(2)~(4),直到 ρ 的前后两次估计值比较接近,即估计误差小于事先给定的精度 δ,即

$$|\hat{\rho}(s) - \hat{\rho}(s-1)| < \delta$$

其中 s 为迭代次数。

当然,在实践中,有时只要迭代两次,就可得到较满意的结果。两次迭代过程也被称为科克伦—奥科特两步法。

下面就根据以上两种估计方法,在 R 中编写代码,以实现广义差分法。并检验模型的序列相关性是否克服掉。

按 D.W.统计量来估计自相关系数时

DW＝dwtest(Y～X) \$ statistic　　　　　　＃取 D.W.检验的统计量

r＝1－DW/2

DY＝Y[2:22]－r * Y[1:21]

DX＝X[2:22]－r * X[1:21]

model.d＝lm(DY～DX)

summary(model.d)

dwtest(DY～DX)　　　　　　　　＃对广义差分模型作 D.W.检验

bgtest(DY～DX,order＝1)　　　　＃对广义差分模型作 LM 检验

运行结果为：

Call：

lm(formula＝DY～DX)

Residuals：

Min	1Q	Median	3Q	Max
−4.7454	−1.7018	−0.7811	1.3482	10.2246

Coefficients：

	Estimate	Std. Error	t value	Pr(>|t|)	
(Intercept)	2.4677	1.8992	1.299	0.20936	
DX	0.5655	0.1676	3.375	0.00318	**

Signif. codes：0 ' *** ' 0.001 ' ** ' 0.01 ' * ' 0.05 '.' 0.1 ' ' 1

Residual standard error：3.311 on 19 degrees of freedom

Multiple R-squared：0.3748,　　　Adjusted R-squared：0.3419

F-statistic：11.39 on 1 and 19 DF，　p-value：0.003182

Durbin-Watson test

data：DY～DX

DW＝1.5016, p-value＝0.07761

alternative hypothesis：true autocorrelation is greater than 0

Breusch-Godfrey test for serial correlation of order 1

data：DY～DX

LM test＝1.2947, df＝1, p-value＝0.2552

由上面的 D.W.检验和 LM 检验表明广义差分模型(4.2.2)不再存在序列

相关性。下面计算原模型的回归系数,代码为:

```
b＝coef(model.d)
beta0＝b[1]/(1−r)                    ＃计算原模型常数项
beta1＝b[2]                         ＃计算原模型中 X 的系数
beta0；beta1
```

由此得到原模型回归系数估计值为 $\hat{\beta}_0 = 8.318389$,$\hat{\beta}_1 = 0.5654762$。

按柯克伦—奥科特迭代来估计自相关系数时

```
em0＝lm(e[2：22]∼0＋e[1：21])
r＝coef(em0)
eps＝1；k＝1
while(eps＞1e−10)                   ＃设置最低估计精度为 10⁻¹⁰
{
k＝k＋1
DX＝X[2：22]−r[k−1]＊X[1：21]
DY＝Y[2：22]−r[k−1]＊Y[1：21]
model.gd＝lm(DY∼DX)                      ＃估计广义差分模型
beta＝numeric(2)          ＃定义 beta 为二维向量
b＝coef(model.gd)
beta[1]＝b[1]/(1−r[k−1])
beta[2]＝b[2]
e＝Y−beta[1]−beta[2]＊X＃将通过广义差分模型计算的系数代入原
模型,计算其残差
em＝lm(e[2：22]∼0＋e[1：21])＃随机误差项一阶序列相关模型
length(r)＝k
r[k]＝coef(em)
eps＝abs(r[k]−r[k−1])
}
summary(model.gd)
dwtest(DY∼DX)                   ＃对修正的模型进行 D.W.检验
bgtest(DY∼DX,order＝1)          ＃对修正的模型进行 LM 检验
beta；r[k]
```

运行得到结果:

Call：

lm(formula＝DY～DX)

Residuals：

Min	1Q	Median	3Q	Max
−4.6111	−1.7379	−0.8769	1.2842	10.1247

Coefficients：

	Estimate	Std. Error	t value	Pr(>|t|)
(Intercept)	2.6653	1.9117	1.394	0.17935
DX0.5633	0.1604	3.512	0.00233 **

Signif. codes：0 ' *** ' 0.001 ' ** ' 0.01 ' * ' 0.05 '.' 0.1 ' ' 1

Residual standard error：3.309 on 19 degrees of freedom

Multiple R-squared：0.3936，　　Adjusted R-squared：0.3617

F-statistic：12.33 on 1 and 19 DF，　p-value：0.002332

Durbin-Watson test

data：DY～DX

DW＝1.4794，p-value＝0.06965

alternative hypothesis：true autocorrelation is greater than 0

Breusch-Godfrey test for serial correlation of order 1

data：DY～DX

LM test＝1.4095，df＝1，p-value＝0.2351

>beta；　r[k]；　eps

[1] 8.4473071　0.5632892

[1]0.6844833

[1] 8

[1]4.436007e−12

通过上面的 D.W.检验和 LM 检验表明经科克伦—奥科特迭代得到的广义差分模型(4.2.2)也不再存在序列相关性。最后的原模型的系数估计值为

$$\hat{\beta}_0 = 8.4473071, \hat{\beta}_1 = 0.5632892$$

这和第一节用 EViews 计算出的结果基本一致。

上面的结果也输出了迭代的次数为 8，实际估计精度为 4.44×10^{-12}，这说明科克伦—奥科特迭代是一种比较有效的算法。

　　最后,为方便起见,将上面广义差分法的代码一般化(相关系数按科克伦—奥科特迭代得到),在 ecosup 包中编写了实现广义差分法修正序列相关的函数 gdm( ),代码如下:

```
gdm=function(formula,order=1,eps=1e-10,times=1000){
ols=lm(formula)
e=resid(ols)
a=as.matrix(ols $ model)
y=a[,1]
x=a[,-1]
n=length(y)
et=e[(order+1):n]
et_=matrix(0,nrow=n-order,ncol=order)
for(j in 1:order){
et_[,j]=e[(order-(j-1)):(n-j)]
}
em0=lm(et~0+et_)
r=coef(em0)
deta=1;k=1
while(deta>eps&k<times)
{
k=k+1
r=matrix(t(rbind(r,rep(0,times=order))),nrow=k,ncol=order,byrow=T)
dy=y[(order+1):n]
x=as.matrix(x)
dx=x[(order+1):n,]
for (j in 1:order){
dy=dy-r[k-1,j] * y[(order-(j-1)):(n-j)]
dx=dx-r[k-1,j] * x[(order-(j-1)):(n-j),]
}
model.gd=lm(dy~dx)
s=summary(model.gd) $ coefficients
rownames(s)=rownames(summary(ols) $ coefficients)
```

```
s[1,1]=s[1,1]/(1-sum(r[k-1,]))
s[1,2]=s[1,2]/(1-sum(r[k-1,]))
X=cbind(rep(1,times=n),x)
e=y-X%*%s[,1]
et=e[(order+1):n]
et_=matrix(0,nrow=n-order,ncol=order)
for(j in 1:order){
et_[,j]=e[(order-(j-1)):(n-j)]
}
em=lm(et~0+et_)
r[k,]=coef(em)
deta=sqrt(sum((r[k,]-r[k-1,])^2))
}
RSS=sum(e^2)
ESS=sum((X%*%s[,1]-mean(y))^2)
S.E.=sqrt(RSS/(n-ncol(X)))
R.squared=ESS/(RSS+ESS)
Adj_R.squared=1-(1-R.squared)*(n-1)/(n-ncol(X))
F=(ESS/(ncol(X)-1))/(RSS/(n-ncol(X)))
list(summary=s,RSS=RSS,S.E.=S.E.,R.squared=R.squared,Adj_
R.squared=Adj_R.squared,
F_test=c(F=F,p_value=1-pf(F,ncol(X)-1,n-ncol(X))),autocor-
relation=r[k,],dx=dx,dy=dy)
}
```

该函数中 order 代表要修正的序列相关的阶数,eps 为科克伦—奥科特迭代估计自相关系数的精度,默认为 10^{-10} ,times 为估计迭代的最大次数,默认为 1000。

有了上面的函数,要实现广义差分法,只需输入代码:

```
library(ecosup)
gdm(Y~X)                    #广义差分法修正一阶序列相关
```

运行结果为:

```
$ coefficients
```

	Estimate	Std. Error	t value	Pr($>$|t|)
(Intercept)	8.4473071	6.0589053	1.394197	0.179349442
X	0.5632892	0.1603969	3.511846	0.002331802

$ RSS

[1] 447.0059

$ S.E.

[1] 4.72761

$ R.squared

[1] 0.6890025

$ Adj_R.squared

[1] 0.6734526

$ F_test

F   p_value

4.430919e+01 1.761681e−06

$ autocorrelation

[1] 0.6844833

$ dx

2	3	4	5	6	7	8
4.733629	4.877111	7.232538	5.607016	8.428865	6.040360	7.657148
9	10	11	12	13	14	15
9.163294	9.231355	10.970807	11.258010	10.628881	9.922200	10.307067
16	17	18	19	20	21	22
11.459126	17.504946	15.180859	16.446490	18.173010	17.325886	19.592719

$ dy

2	3	4	5	6	7	8
6.328561	5.913193	5.791885	4.125365	4.311236	7.351945	3.680556
9	10	11	12	13	14	15
6.949986	6.310559	7.107111	19.131441	13.373698	9.764474	10.862069
16	17	18	19	20	21	22
4.509011	9.397194	8.971139	12.280376	14.649258	11.079282	14.619643

运行结果中 $coefficients 为估计的模型(修正后 Y 关于 X 的模型)的系数的相关信息,$RSS 为该模型的残差平方和,$S.E. 为模型的标准误差,

＄R.squared 和 ＄Adj_R.squared 分别可决系数和调整的可决系数，＄F_test 输出的 F 统计量及其对应的 p 值，＄autocorrelation 输出的是自相关系数的估计值，＄dx 和 ＄dy 分别输出的是广义差分解释变量和被解释变量的观测值，是为检验广义差分模型是否还存在序列相关性作准备的。

要进一步检验模型是否还存在序列相关性，只需输入代码：

DY＝gdm(Y～X)＄dy　　♯得到被解释变量的广义差分

DX＝gdm(Y～X)＄dx　　♯得到解释变量的广义差分

dwtest(DY～DX)　　♯对广义差分模型进行 D.W.检验

bgtest(DY～DX)　　　♯对广义差分模型进行 LM 检验

运行结果为：

Durbin-Watson test

data：DY～DX

DW＝1.4794，p-value＝0.06965

alternative hypothesis：true autocorrelation is greater than 0

Breusch-Godfrey test for serial correlation of order 1

data：DY～DX

LM test＝1.4095，df＝1，p-value＝0.2351

第五章　多重共线性的检验与克服

第一节　用 EViews 进行多重共线性的检验与克服

例 5.1.1　根据经济学的有关理论和经验知,第三产业的发展主要与第三产业的规模、最终消费、资本形成总额、本国交通运输规模等因素有关。为此考虑

X_1——第三产业从业人员数(反映第三产业的规模);

X_2——财政支出(最终消费的构成因素);

X_3——全区居民消费水平(最终消费的影响因素);

X_4——全社会的固定资产投资(GDP 的影响因素);

X_5——旅客周转量(反映交通运输规模)。

对西藏第三产业总产值 Y 的影响,从而寻找影响西藏第三产业发展的关键因素。有关数据见表 5.1.1。

表 5.1.1　西藏 1991—2012 年第三产业产值及其影响因素的数据

年份	第三产业总值(亿元)	第三产业从业人员数(万人)	财政支出(万元)	全区居民消费水平(元/人)	全社会固定资产投资(万元)	旅客周转量(亿人公里)
1990	10.03	16.67	129 242	735	76 105	3.90
1991	10.86	18.28	150 018	839	105 665	3.65
1992	12.24	19.47	166 120	903	133 297	4.08
1993	13.63	18.80	216 012	931	181 458	4.11
1994	16.97	21.92	302 998	1 110	211 718	4.65
1995	19.39	19.96	348 749	1 202	369 492	4.80

续表

年份	第三产业总值（亿元）	第三产业从业人员数（万人）	财政支出（万元）	全区居民消费水平（元/人）	全社会固定资产投资（万元）	旅客周转量（亿人公里）
1996	26.46	22.14	381 195	1 312	303 605	5.24
1997	31.13	23.08	390 961	1 471	345 495	5.29
1998	39.99	24.08	461 966	1 551	427 457	5.53
1999	47.86	25.26	544 223	1 669	566 030	5.78
2000	54.37	25.85	616 108	1 823	665 044	6.20
2001	69.65	28.52	1 062 067	1 939	857 725	6.42
2002	89.56	32.46	1 398 904	2 725	1 089 868	6.71
2003	96.76	35.31	1 481 966	2825	1 386 165	6.49
2004	123.30	38.15	1 360 690	2950	1 684 361	7.09
2005	137.24	43.61	1 891 612	3 019	1 961 916	18.40
2006	159.76	46.60	2 023 024	2990	2 323 503	22.00
2007	188.06	52.45	2 793 631	3 215	2 711 811	27.00
2008	218.67	57.00	3 840 173	3 504	3 099 304	30.39
2009	240.85	58.72	4 711 288	4 027	3 794 158	30.00
2010	274.82	61.58	5 625 834	4 326	4 632 585	42.94
2011	322.57	69.57	7 756 827	4 730	5 492 690	45.17
2012	377.8	81.36	9 339 713	5 340	7 099 822	47.29

数据来源：《西藏统计年鉴(2013)》

作出 Y 关于各解释变量之间的散点图可以发现，Y 与各变量之间都大致成线性的关系，因此总体回归模型可设为

$$Y_t = \beta_0 + \beta_1 X_{1t} + \beta_2 X_{2t} + \beta_3 X_{3t} + \beta_4 X_{4t} + \beta_5 X_{5t} + u_t \qquad (5.1.1)$$

用普通最小二乘法估计以上总体回归模型，结果见表 5.1.2。

表 5.1.2 模型(5.1.1)的 OLS 估计

Dependent Variable：Y

Method：Least Squares

Date：02/14/14 Time：17：53

Sample：1991 2012

Included observations：22

Variable	Coefficient	Std. Error	t-Statistic	Prob.
C	−47.41036	7.038710	−6.735660	0.0000
X1	2.734974	0.523513	5.224273	0.0001
X2	1.16E−06	3.34E−06	0.347596	0.7327
X3	0.005144	0.005755	0.893856	0.3846
X4	2.77E−05	8.82E−06	3.136209	0.0064
X5	−0.091467	0.506442	−0.180608	0.8589
R-squared	0.998599	Mean dependent var		100.1895
Adjusted R-squared	0.998162	S.D. dependent var		95.48454
S.E. of regression	4.094116	Akaike info criterion		5.883979
Sum squared resid	268.1885	Schwarz criterion		6.181536
Log likelihood	−58.72377	Hannan-Quinn criter.		5.954075
F-statistic	2281.321	Durbin-Watson stat		1.741861
Prob(F-statistic)	0.000000			

从上面的结果可以看到，该模型的可决系数很高，F 检验值 2281.321，明显显著。但 X_2, X_3, X_5 的回归系数的 t 检验没有通过，而且 X_5 系数的符号为负，与预期相反，这表明模型很可能存在严重的多重共线性。

一、多重共线性的检验

(一)相关系数检验

相关系数检验就是通过各解释变量之间的相关系数来判断其相关程度，在 EViews 中计算各变量之间的相关系数的方法有两种：

1.菜单方式

先通过命令：data x1 x2 x3 x4 x5 调出这 5 个变量的数据组(Group)，然后在这个数据组窗口中点击 View→Coriance Analysis，出现对话框 5.1.1：

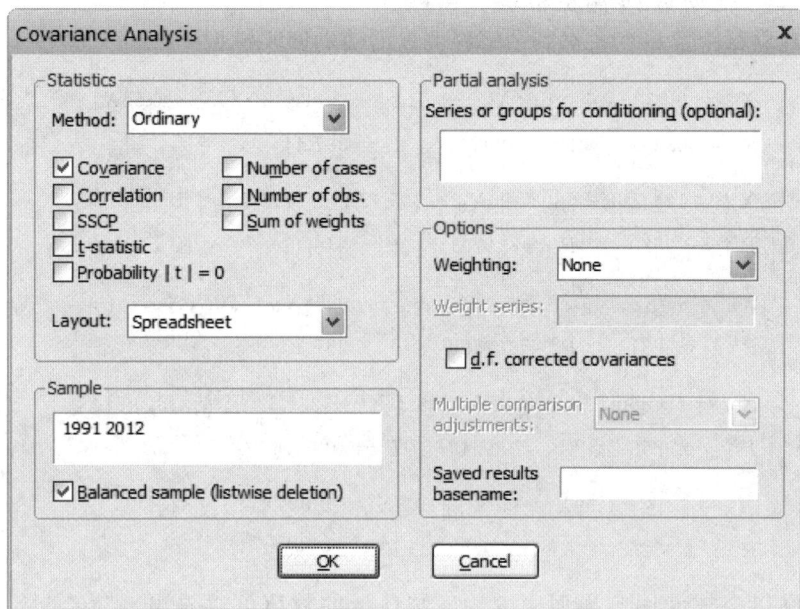

在该对话框 Statistics 项中将 Covariance(协方差)的"√"去掉,将 Correlation 打钩,点击 OK,即可得到 $X_1, \cdots, X_5$ 之间的相关系数矩阵,见表 5.1.3。

2.命令方式

在 EViews 命令窗口中输入

cor　x1　x2　x3　x4　x5

回车即可得出表 5.1.3。

表 5.1.3　各解释变量之间的相关系数矩阵

	X_1	X_2	X_3	X_4	X_5
X_1	1	0.947584	0.976106	0.982094	0.955023
X_2	0.947584	1	0.918427	0.985376	0.96383
X_3	0.976106	0.918427	1	0.957455	0.89207
X_4	0.982094	0.985376	0.957455	1	0.974694
X_5	0.955023	0.96383	0.89207	0.974694	1

由相关系数矩阵可以看出,各解释变量相互之间的相关系数较高,证实原模型确实存在严重多重共线性。

(二)辅助回归模型检验

建立每个解释变量对其余解释变量的辅助回归模型：

$$\hat{X}_{1t} = 9.33 - 2.0 \times 10^{-6} X_{2t} + 0.01 X_{3t} + 2.52 \times 10^{-6} X_{4t} + 0.55 X_{5t}$$

$$R^2 = 0.9891 \qquad \overline{R}^2 = 0.9866 \qquad F = 387.44$$

$$\hat{X}_{2t} = 1164868 - 48987.05 X_{1t} - 305.42 X_{3t} + 2.13 X_{4t} - 15220.21 X_{5t}$$

$$R^2 = 0.9830 \qquad \overline{R}^2 = 0.9791 \qquad F = 246.42$$

$$\hat{X}_{3t} = 4.78 + 64.03 X_{1t} - 0.0001 X_{2t} + 0.0008 X_{4t} - 70.73 X_{5t}$$

$$R^2 = 0.9837 \qquad \overline{R}^2 = 0.9799 \qquad F = 257.22$$

$$\hat{X}_{4t} = 557866.7 + 8859.43 X_{1t} + 0.31 X_{2t} + 339.39 X_{3t} + 32340.31 X_{5t}$$

$$R^2 = 0.9959 \qquad \overline{R}^2 = 0.9949 \qquad F = 1033.16$$

$$\hat{X}_{5t} = 0.54 + 0.59 X_{1t} - 6.63 \times 10^{-7} X_{2t} - 0.009 X_{3t} + 9.82 \times 10^{-8} X_{4t}$$

$$R^2 = 0.9825 \qquad \overline{R}^2 = 0.9783 \qquad F = 237.95$$

从以上辅助回归模型中 R^2、F 统计量的数值可以看出，解释变量 X_1、X_2、X_3、X_4、X_5 之间存在严重的多重共线性。

二、多重共线性的克服

这里采用逐步回归法来剔除模型中引起多重共线性的不重要的解释变量，逐步回归的方向为逐步向前（逐步向后的情形类似进行），具体步骤如下：

首先，分别作 Y 与 X_1、X_2、X_3、X_4、X_5 的一元回归，结果如表 5.1.4。

表 5.1.4　一元回归的结果（被解释变量为 Y，下同）

解释变量	X_1	X_2	X_3	X_4	X_5
t 值	44.7155	17.6469	19.2926	41.7500	16.4207
R^2	0.9901	0.9397	0.9490	0.9887	0.9309
D.W.	0.8600	0.3956	0.3928	0.5453	0.7729

表中数据表明含 X_1 的回归方程，R^2 最大，表明西藏第三产业第三产业从业人员数的影响最明显，因选择以 X_1 为基础，顺次加入其他变量逐步回归，结果如表 5.1.5 所示。

经比较，新加入 X_4 的方程，调整的 $R^2 = 0.9981$，改进最大，而且各参数的 t 检验显著，D.W.值虽落在无法判断的区域（临界值下限为 1.17，上限为

1.54），但由 LM 检验（结果见表 5.1.6）知其不在序列相关性。因此，这里选择保留 X_4，再加入其他新变量逐步回归，结果如表 5.1.7。

表 5.1.5 加入新变量的回归结果（一）

解释变量	X_1、X_2	X_1、X_3	X_1、X_4	X_1、X_5
t 值	18.9368、6.5549	8.9797、0.5917	10.4866、9.6744	12.4985、2.4758
调整的 R^2	0.9966	0.9893	0.9981	0.9917
D.W.	2.2293	0.8048	1.5061	1.1406

表 5.1.6 含变量 X_1、X_4 回归方程的 LM 检验结果

Breusch-Godfrey Serial Correlation LM Test：			
F-statistic	0.839998	Prob. F(1,18)	0.3715
Obs * R-squared	0.980889	Prob. Chi-Square(1)	0.3220

5.1.7 加入新变量的回归结果（二）

解释变量	X_1、X_2、X_4	X_1、X_3、X_4	X_1、X_4、X_5
t 值	7.998、0.081、3.836	7.160、1.804、10.279	10.772、8.570、−1.552
调整的 R^2	0.9981	0.99835	0.99828
D.W.	1.5201	1.6883	1.5061

通过表 5.1.7 知，在 X_1、X_4 的基础上加入 X_3 的方程调整的 $R^2 = 0.99835$ 改进最大，各参数的 t 检验除 X_3 勉强显著（对应的 p 值为 0.088 外，故在 0.05 的显著性水平下不显著，但在 0.1 的显著性水平下显著），其他明显显著，D.W.值为 1.6883（临界值下限为 1.08，上限为 1.66），表明该方程不存在序列相关性。因此这里选择保留 X_3，再加入其他新变量逐步回归，结果如表 5.1.8。

5.1.8 加入新变量的回归结果（三）

解释变量	X_1、X_2、X_3、X_4	X_1、X_3、X_4、X_5
t 值	6.406、0.379、1.798、3.782	8.291、0.193、4.242、−1.520
调整的 R^2	0.99827	0.99818
D.W.	1.7571	1.6874

由表可以看到 X_1、X_3、X_4 的基础上加入新变量后，调整 R^2 均有所降低，t 检验都没有完全通过，且含 X_1、X_3、X_4、X_5 方程中 X_5 的回归系数意义

不合理,因此逐步回归得到的最终模型为:

$$\hat{Y}_t = -46.0305 + 2.6098X_{1t} + 0.0058X_{3t} + 2.92 \times 10^{-5} X_{4t} \tag{5.1.2}$$
$$s = (5.5554) \quad (0.3645) \quad (0.0032) \quad (2.84 \times 10^{-6})$$
$$t = (-8.2857) \quad (7.1602) \quad (1.8036) \quad (10.2794)$$
$$R^2 = 0.9986, \overline{R}^2 = 0.9983, S.E. = 3.8802, F = 4233.033, D.W. = 1.6883$$

第二节　用 R 软件进行多重共线性的检验与克服

将例 5.1.1 的数据以 EXCEL 的 CSV 文件保存,文件名为"西藏第三产业发展的影响因素.csv",数据变量名分别为 Y、X1、X2、X3、X4、X5,然后用 R 软件读取该数据,并用 OLS 法估计模型(5.1.1),代码如下:

a＝read.csv("西藏第三产业发展的影响因素.csv")

attach(a)

model.ols＝lm(Y～X1＋X2＋X3＋X4＋X5)

summary(model.ols)

运行结果为:

Call：

lm(formula＝Y～X1＋X2＋X3＋X4＋X5)

Residuals：

Min	1Q	Median	3Q	Max
−7.44705	−3.42559	−0.05312	2.68192	8.64183

Coefficients：

	Estimate	Std. Error	t value	Pr($>$|t|)
(Intercept)	−5.308e+01	7.920e+00	−6.702	3.72e−06 ***
X1	2.324e+00	5.904e−01	3.936	0.00107 **
X2	2.945e−06	3.860e−06	0.763	0.45596
X3	1.622e−02	4.833e−03	3.356	0.00375 **
X4	1.195e−05	7.903e−06	1.512	0.14891
X5	1.003e+00	3.680e−01	2.725	0.01439*

Signif. codes： 0 '***' 0.001 '**' 0.01 '*' 0.05 '.' 0.1 ' ' 1

Residual standard error：4.818 on 17 degrees of freedom

Multiple R-squared：0.9985， Adjusted R-squared：0.9981

F-statistic：2281 on 5 and 17 DF， p-value：$<$2.2e$-$16

从这个结果可以看到，该模型的可决系数很高，F 检验值 2281.321，明显显著。但 X_2，X_4 的回归系数的 t 检验没有通过，这表明模型很可能存在严重的多重共线性。

另外，读者可以比较 R 软件与 EViews 软件的输出结果，发现两者结果不完全相同，这是因为存在多重共线性的模型系数估计值很不稳定，估计的方法改变、样本改变或估计的精度不一样，导致估计的结果可能相差很大，因此，对于存在多重共线性的模型，由于不同软件执行的算法、精度不同，得出的结果可能是不一样的。

一、多重共线性的检验

（一）相 关 系 数 检 验

在 R 软件中输入代码：

X＝cbind(X1,X2,X3,X4,X5) ♯将各变量数据按列合并成矩阵

cor(X) ♯计算各变量的相关系数矩阵

运行结果如下：

	X1	X2	X3	X4	X5
X1	1.0000000	0.9574153	0.9806276	0.9826848	0.9649556
X2	0.9574153	1.0000000	0.9282874	0.9906462	0.9600453
X3	0.9806276	0.9282874	1.0000000	0.9582267	0.9164908
X4	0.9826848	0.9906462	0.9582267	1.0000000	0.9707032
X5	0.9649556	0.9600453	0.9164908	0.9707032	1.0000000

该矩阵表明各解释变量相互之间的相关系数较高，证实原模型确实存在严重多重共线性。

（二）辅 助 回 归 检 验

原理同上节，代码读者自行给出，这里省去。

（三）方 差 膨 胀 因 子 检 验

R 软件提供了计算方差膨胀因子 VIF 的函数 vif( )，但该函数在扩展包 car( )，需要读者事先安装并载入。vif( )函数的使用格式为：

vif(mod)

mod 为线性回归模型估计给定的对象,本例为 model.ols。

在 R 中输入代码:

library(car)

vif(model.ols)

运行结果为:

X1	X2	X3	X4	X5
116.11896	92.48073	40.43591	222.83876	28.11213

由此可见,各解释变量的方差膨胀因子都明显超过了 10,而一般认为,方差膨胀因子 VIF>10,模型存在明显的多重共线性。

(四)特征值检验

在 R 软件中输入代码:

X0=rep(1,times=23)   ♯生成元素全为 1、长度为 23 的向量

XX=cbind(X0,X)   ♯构造解释变量的样本观测值矩阵

CN=kappa(t(XX)% * %XX, exact=TRUE)   ♯计算条件指数(矩阵的最大特征值/最小特征值),该函数具体格式见帮助

CI=sqrt(CN)   ♯计算病态指数

CI

运行结果为

32512867

一般认为 CI > 30,认为模型存在严重的多重共线性,而本例 CI = 32512867,模型的多重共线性相当严重。

二、多重共线性的克服

(一)逐步回归法

R 软件提供了较为方便的"逐步回归"计算函数 step( ),与 EViews 不同的是,它不以可决系数 R^2 为判断准则,而是以 AIC 信息统计量为准则,通过选择最小的 AIC 信息统计量,来达到删除或增加变量的目的。其使用格式如下:

step(object, scope, scale=0, direction=c("both" , "backward" , " forward") ,…)

其中 object 为原始回归模型;scope 是确定逐步搜索区域;scale 用于 AIC

统计量;direction 确定逐步搜索方向,其中"both"(默认值)是"一切子集回归法","backward"是"后退法","forward"是"前进法"。

在 R 软件中,输入代码:

$$model.zb = step(model.ols)$$

运行结果为:

Start: AIC=77.38

Y~X1+X2+X3+X4+X5

	Df	Sum of Sq	RSS	AIC
− X2	1	13.51	408.19	76.15
<none>			394.67	77.38
− X4	1	53.07	447.75	78.28
− X5	1	172.45	567.13	83.72
− X3	1	261.49	656.16	87.07
− X1	1	359.62	754.30	90.28

Step:AIC=76.15

Y~X1+X3+X4+X5

	Df	Sum of Sq	RSS	AIC
<none>			408.19	76.15
− X5	1	182.23	590.42	82.64
− X3	1	255.39	663.58	85.33
− X1	1	362.78	770.97	88.78
− X4	1	662.25	1070.43	96.33

从代码运行结果可以看到,用全部变量作回归方程时,AIC 值为 77.38。接下来显示的数据表明,如果去掉变量 X_2,得到回归方程的 AIC 值为 76.15,如果去掉变量 X_4,得到回归方程的 AIC 值为 78.28,后面的类推。由于去掉变量 X_2 可以使 AIC 达到最小,因此,R 软件自动去掉变量 X_2,进行下一轮计算。

在下一轮计算中,无论去掉哪一个变量,AIC 值均会升高,因此 R 软件终止计算,得到"最优"的回归方程。

下面用 summary( )函数提取逐步回归得到的最终模型的结果:

summary(model.zb)   #输出逐步回归最终模型的估计结果

Call:

lm(formula=Y~X1+X3+X4+X5)

Residuals：

Min	1Q	Median	3Q	Max
−7.9352	−3.2021	0.2176	2.8553	7.4090

Coefficients：

	Estimate	Std. Error	t value	Pr(>|t|)
(Intercept)	−4.988e+01	6.641e+00	−7.511	5.94e−07 ***
X1	2.147e+00	5.368e−01	4.000	0.00084 ***
X3	1.600e−02	4.768e−03	3.356	0.00352 **
X4	1.744e−05	3.227e−06	5.404	3.91e−05 ***
X5	1.027e+00	3.623e−01	2.835	0.01099 *

Signif. codes：0 ' *** ' 0.001 ' ** ' 0.01 ' * ' 0.05 '.' 0.1 ' ' 1

Residual standard error：4.762 on 18 degrees of freedom

Multiple R-squared：0.9985，   Adjusted R-squared：0.9981

F-statistic：2919 on 4 and 18 DF，   p-value：< 2.2e−16

从结果上看，模型的各项检验都通过，因此得到的最优回归方程为：

$$\hat{Y}_t = -49.88 + 2.147X_{1t} + 0.016X_{3t} + 1.744 \times 10^{-5}X_{4t} + 1.027X_{5t} \tag{5.2.1}$$
$$s = (5.641) \quad (0.5368) \quad (0.0048) \quad (3.227 \times 10^{-6}) \quad (0.3623)$$
$$t = (-7.511) \quad (4.000) \quad (3.356) \quad (5.404) \quad (2.835)$$
$$R^2 = 0.9985, \overline{R}^2 = 0.9981, S.E. = 4.762, F = 2\,919$$

(二)岭回归法

逐步回归法将引起多重共线性的不重要解释变量直接从模型中剔除，改变了模型的形式，不利于对所有变量进行结构分析，而岭回归法则保留所有解释变量，从减小参数估计量的方差着手来较小多重共线性所带来的影响。

关于岭回归，估计的关键是岭参数 λ 的确定，它取值过小，估计量的方差减小得不明显，多重共线性得不到好的解决；它取值过大，则回归系数与真实值的偏误就会变大。岭参数 λ 确定方法很多，常用的有岭迹图法、HKB 法（Hoerl、Kennard 和 Baldwin 于 1975 年联合提出）、L−W 法（Lawless 和 Wang 与 1976 年提出）和 GCV 法（广义交叉检核法，以 GCV 函数的最小值为岭参数）。

在 R 软件的 MASS 包中，提供了计算岭回归的函数 lm.ridge( )，其使用格式如下：

$$\text{lm.ridge (formula, lambda}=0, \text{...)}$$

其中 lambda 代表岭参数,默认值为 0,所作估计即为原模型的 OLS 估计。

下面应用 R 软件做岭回归。首先作出岭迹图,以判断岭参数的大致取值,代码如下:

```
library(MASS)
model.r=lm.ridge(Y~X1+X2+X3+X4+X5, lambda=seq(0, 0.5, 0.01))
plot(model.r)        #画岭迹图,通过岭迹图判断岭参数
```

运行结果如图 5.2.1:

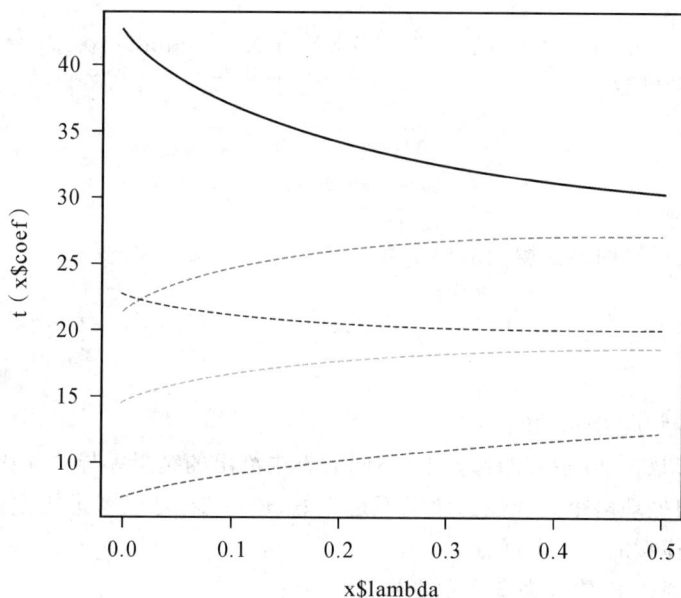

图 5.2.1　岭迹图

岭迹图 5.2.1 中,横轴代表岭参数的取值,纵轴代表用岭回归法得到解释变量回归系数的估计值。图中 5 条曲线代表模型的 5 个回归系数估计值随着不同的岭参数变化的曲线图。

由图 5.2.1 可以看出,在 0.2 附近,5 个回归系数随着岭参数增加逐渐稳定下来,因此,岭参数可以考虑 0.2 左右的值。

岭迹图法比较直观,但主观随意性比较大。这时可以考虑用 select( )函数给出岭参数的 HKB、L－W 和 GCV 估计值(GCV 函数的最小值),以辅助

确定岭参数的取值,代码如下:

$$select(model.r)$$

运行结果为:

modified HKB estimator is 0.02280078

modified L—W estimator is 0.006049857

smallest value of GCV　at 0.19

可见,三种估计量给出的岭参数相差还是比较大的。结合岭迹图,这里选定岭参数 $\lambda = 0.19$。

岭参数确定后,还是利用 lm.ridge( )函数给出岭回归法下原模型的参数估计值。

$$lm.ridge(Y \sim X1+X2+X3+X4+X5, lambda=0.19)$$

运行的结果:

	X1	X2	X3	X4	X5
$-4.835496e+01$	$1.875065e+00$	$4.052274e-06$	$1.963229e-02$	$1.083039e-05$	$1.214174e+00$

为此,用岭回归法得到的模型为

$$\hat{Y}_t = -48.355+1.875X_{1t}+4.052\times10^{-6}X_{2t}+0.020X_{3t}+1.083\times$$
$$10^{-5}X_{4t}+1.214X_{5t} \tag{5.2.2}$$

(三)主成分回归法

岭回归法在岭参数的选择上,不同的方法给出的结果差异往往比较大,这时,岭回归处理多重共线性的效果不是太好,进一步,可以考虑用主成分回归法来克服模型的多重共线性。

下面通过 R 软件来实现主成分回归。

首先,进行主成分分析,运用的函数为 princomp( ),对于例 5.1.1,代码如下:

pr=princomp($\sim$X1+X2+X3+X4+X5,cor=TRUE)

♯ cor ＝ TRUE 表示用样本的相关矩阵 R 作主成分分析,cor＝FALSE(默认值),表示用样本的协方差作主成分分析。

summary(pr,loadings＝TRUE)

♯提取主成分分析的若干结果,loadings＝TRUE 显示各主成分的因子载荷矩阵,默认值 loadings ＝FALSE 则不显示。

运行结果如下：

Importance of components：

	Comp.1	Comp.2	Comp.3	Comp.4	Comp.5
Standard deviation	2.201009	0.3143859	0.21482845	0.08715687	0.054525920
Proportion of Variance	0.968888	0.0197677	0.00923025	0.00151926	0.000594615
Cumulative Proportion	0.968888	0.9886559	0.99788612	0.99940539	1.000000000

Loadings：

	Comp.1	Comp.2	Comp.3	Comp.4	Comp.5
X1	−0.451	−0.264	−0.264	0.723	0.366
X2	−0.447	0.397	0.619	−0.153	0.486
X3	−0.442	−0.734	−0.513		
X4	−0.453	0.132	0.278	0.268	−0.793
X5	−0.444	0.465	−0.684	−0.344	

其中，Standard deviation 行表示的是主成分的标准差，即主成分的方差的开方，也就是相应的特征值 λ_1、λ_2、λ_3、λ_4、λ_5 的开方。Proportion of Variance 行表示的是方差的贡献率。Cumulative Proportion 行表示的是方差的累积贡献率。Loadings 列出了各主成分的因子载荷矩阵，即主成分对应于原始变量标准化后的变量的系数。

通过因子载荷矩阵，可以知道各主成分与原始变量之间的关系为：

$$\begin{cases} z_1 = -0.451x_1 - 0.447x_2 - 0.442x_3 - 0.453x_4 - 0.444x_5 \\ z_2 = -0.264x_1 + 0.397x_2 - 0.734x_3 + 0.132x_4 + 0.465x_5 \\ z_3 = -0.264x_1 + 0.619x_2 - 0.513x_3 + 0.278x_4 - 0.684x_5 \\ z_4 = 0.723x_1 - 0.153x_2 + 0.268x_4 - 0.344x_5 \\ z_5 = 0.366x_1 + 0.846x_2 - 0.793x_4 \end{cases} \quad (5.2.3)$$

其中 x_1, x_2, x_3, x_4, x_5 是原始解释变量 X_1, X_2, X_3, X_4, X_5 标准化后的变量。

下面选择要进行回归估计的主成分，选择的依据主要有两个：一个是累计方差贡献率，一般选择累计贡献率达到 85% 以上的主成分即可满足要求；另一个是各主成分的特征值，一般选择的主成分特征值最好大于1。

由于前两个主成分的累计贡献率已达到 98.6%，包含了原 5 个变量的绝大部分信息,因此可以舍去另外三个主成分(不舍去第二主成分,是想尽可能多地包含原始变量的信息)。考虑 Y 与前两个个主成分之间的回归,代码如下:

```
pre＝predict(pr)            ♯计算各主成分的拟合值
Z1＝pre[,1]                ♯提取第一主成分,下面类同
Z2＝pre[,2]
model.pr＝lm(Y～Z1＋Z2)
summary(result2)
```

运行结果为:

Call:

lm(formula＝Y～Z1＋Z2)

Residuals:

Min	1Q	Median	3Q	Max
−8.2772	−4.7978	0.2491	3.6170	8.7108

Coefficients:

	Estimate	Std. Error	t value	Pr(>|t|)
(Intercept)	112.2596	1.0985	102.197	< 2e−16 ***
Z1	−48.6907	0.4991	−97.562	< 2e−16 ***
Z2	−14.3409	3.4940	−4.104	0.000551 ***

Signif. codes:0 ' *** ' 0.001 ' ** ' 0.01 ' * ' 0.05 '.' 0.1 ' ' 1

Residual standard error:5.268 on 20 degrees of freedom

Multiple R-squared:0.9979,   Adjusted R-squared:0.9977

F-statistic:4768 on 2 and 20 DF,   p-value:<2.2e−16

从结果上看,主成分回归的各项检验均,模型的可决系数达到 99.77%,说明模型的拟合优度很高。由此得到较为理想的模型:

$$\hat{Y}_t = 112.2596 - 48.6907Z_{1t} - 14.3409Z_{2t} \quad\quad (5.2.4)$$

$$s = (1.0985) \quad (0.4991) \quad (3.4940)$$

$$t = (102.197) \quad (-97.562) \quad (-4.104)$$

$$R^2 = 0.9979, \overline{R^2} = 0.9977, S.E. = 5.286, F = 4768$$

上述方程得到是被解释变量与主成分的关系,但应用起来并不方便,还是希望得到被解释变量与原解释变量之间的回归方程。这两个回归方程之间的系数可以根据以下公式进行转换:

$$\hat{\beta}_i = \frac{\hat{b}_i}{s_i}, \quad (i=1,2,\cdots,k), \hat{\beta}_0 = \hat{a}_0 - \sum_{i=1}^{k} \hat{\beta}_i \overline{X_i}$$

$$\begin{pmatrix} \hat{b}_1 \\ \hat{b}_2 \\ \vdots \\ \hat{b}_k \end{pmatrix} = \begin{pmatrix} a_{11} & a_{21} & \cdots & a_{m1} \\ a_{12} & a_{22} & \cdots & a_{m2} \\ \vdots & \vdots & & \vdots \\ a_{1k} & a_{2k} & \cdots & a_{mk} \end{pmatrix} \begin{pmatrix} \hat{a}_1 \\ \hat{a}_2 \\ \vdots \\ \hat{a}_m \end{pmatrix}$$

其中 k 为原模型解释变量的个数，$\hat{\beta}_0,\hat{\beta}_1,\cdots,\hat{\beta}_k$ 为原模型的回归系数，$\hat{a}_0,\hat{a}_1,\cdots,\hat{a}_k$ 为关于主成分回归得到的方程的系数（即本例(5.2.4)的系数），矩阵 $(a_{ij})_{m\times k}$ 为因子载荷矩阵。

基于以上公式 ecosup 包中，编写了将主成分回归方程的系数转换为原模型的系数的函数 prc.trans( )，代码如下：

```
prc.trans=function(formula, prc.object){
object=lm(formula);   X=as.matrix(object $ model)[,-1]
pr=princomp(~X, cor=TRUE);   A=loadings(pr)
apha=coef(prc.object);   n=length(apha)
if (n<=2){
beta=A[,1:n-1] * apha[2:n] }
else {
beta=A[,1:n-1]% * %apha[2:n] }
xbar=apply(X,2,mean);   s=sd(X)
b=beta/s；   b0=apha[1]-sum(b * xbar)
coefficients=c(b0,b)
coefficients=as.matrix(coefficients)
rownames(coefficients)=rownames(summary(object) $ coefficients)
colnames(coefficients)="Estimate"
coefficients
}
```

该函数的 prc.object 参数为做主成分回归所返回的对象。在 R 中调用 prc.trans( )函数如下：

```
library(ecosup)
prc.trans(Y~X1+X2+X3+X4+X5,model.pr)
```

运行结果为：

	Estimate
(Intercept)	$-4.049499e+01$
X1	$1.373448e+00$
X2	$6.272358e-06$
X3	$2.369798e-02$
X4	$1.038333e-05$
X5	$1.010673e+00$

于是得到用主成分回归法得到的最终模型为：

$$\hat{Y}_t = -40.495 + 1.373X_{1t} + 6.272 \times 10^{-6}X_{2t} + 0.024X_{3t} + 1.038 \times$$
$$10^{-5}X_{4t} + 1.011X_{5t} \tag{5.2.5}$$

第六章　含特殊解释变量的
回归模型的估计

第一节　含随机解释变量的回归模型的估计

例 6.1.1　运用表 6.1.1 的数据估计西藏净出口模型：

$$Y_t = \beta_0 + \beta_1 X_t + u_t \qquad\qquad (6.1.1)$$

其中 Y 为西藏净出口总额，X 为西藏地区生产总值，Z 为西藏储蓄总额。

表 6.1.1　1991—2012 年西藏地区生产总值、净出口和储蓄数据

单位：亿元

年份	净出口总额 Y	地区生产总值 X	储蓄总额 Z
1991	1.85	30.53	5.83
1992	3.49	33.29	6.99
1993	8.93	37.42	9.05
1994	26.69	45.99	13.07
1995	5.37	56.11	19.37
1996	8.48	64.98	26.77
1997	9.80	77.24	30.45
1998	9.36	91.50	33.45
1999	14.61	105.98	36.82
2000	11.34	117.80	40.48
2001	7.84	139.16	50.18
2002	10.78	162.04	70.38
2003	13.33	185.09	91.90

续表

年份	净出口总额 Y	地区生产总值 X	储蓄总额 Z
2004	18.49	220.34	107.49
2005	16.64	248.80	123.10
2006	25.62	290.76	139.81
2007	28.74	341.43	159.56
2008	53.18	394.85	184.89
2009	27.45	441.36	226.37
2010	56.59	507.46	267.13
2011	85.60	605.83	318.83
2012	216.72	701.03	403.91

数据来源:《西藏统计年鉴(2013)》

一、问题的提出

在上面的模型(6.1.1)中,考虑到西藏净出口总额 Y 由地区生产总值 X 决定的同时,净出口总额 Y 又反过来影响同期的地区生产总值 X ,因此,那些未在模型中独立列出来隐含的影响净出口总额的因素,也影响着西藏地区生产总值,因此有理由怀疑 X 和随机误差项 u 是同期相关的。这时,用普通最小二乘法去估计模型(6.1.1),估计量将是有偏、且非一致的估计量。若要得到模型渐进无偏且满足一致性估计量,可采用工具变量法,下面分别用 EViews 和 R 软件来实现工具变量法。

二、用 EViews 估计模型

根据有关经济理论,可以认为储蓄总额 Z 与地区生产总值 X 高度相关,但与净出口总额相关性不强,即可认为 Z 与随机误差项 u 不相关。因此可选取西藏储蓄总额 Z 作为地区生产总值 X 的工具变量。

(一)豪斯曼(Hausman)检验

在用工具变量估计模型之前,可以对模型(6.1.1)做豪斯曼检验,以进一步确认解释变量 X 的内生性,检验的原理和步骤如下:

第一步,将怀疑是内生变量的 X 关于外生变量 Z 作普通最小二乘估计:

$$X_t = \beta_0 + \beta_1 Z_t + v_t \tag{6.1.2}$$

得到残差项 $\hat{v}$ 。

对于例 6.1.1,在 EViews 命令窗口输入代码:

$$\text{LS} \quad \text{x} \quad \text{c} \quad \text{z}$$

$$\text{GENR} \quad \text{v} = \text{resid}$$

即可实现这一步。这里命令 GENR 作用是构造新变量(也可以看作是赋值运算)。

第二步,将第一步得到的残差项 $\hat{v}$ 加入到原模型后,再进行普通最小二乘估计:

$$Y_t = \beta_0 + \beta_1 X_t + \delta \hat{v}_t + \varepsilon_t \qquad (6.1.3)$$

若 $\hat{v}$ 的系数 δ 显著为零,则表明模型(6.1.1)中解释变量 X 与随机误差项 u 同期无关;反之,若 $\hat{v}$ 的系数 δ 显著不为零,则表明模型(6.1.1)中解释变量 X 与随机误差项 u 同期相关,即 X 是同期内生变量。

在 EViews 命令窗口输入代码:LS　y　c　x　v,则得出这一步的结果为:

表 6.1.2　豪斯曼检验结果

Dependent Variable:Y

Method:Least Squares

Date:02/18/14　Time:10:48

Sample:1991 2012

Included observations:22

Variable	Coefficient	Std. Error	t-Statistic	Prob.
C	−14.34923	6.270776	−2.288271	0.0338
X	0.199340	0.021313	9.353120	0.0000
V	−1.181582	0.249588	−4.734134	0.0001
R-squared	0.844367	Mean dependent var		30.04005
Adjusted R-squared	0.827985	S.D. dependent var		46.35182
S.E. of regression	19.22427	Akaike info criterion		8.876348
Sum squared resid	7 021.878	Schwarz criterion		9.025126
Log likelihood	−94.63983	Hannan-Quinn criter.		8.911396
F-statistic	51.54122	Durbin-Watson stat		1.421517
Prob(F-statistic)	0.000000			

从结果上看,(6.1.3)式中 $\hat{v}$ 的 t 检验通过,表明 $\hat{v}$ 的系数 δ 显著不为零,因此在模型(6.1.1)中,解释变量 X 是同期内生变量。

(二)工具变量法

经豪斯曼检验证实模型(6.1.1)中解释变量 X 确实为同期内生变量,为此必须采用工具变量法来估计,选择的工具变量为储蓄总额 Z。

在 EViews 中实现工具变量法,有两种方式:

1.菜单方式

从 Eviews 主窗口中点击 Quick→Estimate Equation,在图 6.1.1 的对话框的 Specification 按钮下的 Method 中选择 TSLS(二阶段最小二乘),出现对话框 6.1.2,在其 Equation Specification 框中输入 y c x,在 Instrument list 框中输入 c z,点击确定,即可出现如表 6.1.3 所示的估计结果。

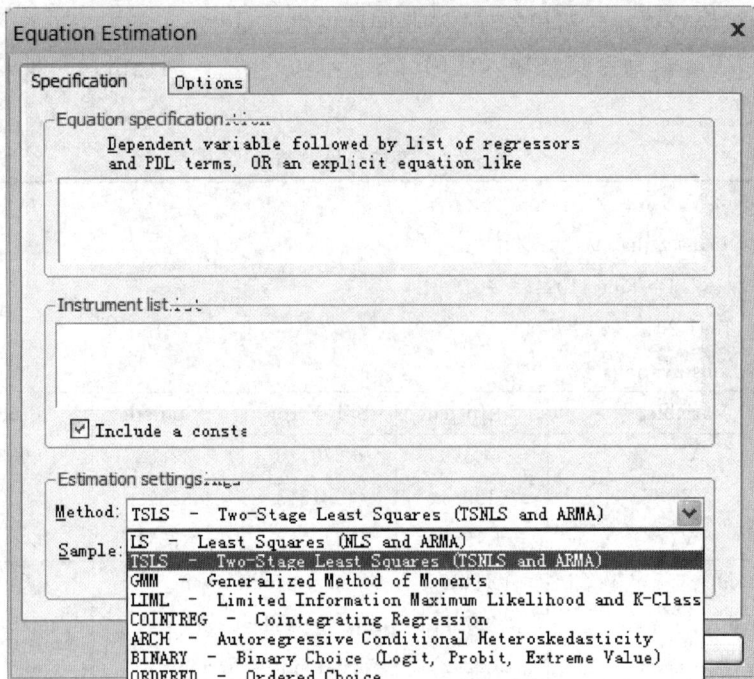

图 6.1.1 方程估计窗口(a)

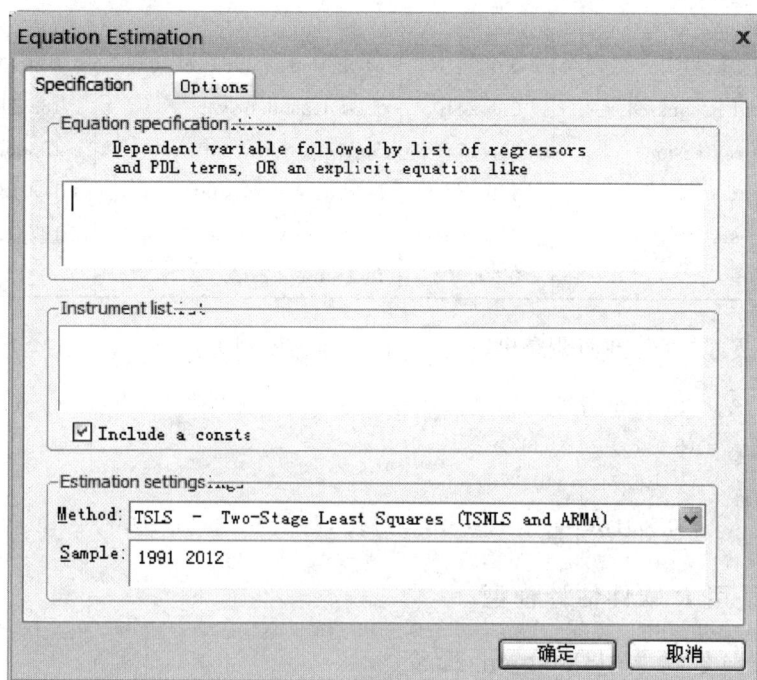

图 6.1.2　方程估计窗口(b)

2.命令方式

在 EViews 主窗口中输入如下命令：

$$\text{TSLS}\quad y\quad c\quad x\quad @\quad c\quad z$$

也可出现表 6.1.3 的结果。

表 6.1.3　工具变量法的估计结果

Dependent Variable：Y

Method：Two-Stage Least Squares

Date：02/18/14　Time：17：58

Sample：1991 2012

Included observations：22

Instrument specification：C Z

Variable	Coefficient	Std. Error	t-Statistic	Prob.
C	−14.34923	9.041303	−1.587076	0.1282
X	0.199340	0.030729	6.487043	0.0000

续表

R-squared	0.659438	Mean dependent var	30.04005
Adjusted R-squared	0.642410	S.D. dependent var	46.35182
S.E. of regression	27.71785	Sum squared resid	15365.59
F-statistic	42.08173	Durbin-Watson stat	1.001326
Prob(F-statistic)	0.000003	Second-Stage SSR	12787.80
J-statistic	0.000000	Instrument rank	2

由表 6.1.3 得到西藏净出口与 GDP 之间的模型为：

$$\hat{Y}_t = -14.3492 + 0.1993X_t \tag{5.2.4}$$
$$s = (9.0413) \quad (0.0307)$$
$$t = (-1.5871) \quad (6.4870)$$
$$R^2 = 0.6594, \overline{R}^2 = 0.6424, S.E. = 21.7179, F = 42.0817, D.W. = 1.0013$$

三、用 R 软件估计模型

（一）豪斯曼（Hausman）检验

根据豪斯曼检验的步骤，本书自编的 ecosup 包中含实现豪斯曼检验的 R
函数，具体代码如下：

```
hautest＝function(formula,env＝NULL,iv){
object＝lm(formula)
y＝object $ model[,1]
x＝object $ model[,-1]
x＝as.matrix(x)
k＝ncol(x)
if(k＝＝1){
fit＝lm(x～iv)
iv.resid＝resid(fit)}
else{
for(i in 1:k){
if(all(x[,i]＝＝env)){
fit＝lm(env～x[,-i]+iv)
iv.resid＝resid(fit)
}}}
```

```
if(length(row.names(summary(object) $ coefficients))) ==k){
model=lm(y~0+x+iv.resid)
summary=summary(model)
row.names(summary $ coefficients)[1:k]=names(object $ model)[-1]}
else{
model=lm(y~x+iv.resid)
summary=summary(model)
row.names(summary $ coefficients)[2:(k+1)]=names(object $ mod-
el)[-1]}
list(Dependent.Variable = names(object $ model)[1], coefficients =
summary $ coefficients )
}
```

该函数中，formula 参数为原模型中的公式形式，env 参数是怀疑的内生（随机）解释变量（当原模型的解释变量只有一个时，可以不设定），iv 为工具变量。

下面，利用这个函数进行豪斯曼检验。首先将数据以 EXCEL 的 csv 文件的形式保存，变量名依次为 Y（净出口总额）、X（地区生产总值）、Z（储蓄总额），文件名为"西藏 1995—2012 年 GDP、净出口和储蓄.csv"。则对模型(6.1.1)的做豪斯曼检验，代码为：

```
a=read.csv("西藏 1995—2012 年 GDP、净出口和储蓄.csv")
attach(a)
library(ecosup)
hautest(Y~X, iv=Z)
```

运行结果为：

$ Dependent.Variable
[1] "Y"
$ coefficients

	Estimate	Std. Error	t value	Pr(>|t|)
(Intercept)	-14.3470251	6.27042219	-2.288048	$3.376890e-02$
X	0.1993339	0.02131147	9.353362	$1.527713e-08$
iv.resid	-1.1815078	0.24955519	-4.734455	$1.442634e-04$

以上结果中 iv.resid 项即为豪斯曼检验第一步得到的残差项（在第二步中它作为解释变量增加到原模型中）。从 iv.resid 项的 t 统计量值及其 p 值可

以看到,iv.resid 的系数显著不为 0,因此在模型(6.1.1)中,解释变量 X 是同期内生变量。

(二)工具变量法

在 R 软件中,扩展程序包 AER 提供了实现工具变量法的函数 ivreg( ),使用格式为:

ivreg (formula, instruments, data, subset, na.action, weights, …)

其中 instruments 为工具变量,要注意的是在具体应用该函数时 formula 与 instruments 不是以逗号隔开,而是用"|"隔开,如是一元线性回归,Z 是 X 的工具变量,使用格式为

$$\text{ivreg}(Y \sim X | Z)$$

若估计 Y 关于 X1 和 X2 的二元线性回归,Z 是 X1 的工具变量,使用格式为

$$\text{ivreg}(Y \sim X1 + X2 | Z + X2)$$

对于例 6.1.1,用工具变量法进行估计,代码如下:

```
library(AER)
model.iv=ivreg(Y~X|Z)
summary(model.iv)
```

运行结果为:

Call:

ivreg(formula=Y~X | Z)

Residuals:

Min	1Q	Median	3Q	Max
−46.181	−16.288	−1.673	9.593	91.328

Coefficients:

	Estimate	Std. Error	t value	Pr(>|t|)
(Intercept)	−14.34703	9.04113	−1.587	0.128
X	0.19933	0.03073	6.487	2.52e−06 ***

Signif. codes:0 ' *** ' 0.001 ' ** ' 0.01 ' * ' 0.05 '.'0.1 ' ' 1

Residual standard error:27.72 on 20 degrees of freedom

Multiple R-Squared:0.6594, Adjusted R-squared:0.6424

Wald test:42.08 on 1 and 20 DF, p-value:2.525e−06

第二节　虚拟变量模型的估计

在回归分析中,影响被解释变量的因素除量的因素外还有质的因素,这些质的因素可能会使回归模型中的参数发生变化。为了估计质的因素产生的影响,需要引入一种特殊的变量——虚拟变量。

这一节将以两类典型的问题来说明虚拟变量的引入方式,并介绍如何用 EViews 和 R 软件估计含虚拟变量的回归模型。

一、含季节变动的模型的估计

"季节"是在研究经济问题中常常遇到的定性因素。比如,酒、肉的销量在冬季要超过其他季节,而饮料的销量又以夏季为最大。当建立这类问题的计量模型时,就要考虑把"季节"因素引入模型。由于一年有四个季节,所以这是一个含有四个类别的定性变量,应该向模型引人三个虚拟变量。另外,由于季节变动具有周期性,各季节对应的回归线在斜率上一般大致相同,而在截距项上变化较大,因此,涉及季节因素,多从考虑结截距变动上引入虚拟变量,举例如下。

例 6.2.1　表 6.2.1 给出 1982 年至 1985 年全国按季节市场用煤销售量 Y_t(万吨)数据(摘自《中国统计年鉴》1987、1989)。图 6.2.1 是关于煤销量对时间 t 的序列图。(注:本例摘自张晓峒《计量经济学基础》(第三版))

表 6.2.1　全国按季节市场用煤销售量数据

季度	时序 t	销售量 Y(万吨)	季度	时序 t	销售量 Y(万吨)
1982.1	1	2 599.8	1985.3	15	3 159.1
1982.2	2	2 647.2	1985.4	16	4 483.2
1982.3	3	2 912.7	1986.1	17	2 881.8
1982.4	4	4 087	1986.2	18	3 308.7
1983.1	5	2 806.5	1986.3	19	3 437.5
1983.2	6	2 672.1	1986.4	20	4 946.8
1983.3	7	2 943.6	1987.1	21	3 209
1983.4	8	4 193.6	1987.2	22	3 608.1
1984.1	9	3 001.9	1987.3	23	3 815.6
1984.2	10	2 969.5	1987.4	24	5 332.3

续表

季度	时序 t	销售量 Y(万吨)	季度	时序 t	销售量 Y(万吨)
1984.3	11	3 287.5	1988.1	25	3 929.8
1984.4	12	4 270.6	1988.2	26	4 126.2
1985.1	13	3 044.1	1988.3	27	4 015.1
1985.2	14	3 078.8	1988.4	28	4 904.2

数据来源:《中国统计年鉴(1987、1989)》。

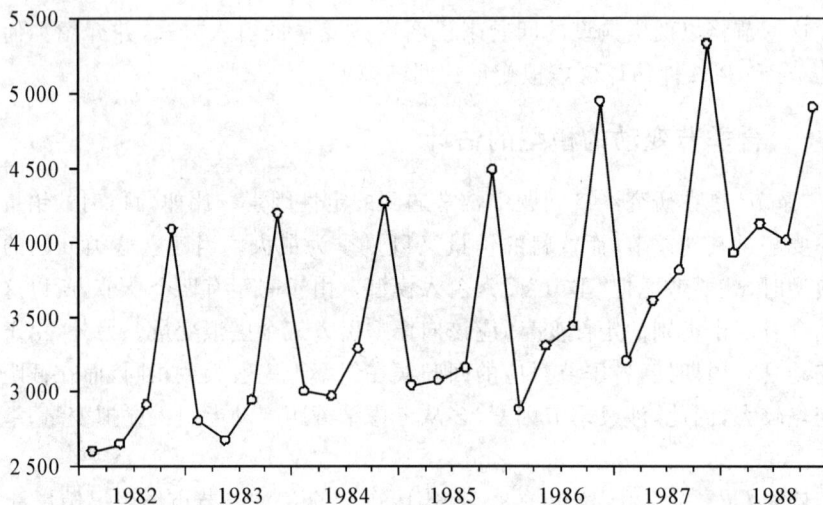

图 6.2.1 煤销售量对时间的序列图

从图 6.2.1 中看出,煤销售量随季节不同呈明显的周期性变化。由于受取暖用煤的,每年第四季度的销售量大大高于其他季度。对于这种有季节变动的数据,可以引入反映季节变动的虚拟变量:

$$D_1 = \begin{cases} 1,\text{第一季度} \\ 0,\text{其他季度} \end{cases}, D_2 = \begin{cases} 1,\text{第二季度} \\ 0,\text{其他季度} \end{cases}, D_3 = \begin{cases} 1,\text{第三季度} \\ 0,\text{其他季度} \end{cases}$$

于是设该问题模型可设为

$$Y_t = \beta_0 + \beta_1 t + \alpha_1 D_{1t} + \alpha_2 D_{2t} + \alpha_3 D_{3t} + u_t \qquad (6.2.1)$$

（一）用 EViews 估计模型

在估计模型之前,需要将数据导入 EViews,关于 Y 的数据,导入方法和以前一样。对于时序 t 的数据,既可以将表 6.2.1 的数值输入或复制到 EViews 中,也可以用下面的命令生成:

$$GENRt = 1 + @trend(1982)$$

这里 trend( ) 为 EViews 中生成时序的函数,另外要注意的是 EViews 中的函数(带括号的命令)一般前面要加上"@",如要求和,命令为 @sum( )。

而对于虚拟变量的数据,可以直接输入,也可以在 EXCEL 中输入或生成后复制到 Eviews 中,还可以采用一定命令生成,如生成反映季节性的虚拟变量采用的函数为 @seas( )。因此,对于例 6.2.1,产生 D_1、D_2、D_3 的命令分别为:

GENR d1 = @seas(1)

GENR d2 = @seas(2)

GENR d3 = @seas(3)

将所有数据导入 Eviews 中,用 OLS 法估计模型(6.2.1),命令为:

LS　y　c　t　d1　d2　d3

运行结果见表 6.2.2。

表 6.2.2　模型(6.2.1)的估计结果

Dependent Variable: Y

Method: Least Squares

Date: 02/19/14　Time: 18:33

Sample: 1982Q1 1988Q4

Included observations: 28

Variable	Coefficient	Std. Error	t-Statistic	Prob.
C	3 819.332	102.4684	37.27328	0.0000
T	48.94978	4.528505	10.80926	0.0000
D1	−1 388.122	103.3650	−13.42932	0.0000
D2	−1 303.115	102.8679	−12.66785	0.0000
D3	−1 186.279	102.5684	−11.56574	0.0000

R-squared	0.945833	Mean dependent var		3 559.725
Adjusted R-squared	0.936412	S.D. dependent var		760.2164
S.E. of regression	191.7008	Akaike info criterion		13.51018
Sum squared resid	845 231.2	Schwarz criterion		13.74807
Log likelihood	−184.1425	Hannan-Quinn criter.		13.58291
F-statistic	100.4026	Durbin-Watson stat		1.215674
Prob(F-statistic)	0.000000			

由表 6.2.2 得中国煤销量的估计模型为：

$$Y_t = 3\ 819.332 + 18.9498t - 1\ 388.122D_{1t} - 1303.115D_{2t} - 1\ 186.279D_{3t}$$

$$(6.2.2)$$

$$s = (102.4684)\quad (4.5285)\quad (103.3650)\quad (102.8679)\quad (102.5684)$$
$$t = (37.2733)\quad (10.8092)\quad (-13.4293)\quad (-12.6679)\quad (-11.5657)$$
$$R^2 = 0.9458, \overline{R^2} = 0.9364, S.E. = 191.7008, F = 100.4026, D.W. = 1.2157$$

为了说明估计的效果，还可以作出拟合值、实际值与残差的序列图。在 Equation 窗口点击 Resids，则可得出该图，即图 6.2.2。

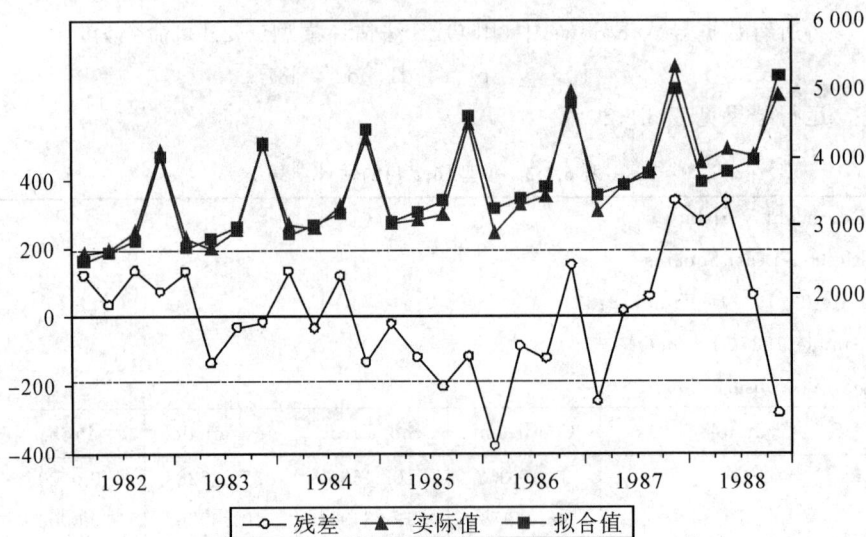

图 6.2.2　残差、煤销售量及拟合值的时序图

注:图 6.2.2 是在 EViews 原图的基础上，图例作了修改，如何修改，读者双击图形(或右击选择 Options)，在出现的对话框自行摸索修改。

（二）用 R 软件估计模型

在 R 软件中，产生虚拟变量，可以使用 rep( )函数，其格式是：

$$\text{rep(x, times)}$$

其中 x 是具体数值、向量、矩阵等，该函数输出的结果是将 x 中的数据重复 times 次所得到的向量。

下面给出估计模型(6.2.1)的 R 代码，为此，首先将煤炭销售量数据以 EXCEL 的 CSV 文件保存，变量名为 Y，文件名为"市场用煤销售量数据.

csv"。

```
a=read.csv("市场用煤销售量数据.csv")
attach(a)
plot(Y, type="o", xlab="t")        #作图观察现象特点,运行结果见
```
图 6.2.3
```
t=1:28
D1=rep(c(1,0,0,0),times=7)
D2=rep(c(0,1,0,0),times=7)
D3=rep(c(0,0,1,0),times=7)
model=lm(Y~t+D1+D2+D3)
summary(model)
```
运行得结果:

Call:

lm(formula=Y~t+D1+D2+D3)

Residuals:

Min	1Q	Median	3Q	Max
-381.556	-123.435	-1.171	122.266	338.173

Coefficients:

	Estimate	Std. Error	t value	Pr($>$|t|)
(Intercept)	3819.332	102.468	37.27	$<2e-16$ ***
t	48.950	4.529	10.81	$1.73e-10$ ***
D1	-1388.122	103.365	-13.43	$2.27e-12$ ***
D2	-1303.115	102.868	-12.67	$7.44e-12$ ***
D3	-1186.279	102.568	-11.57	$4.60e-11$ ***

Signif. codes:0 ' *** ' 0.001 ' ** ' 0.01 ' * ' 0.05 '.'0.1 ' ' 1

Residual standard error:191.7 on 23 degrees of freedom

Multiple R-squared:0.9458,　　Adjusted R-squared:0.9364

F-statistic:100.4 on 4 and 23 DF,　p-value:3.256e-14

由此结果,可以得到估计的模型(6.2.2)。

为了说明的估计效果,作出拟合值与实际值的时序图,代码如下:

```
yf=-predict(model)
plot(yf,col="blue",type="o",ylim=c(-500,6000),xlab="t",ylab
```

="煤销售量",pch=1)

    lines(Y,col="red",type="o",pch=0,lty=2)

    legend(20,1000,c("拟合值","实际值"),pch=c(1,0),lty=c(1,2),col
=c("blue","red"))

    运行得图 6.2.3:

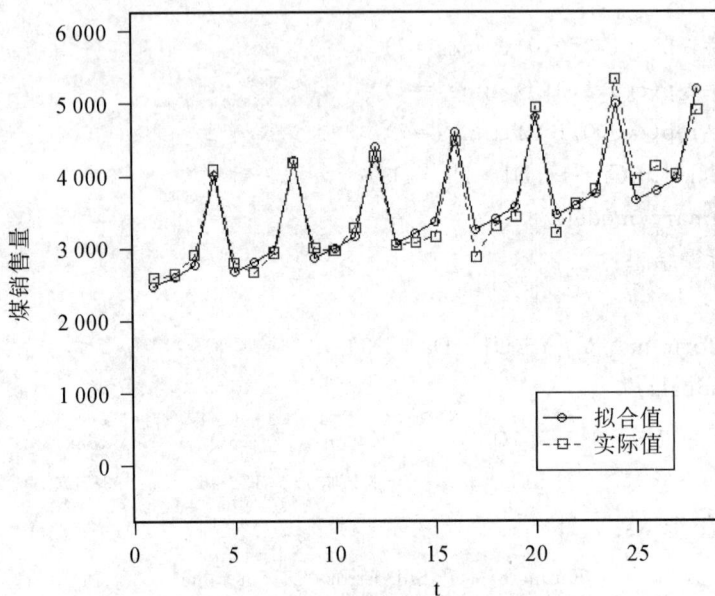

图 6.2.3　煤销售量及拟合值的时序图

由 6.2.3 可知,建立的模型拟合的效果还是不错,为此可以根据模型进行预测,若要预测下一年各季度煤的销售量,在 R 中输入如下代码即可。

new=data.frame(t=29:32,D1=D1[1:4],D2=D2[1:4],D3=D3[1:4])

predict(model,new)

运行结果为

1	2	3	4
3 850.754	3 984.711	4 150.496	5 385.725

这样,1989 年四个季度煤的销售量的预测值分别为 3 850.8 万吨,3 984.7 万吨、4 150.5 万吨和 5 385.7 万吨。

二、分段线性回归模型的估计

例 6.2.2　表 6.2.3 给出了中国 1952—2012 年城镇居民人均可支配收入、人均消费性支出数据。试考虑该数据的特点,引入虚拟变量,建立我国城镇居民消费函数。

表 6.2.3　**中国城镇居民人均可支配收入和人均消费数据(1952—2012)**

单位:元

时间	可支配收入 X	消费支出 Y	时间	可支配收入 X	消费支出 Y
1952 年	110.13	104.94	1983 年	564.6	505.92
1953 年	121.76	118.37	1984 年	652.1	559.44
1954 年	121.82	119.57	1985 年	739.1	673.2
1955 年	124.47	122.86	1986 年	900.9	798.96
1956 年	138.24	134.24	1987 年	1 002.1	884.4
1957 年	137.74	134.27	1988 年	1 180.2	1 103.98
1958 年	143.98	136.19	1989 年	1 373.9	1 210.95
1959 年	150.24	143.46	1990 年	1 510.2	1 278.89
1960 年	156.29	150.25	1991 年	1 700.6	1 453.81
1961 年	132.3	139.12	1992 年	2 026.6	1 671.73
1962 年	131.06	135.53	1993 年	2 577.4	2 110.81
1963 年	136.4	135.14	1994 年	3 496.2	2 851.34
1964 年	133.74	130.87	1995 年	4 283	3 537.57
1965 年	141.3	137.31	1996 年	4 838.9	3 919.47
1966 年	145.86	142.05	1997 年	5 160.3	4 185.64
1967 年	149.47	147.33	1998 年	5 425.1	4 331.61
1968 年	145.89	144.06	1999 年	5 854	4 615.91
1969 年	151.23	151.41	2000 年	6 280	4 998
1970 年	151.32	152.8	2001 年	6 859.6	5 309.01
1971 年	161.95	158.17	2002 年	7 702.8	6 029.88
1972 年	177.52	172.4	2003 年	8 472.2	6 510.94

续表

时间	可支配收入 X	消费支出 Y	时间	可支配收入 X	消费支出 Y
1973 年	182.36	177.82	2004 年	9 421.6	7 182.1
1974 年	187.16	182.67	2005 年	10 493	7 943
1975 年	189.21	186.33	2006 年	11 759.5	8 696.6
1976 年	194.76	190.88	2007 年	13 785.8	9 997.5
1977 年	202.45	200.45	2008 年	15 780.8	11 242.9
1978 年	343.4	311.16	2009 年	17 174.7	12 264.6
1979 年	405	361.8	2010 年	19 109.4	13 471.5
1980 年	477.6	412.44	2011 年	21 809.8	15 160.9
1981 年	500.4	456.84	2012 年	24 564.7	16 674.3
1982 年	535.3	471			

数据来源:《中国统计年鉴(2012)》

分析:1952—2012 年,我国经济发展经历了从计划经济体制向有计划的商品经济再到市场经济的转化。不同的经济体制下居民的消费倾向是否一致呢? 这是我们感兴趣的问题。对于这个问题,可以用一个变参数模型来进行分析。由于 1978—1991 年我国实行的是有计划的商品经济体制,以前为计划经济,1992 年以后我国实行市场经济体制。因此可以设置两个虚拟变量 D_1 和 D_2:

$$D_1 = \begin{cases} 0, & 1 \leqslant t < 27(1952—1978 \text{ 年}) \\ 1, & 27 \leqslant t < 61(1978—2012 \text{ 年}) \end{cases}, D_2 = \begin{cases} 0, & 1 \leqslant t < 41(1952—1992 \text{ 年}) \\ 1, & 41 \leqslant t \leqslant 61(1992—2012 \text{ 年}) \end{cases}$$

再结合图 6.2.4(该图由 EViews 所绘,读者也可使用 R 软件绘制,这里省略),可以看到 1978 年以前、1978—1992 年、1992 年后这几个时期中国城镇居民人均可支配收入和人均消费之间关系存在较大的差异,因此按绝对收入消费理论,设定模型的数学表达式为:

$$Y_t = \beta_0 + \beta_1 X_t + \beta_2 D_{1t}(X_t - 343.4) + \beta_3 D_{2t}(X_t - 2026.6) + u_t \tag{6.2.3}$$

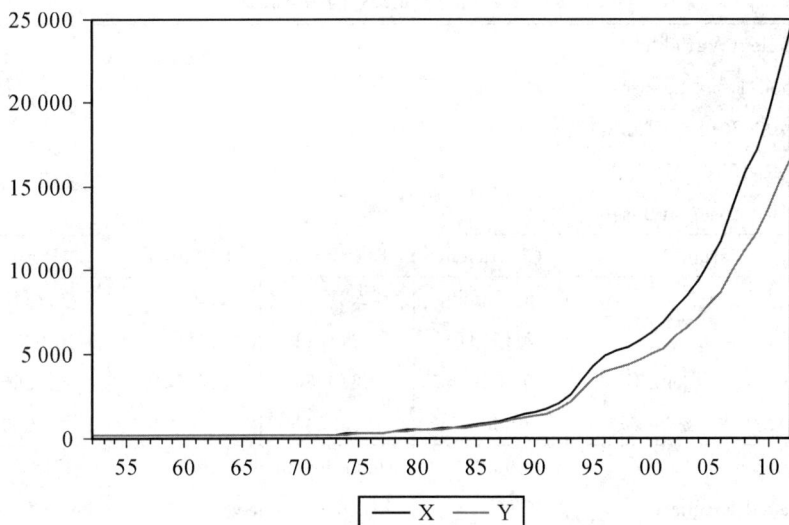

图 6.2.4 中国城镇居民人均可支配收入与人均消费的趋势图

(一)用 EViews 估计模型

在 EViews 命令窗口中输入命令：

data x y   (注:此命令调出数据组之后,将 X,Y 的数据复制到其中)

GENR t＝@trend(1952)＋1

series d1＝(t>＝27)

series d2＝(t>＝41)

LS y c x d1＊(x－343.4) d2＊(x－2026.6)

运行结果见表 6.2.4。根据此表得估计的模型为:

$$Y_t = 62.7550 + 0.5575X_t + 0.4827D_{1t}(X_t\text{-}343.4) - 0.3695D_{2t}(X_t\text{-}2026.6)$$

$$(6.2.4)$$

$s =$ (52.1982) (0.2485) (0.2763) (0.0395)

$t =$ (1.2024) (2.2413) (1.7472) (−9.3452)

$R^2 = 0.9992, \overline{R}^2 = 0.9992, S.E. = 118.5336, F = 24704.23, D.W. = 0.3671$

于是我国城镇居民三个时期的消费函数分别为:

1952—1977 年: $Y_t = 62.7550 + 0.5575X_t$

1978—1991 年: $Y_t = -103.0042 + 1.0402X_t$

1992—2012 年: $Y_t = 645.8569 + 0.6707X_t$

表 6.2.4　模型(6.2.3)的估计结果

Dependent Variable：Y

Method：Least Squares

Date：02/20/14　Time：17：25

Sample：1952 2012

Included observations：61

Variable	Coefficient	Std. Error	t-Statistic	Prob.
C	62.78659	52.21597	1.202440	0.2342
X	0.557240	0.248621	2.241325	0.0289
D1 * (X−343.3)	0.482905	0.276380	1.747248	0.0860
D2 * (X−2026.6)	−0.369516	0.039541	−9.345242	0.0000
R-squared	0.999231	Mean dependent var		2738.305
Adjusted R-squared	0.999191	S.D. dependent var		4 167.533
S.E. of regression	118.5336	Akaike info criterion		12.45160
Sum squared resid	800 862.4	Schwarz criterion		12.59001
Log likelihood	−375.7737	Hannan-Quinn criter.		12.50584
F-statistic	24 704.23	Durbin-Watson stat		0.367116
Prob(F-statistic)	0.000000			

(二)用 R 软件估计模型

将数据以 EXCEL 的 CSV 文件保存,变量名为 X,Y,文件名为"中国城镇居民人均可支配收入与人均消费数据.csv"。在 R 软件中输入代码:

```
a＝read.csv("中国城镇居民人均可支配收入与人均消费数据.csv")
attach(a)
D1＝rep(0,times＝61)
D2＝rep(0,times＝61)
D1[27:61]＝1
D2[41:61]＝1
model＝lm(Y~X+I(D1 * (X−343.4))+I(D2 * (X−2026.6)))
summary(model)
```

运行结果为:

Call：

lm(formula＝Y~X+I(d1 * (X − 343.4))+I(d2 * (X − 2026.6)))

Residuals：

Min	1Q	Median	3Q	Max
-445.371	-9.282	5.135	28.494	260.221

Coefficients：

	Estimate	Std. Error	t value	$Pr(>|t|)$
(Intercept)	62.75499	52.19817	1.202	0.2342
X	0.55746	0.24849	2.243	0.0288*
I(D1 * (X − 343.4))	0.48269	0.27625	1.747	0.0860
I(D2 * (X − 2026.6))	−0.36952	0.03954	−9.345	4.24e−13***

Signif. codes：0 ' *** ' 0.001 ' ** ' 0.01 ' * ' 0.05 '.' 0.1 ' ' 1

Residual standard error：118.5 on 57 degrees of freedom

Multiple R-squared：0.9992，　　Adjusted R-squared：0.9992

F-statistic：2.47e+04 on 3 and 57 DF，　p-value：<2.2e−16

第三节　滞后变量模型的估计

一、分布滞后模型的估计

例 6.3.1　已知 1955—1974 年期间美国制造业库存量 Y 和销售额 X 的统计资料如表 6.3.1(金额单位:亿美元)。试建立 Y 与 X 的分布滞后模型。

表 6.3.1　美国制造业库存量和销售额的数据

年份	库存量 Y	销售额 X	年份	库存量 Y	销售额 X
1955	450.69	264.8	1965	682.21	410.03
1956	506.42	277.4	1966	779.65	448.69
1957	518.7	287.36	1967	846.55	464.49
1958	500.7	272.8	1968	908.75	502.82
1959	527.07	302.19	1969	970.74	535.55
1960	538.14	307.96	1970	1 016.45	528.59
1961	549.39	308.96	1971	1 024.45	559.17

续表

年份	库存量 Y	销售额 X	年份	库存量 Y	销售额 X
1962	582.13	331.13	1972	1 077.19	620.17
1963	600.43	350.32	1973	1 208.7	713.98
1964	633.83	373.35	1974	1 471.35	820.98

数据来源:转摘自 D. N.Gujarati(古扎拉蒂),《计量经济学》。

(一)滞后期长度的确定

对于有限分布滞后模型,首先要确定滞后期长度,一般可以根据经济理论或实际经验加以确定,也可以通过一些统计检验获取信息。下面通过计算交叉相关系数来确定滞后期长度。

1.用 EViews 计算

在 EViews 中计算交叉相关系数,同样有菜单和命令两种方式。若按菜单方式打开,需要先打开 X 和 Y 的数据组(可以使用 data 命令),然后点击 View→Cross Correlation(2),出现如图 6.3.1 的对话框,该对话框中输入滞后期长度 s,点击确定即可。若按命令方式计算,命令为:

$$\text{cross} \quad y \quad x$$

图 6.3.1

按以上方式操作后,得到例 6.3.1 的 Y 与各滞后期的 X 的交叉相关系数如图 6.3.2 所示。

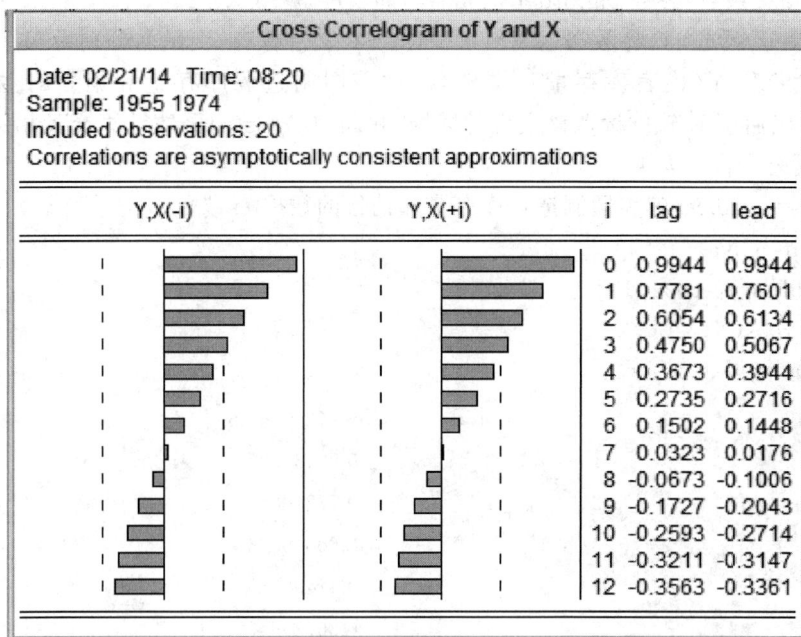

图 6.3.2 *Y* 与各滞后期的 *X* 的交叉相关系数

从图 6.3.2 可以看出,库存量 *Y* 与当年和前三年的销售额 *X* 相关,因此,滞后期长度可以初步设定为 3。

2.用 R 软件计算

本书自编的 ecosup 包中含计算交叉相关系数的函数——cross(),其代码:

```
cross=function(x,y,lag.order=12){
s=lag.order;  corr=numeric(s+1);  xb=mean(x);yb=mean(y)
for( i in 0:s){
    xx=x[1:(length(x)-i)];   yy=y[(i+1):length(x)]
    corr[i+1]=sum((xx-xb)*(yy-yb))/sqrt(sum((x-xb)^2)*
sum((y-yb)^2))
            }
data.frame(lag.order=0:s,Cross.Correlation=corr)
    }
```

该函数计算的是变量 y 和变量 x 的各滞后期(0 到 lag.order)数值之间的

交叉相关系数,参数 lag.order 代表滞后期长度,默认为 12。

对于例 6.3.1,将数据以 EXCEL 的 CSV 文件保存,变量名分别为 X(代表销售额)和 Y(代表库存量),文件名为"美国制造业库存量和销售的数据.csv",然后用 R 软件读取该文件的数据,并调用 cross( )函数计算交叉相关系数,代码为:

```
a=read.csv("美国制造业库存量和销售的数据.csv")
attach(a)
library(ecosup)
cross(X,Y)
```

运行得如下结果:

	lag.order	Cross.Correlation
1	0	0.99435927
2	1	0.77810882
3	2	0.60540076
4	3	0.47499955
5	4	0.36729947
6	5	0.27347666
7	6	0.15016031
8	7	0.03225580
9	8	−0.06726906
10	9	−0.17271703
11	10	−0.25928218
12	11	−0.32108286
13	12	−0.35625217

由此同样得出,滞后期长度可以初步设定为 3。故该问题的模型可以设定为:

$$Y_t = \alpha_0 + \beta_0 X_t + \beta_1 X_{t-1} + \beta_2 X_{t-2} + \beta_3 X_{t-3} + u_t \qquad (6.3.1)$$

(二)模型的估计

1.用 EViews 进行估计

(1)采用经验加权法

这里采用 X_t、X_{t-1}、X_{t-2}、X_{t-3} 的权数分别为 1、$\frac{1}{2}$、$\frac{1}{4}$、$\frac{1}{8}$(读者可以

试着采用其他权数,然后做个对比,从中选取最佳结果),记新的线性组合变量分别为:

$$Z_t = X_t + \frac{1}{2}X_{t-1} + \frac{1}{4}X_{t-2} + \frac{1}{8}X_{t-3} \tag{6.3.2}$$

下面用 OLS 法估计 Y 关于 Z 的线性回归,命令为:

GENR　Z=X+1/2*X(−1)+1/4*X(−2)+1/8*X(−3)

LS　Y　C　Z

估计结果见表 6.3.2:

表 6.3.2　经验加权法的估计结果

Dependent Variable: Y

Method: Least Squares

Date: 02/21/14　Time: 11:35

Sample (adjusted): 1958 1974

Included observations: 17 after adjustments

Variable	Coefficient	Std. Error	t-Statistic	Prob.
C	−66.52794	18.16098	−3.663234	0.0023
Z	1.071394	0.021019	50.97226	0.0000

R-squared	0.994260	Mean dependent var	818.6900
Adjusted R-squared	0.993877	S.D. dependent var	279.9174
S.E. of regression	21.90312	Akaike info criterion	9.121266
Sum squared resid	7196.200	Schwarz criterion	9.219291
Log likelihood	−75.53076	Hannan-Quinn criter.	9.131010
F-statistic	2598.171	Durbin-Watson stat	1.439525
Prob(F-statistic)	0.000000		

由此得到模型

$$Y_t = -66.5279 + 1.0714Z_t \tag{6.3.3}$$

将(6.3.2)代入(6.3.3)中得到模型:

$$Y_t = -66.5279 + 1.0714X_t + 0.5357X_{t-1} + 0.2679X_{t-2} + 0.1339X_{t-3} \tag{6.3.4}$$

(2)采用阿尔蒙(Almon)多项式变换法

在实际应用中,EViews 提供了阿尔蒙多项式分布滞后指令"PDL"用于估计分布滞后模型。结合例 6.3.1 给出操作过程。

在 EViews 命令窗口键入：

$$LS \quad y \quad c \quad PDL(x,3,2)$$

其中,"PDL"指令表示进行阿尔蒙多项式分布滞后模型的估计,括号中的 3 表示 x 的分布滞后长度,2 表示阿尔蒙多项式的次数。

运行上面的命令后,屏幕将显示回归分析结果,见表 6.3.3。

表 6.3.3　阿尔蒙变换法的估计结果

Dependent Variable: Y
Method: Least Squares
Date: 02/21/14　Time: 15:59
Sample (adjusted): 1958 1974
Included observations: 17 after adjustments

Variable	Coefficient	Std. Error	t-Statistic	Prob.
C	-71.38141	19.91206	-3.584833	0.0033
PDL01	1.130509	0.179875	6.284984	0.0000
PDL02	0.037469	0.162261	0.230919	0.8210
PDL03	-0.431647	0.166337	-2.595007	0.0222

R-squared	0.996803	Mean dependent var	818.6900
Adjusted R-squared	0.996065	S.D. dependent var	279.9174
S.E. of regression	17.55873	Akaike info criterion	8.771303
Sum squared resid	4008.015	Schwarz criterion	8.967354
Log likelihood	-70.55608	Hannan-Quinn criter.	8.790791
F-statistic	1351.083	Durbin-Watson stat	1.847312
Prob(F-statistic)	0.000000		

Lag Distribution of X	i	Coefficient	Std. Error	t-Statistic
	0	0.66139	0.16525	4.00249
	1	1.13051	0.17987	6.28498
	2	0.73633	0.16412	4.48665
	3	-0.52114	0.23465	-2.22093
Sum of Lags		2.00709	0.06324	31.7393

需要指出的是,用"PDL"估计分布滞后模型时,EViews 所采用的滞后系数多项式变换 不是按一般教科书的阿尔蒙多项式 $\beta_i = \alpha_0 + \alpha_1 i + \alpha_2 i^2 + \cdots + \alpha_m i^m$ 进行计算的,而是按其派生形式 $\beta_i = \alpha_0 + \alpha_1(i-1) + \alpha_2(i-1)^2 + \cdots + \alpha_m(i-1)^m$ 来进行计算的,但这并不影响估计系数的最终结果。

由表 6.3.3,按阿尔蒙变换法得到的估计结果为:

$$Y_t = -71.3814 + 0.6614X_t + 1.1305X_{t-1} + 0.7363X_{t-2} - 0.5211X_{t-3} \quad (6.3.5)$$

2.用 R 软件进行估计

(1)采用经验加权法

采用的权数仍为 1、$\frac{1}{2}$、$\frac{1}{4}$、$\frac{1}{8}$,在 R 软件中输入代码:

Z=X[4:20]+1/2 * X[3:19]+1/4 * X[2:18]+1/8 * X[1:17]　　♯
注:滞后长度为 s,则数据长度(即样本容量)会减少 s 个数据。

model.jy=lm(Y[4:20]~Z)

summary(model.jy)

运行得结果:

Call:

lm(formula=Y[4:20]~Z)

Residuals:

Min	1Q	Median	3Q	Max
−42.513	−9.756	2.451	11.249	34.809

Coefficients:

	Estimate	Std. Error	t value	Pr(>|t|)
(Intercept)	−66.52794	18.16098	−3.663	0.00231 **
Z	1.07139	0.02102	50.972	<2e−16 ***

Signif. codes:0 ' *** ' 0.001 ' ** ' 0.01 ' * ' 0.05 '.'0.1 ' ' 1

Residual standard error:21.9 on 15 degrees of freedom

Multiple R-squared:0.9943,　　Adjusted R-squared:0.9939

F-statistic:2598 on 1 and 15 DF,　p-value:< 2.2e−16

(2)采用阿尔蒙(Almon)多项式变换法

本书自编的 ecosup 包中提供了实现阿尔蒙多项式变换法的函数,其代码如下:

```
pdl=function(x,lag,order){
W=matrix(0,nrow=length(x)−lag,ncol=order+1)
for (k in 1:(order+1)){
for (i in 0:lag){
W[,k]=W[,k]+i^(k−1) * x[(lag−i+1):(length(x)−i)]}}}
```

N＝matrix(NA,nrow＝lag,ncol＝order+1)

rbind(N,W)

}

该函数中 x 为单个变量的样本观测值向量,lag 为滞后期长度,order 为阿尔蒙多项式的阶数。函数输出的结果的经过阿尔蒙变换后得到的新变量的样本数值。

在 R 软件中输入代码:

library(ecosup)

almon＝lm(Y~pdl(X,3,2))

summary(almon)

运行结果为:

Call:

lm(formula＝Y[4:20]~pdl(X, 3, 2))

Residuals:

Min	1Q	Median	3Q	Max
−29.513	−3.879	−1.240	11.281	27.335

Coefficients:

	Estimate	Std. Error	t value	Pr(>|t|)	
(Intercept)	−71.3814	19.9121	−3.585	0.00333	**
pdl(X, 3, 2)1	0.6614	0.1652	4.002	0.00151	**
pdl(X, 3, 2)2	0.9008	0.4827	1.866	0.08475	
pdl(X, 3, 2)3	−0.4316	0.1663	−2.595	0.02222	*

Signif. codes:0 ' *** ' 0.001 ' ** ' 0.01 ' * ' 0.05 '.' 0.1 ' ' 1

Residual standard error:17.56 on 13 degrees of freedom

Multiple R-squared:0.9968,　　Adjusted R-squared:0.9961

F-statistic:1351 on 3 and 13 DF,　p-value:$< 2.2e-16$

读者可以看到,该结果与表 6.3.3 上部分的结果不同,原因是这里编写的 pdl( )函数是按一般教科书的阿尔蒙多项式编写的。

下面将 Y 关于阿尔蒙变量的回归系数转换为 Y 关于原变量的回归系数,为此我们在 ecosup 包中编写了一个系数转换函数 almon.trans( ),其代码如下:

almon.trans(object, lag,order){

k＝length(lag);apha＝coef(object)

```
beta=numeric(sum(lag)+k+1); t=numeric(sum(lag)+k+1)
beta[1]=apha[1]; t[1]="Intercept"
for (i in 2:(lag[1]+2)){
for (p in 0:order[1]){
    beta[i]=beta[i]+apha[p+2] * (i-2)^p ;t[i]=i-2}}
if (k>=2){
for (i in 2:k){
for (j in (sum(lag[1:(i-1)])+i+1):(sum(lag[1:i])+i+1)){
for (p in 0:order[i]){
t[j]=j-sum(lag[1:(i-1)])-i-1
beta[j]=beta[j]+apha[sum(order[1:(i-1)])+i+1+p] * (j-sum
(lag[1:(i-1)])-i-1)^p}
}}}
data.frame(Variables=t, Coefficients=beta) }
```

其中,参数 object 是上面 Y 关于阿尔蒙变量回归得到的模型,lag 为滞后期长度(可以是数,也可以是向量),order 为阿尔蒙多项式的阶数(可以是数,也可以是向量)。

下面将上面 Y 关于阿尔蒙变量的回归系数转换为关于原变量的系数,代码为:

```
almon.trans(almon,3,2)
```

运行结果为:

	Variables	Coefficients
1	Intercept	-71.3814121
2	0	0.6613932
3	1	1.1305091
4	2	0.7363315
5	3	-0.5211397

可见,所得结果与表 6.3.3 下半部分的结果是一致的。

说明:例 6.3.1 只有一个滞后变量 X,假如模型中有两个滞后变量 X_1 和 X_2,滞后期长度分别为 $s_1=3$ 和 $s_2=4$,采用阿尔蒙多项式的阶数分别为 $m_1=2$ 和 $m_1=3$,则用 EViews 估计的命令为:

$$LS \quad Y \quad C \quad PDL(X1,3,2) \quad PDL(X2,4,3)$$

而用 R 软件进行估计的代码为：

```
almon＝lm(Y～pdl(X1，3，2)＋pdl(X2，4，3))
summary(almon)
almon.trans(almon，lag＝c(3,4)，order＝c(2,3))
```

对于有更多个滞后变量的情况的估计可根据以上代码依次类推。

二、自回归模型的估计

有多种途径获得自回归模型,比如无限分布滞后模型经库伊克变换就转换成自回归模型、预期模型在自适应预期假定下也可以转换成自回归形式等。此处我们以局部调整模型为例来说明自回归模型估计及相关问题。

例 6.3.2 建立中国长期货币流通量需求模型。考虑到适度的货币流通量是市场稳定的一个基本要素,而影响货币需求的因素,不仅在本期,而且在长期内发挥作用。中国改革开放以来,对货币需求量的影响因素,主要有资金运用中的贷款额以及反映价格变化的居民消费者价格指数。显然,贷款额的增加,将使贷款转化为现金投放的需求增加,而物价水平的上升,就需要有更多的货币来支付同等的商品购买量。表 6.3.4 列出了 1978 到 2007 年中国货币流通量、贷款额以及居民消费价格指数的相关数据。

表 6.3.4　中国货币流通量、贷款额和居民消费价格指数历史数据

年份	货币流通量 Y(亿元)	居民消费价格指数 P (1990 年＝100)	贷款额 X (亿元)	年份	货币流通量 Y(亿元)	居民消费价格指数 P (1990 年＝100)	贷款额 X (亿元)
1978	212	46.2	1 850	1993	5 864.7	126.2	32 943.1
1979	267.7	47.1	2 039.6	1994	7 288.6	156.7	39 976
1980	346.2	50.6	2 414.3	1995	7 885.3	183.4	50 544.1
1981	396.3	51.9	2 860.2	1996	8 802	198.7	61 156.6
1982	439.1	52.9	3 180.6	1997	10 177.6	204.2	74 914.1
1983	529.8	54	3 589.9	1998	11 204.2	202.6	86 524.1
1984	792.1	55.5	4 766.1	1999	13 455.5	199.7	93 734.3
1985	987.8	60.6	5 905.6	2000	14 652.7	200.6	99 371.1
1986	1 218.4	64.6	7 590.8	2001	15 688.8	201.9	112 314.7
1987	1 454.5	69.3	9 032.5	2002	17 278	200.3	131 293.9
1988	2 134	82.3	10 551.3	2003	19 746	202.7	158 996.2

续表

年份	货币流通量 Y(亿元)	居民消费价格指数 P (1990年=100)	贷款额 X (亿元)	年份	货币流通量 Y(亿元)	居民消费价格指数 P (1990年=100)	贷款额 X (亿元)
1989	2 344	97	14 360.1	2004	21 468.3	210.6	178 197.8
1990	2 644.4	100	17 680.7	2005	24 031.7	214.4	194 690.4
1991	3 177.8	103.4	21 337.8	2006	27 072.6	217.7	225 347.2
1992	4 336	110	26 322.9	2007	30 375.2	228.1	261 690.9

资料来源:《中国统计年鉴(2008)》、《中国统计资料50年汇编》。

注:本例节选自李子奈《计量经济学》(第三版)。

长期货币流通量模型可以设定为

$$Y_t^e = \beta_0 + \beta_1 X_t + \beta_2 P_t + u_t \tag{6.3.6}$$

其中,Y_t^e 为长期货币流通需求量。由于长期货币流通需求量不可观测,作局部调整

$$Y_t - Y_{t-1} = \delta(Y_t^e - Y_{t-1}) \tag{6.3.7}$$

其中,Y_t 为实际货币流通量,表明每年货币流通量的调整只是预期调整的一部分。将(6.3.6)式代入(6.3.7)式得短期货币流通量需求模型

$$Y_t = \delta\beta_0 + \delta\beta_1 X_t + \delta\beta_2 P_t + (1-\delta)Y_{t-1} + \delta u_t \tag{6.3.8}$$

(6.3.8)式为一局部调整模型,可采用普通最小二乘法进行估计。

(一)用 EViews 进行估计

用 EViews 进行估计的命令如下:

data　y　p　x

LS　y　c　x　p　y(−1)

运行结果见表6.3.5。

表6.3.5　局部调整模型的估计结果

Dependent Variable:Y

Method:Least Squares

Date:02/22/14　Time:08:12

Sample (adjusted):1979 2007

Included observations:29 after adjustments

续表

Variable	Coefficient	Std. Error	t-Statistic	Prob.
C	−202.5275	221.9648	−0.912430	0.3703
X	0.035710	0.012565	2.842001	0.0088
P	7.455728	3.065733	2.431956	0.0225
Y(−1)	0.723634	0.132796	5.449199	0.0000
R-squared	0.998582	Mean dependent var		8829.631
Adjusted R-squared	0.998412	S.D. dependent var		9007.257
S.E. of regression	358.9392	Akaike info criterion		14.73163
Sum squared resid	3220934.	Schwarz criterion		14.92022
Log likelihood	−209.6086	Hannan-Quinn criter.		14.79069
F-statistic	5868.997	Durbin-Watson stat		1.724407
Prob(F-statistic)	0.000000			

（二）用 R 软件进行估计

将数据以 EXCEL 的 CSV 文件保存,变量分别为 Y、P、X,文件名为"货币流通量需求模型数据.csv",则估计以上模型所用到的 R 代码为:

a＝read.csv("货币流通量需求模型数据.csv")

attach(a)

model.jb＝lm(Y[−1]~X[−1]+P[−1]+Y[−30]) ♯注 Y[−1]是指去掉第一个观测值,相当于 Y[2:30],其他以此类推。

summary(model.jb)

运行得结果:

Call：

lm(formula＝Y[−1]~X[−1]+P[−1]+Y[−30])

Residuals：

Min	1Q	Median	3Q	Max
−558.42	−186.93	−63.88	148.17	812.25

Coefficients：

	Estimate	Std. Error	t value	Pr($>$|t|)
(Intercept)	−202.52746	221.96481	−0.912	0.3703
X[−1]	0.03571	0.01257	2.842	0.0088 **
P[−1]	7.45573	3.06573	2.432	0.0225 *

续表

	Estimate	Std. Error	t value	Pr(>|t|)
Y[-30]	0.72363	0.13280	5.449	1.17e-05 ***

Signif. codes:0 ' *** ' 0.001 ' ** ' 0.01 ' * ' 0.05 '.' 0.1 ' ' 1

Residual standard error:358.9 on 25 degrees of freedom

Multiple R-squared:0.9986, Adjusted R-squared:0.9984

F-statistic:5869 on 3 and 25 DF, p-value:< 2.2e-16

由此结果(或表 6.3.5)得到局部调整模型为:

$$Y_t = -202.5275 + 0.0357X_t + 7.4557P_t + 0.7236Y_{t-1} \tag{6.3.9}$$
$$s = (221.9648) \quad (0.0126) \quad (3.0657) \quad (0.1328)$$
$$t = (-0.912) \quad (2.842) \quad (2.432) \quad (5.449)$$
$$R^2 = 0.9986, \overline{R}^2 = 0.9984, F = 5869$$

下面进行系数转换,以得到长期货币流通量模型,代码如下:

```
deta=1-coef(model.jb)[4]
beta0=coef(model.jb)[1]/deta
beta1=coef(model.jb)[2]/deta
beta2=coef(model.jb)[3]/deta
beta0; beta1; beta2
```

运行结果为:

(Intercept)

-732.8224

   X

0.1292120

   P

26.97770

由此得到长期货币流通量模型为:

$$Y_t^e = -732.8224 + 0.1292X_t + 26.9777P_t \tag{6.3.10}$$

估计结果表明,贷款额对中国货币流通量的影响,短期为 0.04,长期为 0.13,即贷款额每增加 1 亿元,短期货币流通需求量将增加 0.04 亿元,长期货币流通需求将增加 0.13 亿元;而反映物价水平的居民消费价格指数对中国货币流通量的影响,短期为 7.4,长期为 26.97,即价格指数每增加 1 个百分点,将导致短期货币流通需求量增加 7.46 亿元,长期货币流通需求增加 26.97 亿元。

第七章　联立方程模型的估计

本章将以下面的例子来说明如何使用 EViews 或 R 软件来估计联立方程模型。

例 7.1.1　建立一个包含 3 个方程的中国宏观经济模型,该模型包含 3 个内生变量,即国内生产总值 Y,居民消费总额 C 和投资总额 I;3 个先决变量,即政府消费 G(将净出口也包含其中,为了实现数据的平衡,该数据是按照 $Y-C-I$ 计算出来的),前期居民消费总额 C_{t-1} 和常数项。其完备的给构式模型为

$$\begin{cases} C_t = \alpha_0 + \alpha_1 Y_t + \alpha_2 C_{t-1} + \mu_{1t} \\ I_t = \beta_0 + \beta_1 Y_t + \mu_{2t} \\ Y_t = C_t + I_t + G_t \end{cases} \tag{7.1.1}$$

容易判断,消费方程是恰好识别的方程,投资方程是过度识别的方程,因此,模型是可以识别的。现在对模型进行估计,样本观测值见表 7.1.1,数据来自《中国统计年鉴(2012)》。

表 7.1.1　中国宏观经济模型数据

年份	Y	I	C	G	年份	Y	I	C	G
1978	3 605.6	1 377.9	1 759.1	468.6	1996	74 163.6	28 784.9	33 955.9	11 422.8
1979	4 092.6	1 478.9	2 011.5	602.2	1997	81 658.5	29 968	36 921.5	14 769
1980	4 592.9	1 599.7	2 331.2	662	1998	86 531.6	31 314.2	39 229.3	15 988.1
1981	5 008.8	1 630.2	2 627.9	750.7	1999	91 125	32 951.5	41 920.4	16 253.1
1982	5 590	1 784.2	2 902.9	902.9	2000	98 749	34 842.8	45 854.6	18 051.6
1983	6 216.2	2 039	3 231.1	946.1	2001	108 972.4	39 769.4	49 213.2	19 989.8
1984	7 362.7	2 515.1	3 742	1 105.6	2002	120 350.3	45 565	52 571.3	22 214
1985	9 076.7	3 457.5	4 687.4	931.8	2003	136 398.8	55 963	56 834.4	23 601.4
1986	10 508.5	3 941.9	5 302.1	1 264.5	2004	160 280.4	69 168.4	63 833.5	27 278.5

续表

年份	Y	I	C	G	年份	Y	I	C	G
1987	12 277.4	4 462	6 126.1	1 689.3	2005	188 692.1	80 646.3	71 217.5	36 828.3
1988	15 388.6	5 700.2	7 868.1	1 820.3	2006	221 651.3	94 402	80 476.9	46 772.4
1989	17 311.3	6 332.7	8 812.6	2 166	2007	263 242.5	111 417.4	93 317.2	58 507.9
1990	19 347.8	6 747	9 450.9	3 149.9	2008	315 974.57	138 325.3	111 670.4	65 978.87
1991	22 577.4	7 868	10 730.6	3 978.8	2009	348 775.07	164 463.22	123 584.62	60 727.23
1992	27 565.2	10 086.3	13 000.1	4 478.8	2010	402 816.47	193 603.91	140 758.65	68 453.91
1993	36 938.1	15 717.7	16 412.1	4 808.3	2011	472 619.17	228 344.28	168 956.63	75 318.26
1994	50 217.4	20 341.1	21 844.2	8 032.1	2012	529 238.43	252 773.24	190 423.77	86 041.42
1995	63 216.9	25 470.1	28 369.7	9 377.1					

第一节　用 EViews 估计联立方程模型

一、工具变量法(IV)的使用

工具变量法只能用于恰好识别的方程,因此对于模型 7.1.1,只能用于消费方程的估计。选取消费方程中未包含的先决变量 G 作为内生解释变量 Y 的工具变量,在 EViews 命令窗口中输入命令(EViews 中,C 代表常数项,不能作变量的名称,因此在模型中所有变量在原名称加了一个 T):

TSLS　CT　C　YT　CT($-$1)　@　C　GT　CT($-$1)

得到如表 7.1.2 所示的结果:

表 7.1.2　工具变量法的估计结果

Dependent Variable:CT

Method:Two-Stage Least Squares

Date:02/23/14　Time:09:14

Sample (adjusted):1979 2012

Included observations:34 after adjustments

Instrument specification:C　GT　CT($-$1)

续表

Variable	Coefficient	Std. Error	t-Statistic	Prob.
C	1174.645	536.9421	2.187656	0.0364
YT	0.118769	0.032500	3.654495	0.0009
CT(−1)	0.758689	0.105623	7.183006	0.0000
R-squared	0.999032	Mean dependent var		45593.83
Adjusted R-squared	0.998969	S.D. dependent var		50616.91
S.E. of regression	1625.047	Sum squared resid		81864116
F-statistic	15975.67	Durbin-Watson stat		1.837676
Prob(F-statistic)	0.000000	Second-Stage SSR		1.72E+08
J-statistic	1.44E−37	Instrument rank		3

由此得到消费方程为:

$$\hat{C}_t = 1174.645 + 0.1188Y_t + 0.7587C_{t-1} \tag{7.1.2}$$

二、间接最小二乘法(ILS)的使用

间接最小二乘法也只能用于恰好识别的方程,因此对于模型 7.1.1,也只能用于消费方程的估计。消费方程中包含的内生变量的简化式方程为

$$\begin{cases} C_t = \pi_{10} + \pi_{11}C_{t-1} + \pi_{12}G_t + \varepsilon_{1t} \\ Y_t = \pi_{20} + \pi_{21}C_{t-1} + \pi_{22}G_t + \varepsilon_{2t} \end{cases} \tag{7.1.3}$$

参数关系体系为:

$$\begin{cases} \pi_{11} - \alpha_1\pi_{21} - \alpha_2 = 0 \\ \pi_{10} - \alpha_0 - \alpha_1\pi_{20} = 0 \\ \pi_{12} - \alpha_1\pi_{22} = 0 \end{cases} \tag{7.1.4}$$

在 EViews 命令窗口中输入命令:

$$\text{LS} \quad \text{CT} \quad \text{C} \quad \text{CT}(-1) \quad \text{GT}$$
$$\text{LS} \quad \text{YT} \quad \text{C} \quad \text{CT}(-1) \quad \text{GT}$$

得出(7.1.3)式的两个简化方程的估计结果见表 7.1.3 和表 7.1.4。

表 7.1.3 简化式方程中消费方程的估计结果

Dependent Variable:CT

Method:Least Squares

Date:02/23/14 Time:17:52

Sample (adjusted):1979 2012

Included observations:34 after adjustments

Variable	Coefficient	Std. Error	t-Statistic	Prob.
C	149.0681	567.6609	0.262601	0.7946
CT(−1)	1.018089	0.050783	20.04781	0.0000
GT	0.222374	0.088196	2.521376	0.0170
R-squared	0.997966	Mean dependent var		45 593.83
Adjusted R-squared	0.997835	S.D. dependent var		50 616.91
S.E. of regression	2 355.352	Akaike info criterion		18.45086
Sum squared resid	1.72E+08	Schwarz criterion		18.58554
Log likelihood	−310.6647	Hannan-Quinn criter.		18.49679
F-statistic	7 604.653	Durbin-Watson stat		1.537396
Prob(F-statistic)	0.000000			

表 7.1.4 简化式方程中生产总值方程的估计结果

Dependent Variable:YT

Method:Least Squares

Date:02/23/14 Time:17:54

Sample (adjusted):1979 2012

Included observations:34 after adjustments

Variable	Coefficient	Std. Error	t-Statistic	Prob.
C	−8635.031	2910.976	−2.966370	0.0058
CT(−1)	2.184069	0.260416	8.386831	0.0000
GT	1.872321	0.452269	4.139843	0.0002
R-squared	0.993400	Mean dependent var		118192.0
Adjusted R-squared	0.992974	S.D. dependent var		144100.0
S.E. of regression	12078.29	Akaike info criterion		21.72030
Sum squared resid	4.52E+09	Schwarz criterion		21.85498
Log likelihood	−366.2452	Hannan-Quinn criter.		21.76623
F-statistic	2333.057	Durbin-Watson stat		0.366709
Prob(F-statistic)	0.000000			

由表 7.1.3 和表 7.1.4 得出简化式方程的系数估计值,将其代入参数关系体系中,有:

$$\begin{cases} 1.0181 - 2.1841\hat{\alpha}_1 - \hat{\alpha}_2 = 0 \\ 149.0681 - \hat{\alpha}_0 + 8\ 635.031\hat{\alpha}_1 = 0 \\ 0.2224 - 1.8723\hat{\alpha}_1 = 0 \end{cases} \tag{7.1.5}$$

由此解得原模型中消费方程的系数估计值分别为:

$$\hat{\alpha}_0 = 1174.645, \hat{\alpha}_1 = 0.1188, \hat{\alpha}_2 = 0.7587$$

三、二阶段最小二乘法(2SLS)的使用

二阶段最小二乘法既可用于恰好识别的方程的估计,也可用于过度识别方程的估计,因此模型中(7.1.1)中消费方程和投资方程均可使用 2SLS 法进行估计。

对于消费方程,按两阶段进行估计,在 EViews 命令窗口输入的命令如下:

第一阶段:

LS   YT   C   CT(−1)   GT

GENR   YF=YT−RESID

第二阶段:

LS   CT   C   YF   CT(−1)

运行结果见表 7.1.5。

表 7.1.5   按 2SLS 法估计消费方程的结果

Dependent Variable:CT

Method:Least Squares

Date:08/07/15   Time:15:01

Sample (adjusted):1979 2012

Included observations:34 after adjustments

Variable	Coefficient	Std. Error	t-Statistic	Prob.
C	1174.645	778.2466	1.509348	0.1413
YF	0.118769	0.047105	2.521376	0.0170
CT(−1)	0.758689	0.153090	4.955830	0.0000

续表

R-squared	0.997966	Mean dependent var	45593.83
Adjusted R-squared	0.997835	S.D. dependent var	50616.91
S.E. of regression	2355.352	Akaike info criterion	18.45086
Sum squared resid	1.72E+08	Schwarz criterion	18.58554
Log likelihood	−310.6647	Hannan-Quinn criter.	18.49679
F-statistic	7604.653	Durbin-Watson stat	1.537396
Prob(F-statistic)	0.000000		

可见,对于消费方程,表 7.1.5 的结果与前面用 IV 法和 ILS 法估计的结果是相同的。

下面用 2SLS 法估计投资方程,命令如下:

LS IT C YF

运行结果如下:

表 7.1.6 按 2SLS 法估计投资方程的结果

Dependent Variable:IT

Method:Least Squares

Date:08/07/15 Time:15:03

Sample (adjusted):1979 2012

Included observations:34 after adjustments

Variable	Coefficient	Std. Error	t-Statistic	Prob.
C	−4259.425	2316.159	−1.839004	0.0752
YF	0.472386	0.012563	37.60163	0.0000
R-squared	0.977868	Mean dependent var	51572.78	
Adjusted R-squared	0.977177	S.D. dependent var	68609.24	
S.E. of regression	10365.09	Akaike info criterion	21.38730	
Sum squared resid	3.44E+09	Schwarz criterion	21.47708	
Log likelihood	−361.5840	Hannan-Quinn criter.	21.41792	
F-statistic	1413.882	Durbin-Watson stat	0.240765	
Prob(F-statistic)	0.000000			

由此得估计的投资方程为:

$$\hat{I}_t = -4259.425 + 0.4724Y_t \qquad (7.1.6)$$

说明：对于 2SLS 法，还可以借助于 EViews 中的 System 命令，可以直接对上述宏观经济模型中的所有随机方程同时进行估计，其步骤如下：

(1)创建系统：在主菜单上点击"Objects→New Object"，并在弹出的对象列表框中选择 System(系统)；然后在打开的系统窗口输入结构式模型的所有随机方程：

$$CT = C(1) + C(2) * YT + C(3) * CT(-1)$$
$$IT = C(4) + C(5) * YT$$
$$INST \quad CT(-1) \quad GT$$

注：由于是估计所有随机方程，工具变量合起来就是所有的先决变量(当然常数项除外)。

(2)估计模型：在系统窗口点击"Estimate"按钮，在弹出的估计方法选择窗口(图 7.1.1)中，选择 Two-Stage-Least Squares 方法后，点击"确定"，则输出估计结果如表 7.1.7 所示。

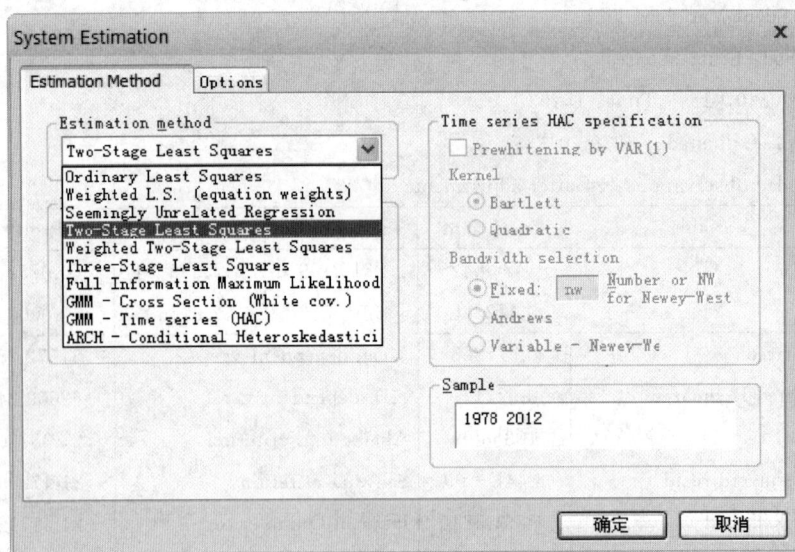

图 7.1.1 估计方法选择窗口

表 7.1.7 System 命令下 2SLS 法的估计结果

	Coefficient	Std. Error	t-Statistic	Prob.
C(1)	1 174.645	536.9421	2.187656	0.0324
C(2)	0.118769	0.032500	3.654495	0.0005
C(3)	0.758689	0.105623	7.183006	0.0000
C(4)	-4 259.425	1107.873	-3.844686	0.0003
C(5)	0.472386	0.006009	78.61128	0.0000

Determinant residual covariance	5.45E+13

Equation:CT=C(1)+C(2) * YT+C(3) * CT(-1)

Instruments:CT(-1) GT C

Observations:34

R-squared	0.999032	Mean dependent var	45593.83
Adjusted R-squared	0.998969	S.D. dependent var	50616.91
S.E. of regression	1625.047	Sum squared resid	81864112
Durbin-Watson stat	1.837676		

Equation:IT=C(4)+C(5) * YT

Instruments:CT(-1) GT C

Observations:34

R-squared	0.994936	Mean dependent var	51 572.78
Adjusted R-squared	0.994778	S.D. dependent var	68 609.23
S.E. of regression	4 957.867	Sum squared resid	7.87E+08
Durbin-Watson stat	0.233641		

可以看到,表 7.1.7 的估计结果与上面的结果是完全相同的。

三、三阶段最小二乘法(3SLS)的使用

在 EViews 中,可以采用 System 命令实现 3SLS 法,以同时估计模型中的随机方程,其步骤与 2SLS 法相同,只是在图 7.1.1 的窗口选择估计方法时,要选择 Three-Stage-Least Squares。

表 7.1.8 给出了 3SLS 法估计的结果。

表 7.1.8　3SLS 法的估计结果

	Coefficient	Std. Error	t-Statistic	Prob.
C(1)	1 103.656	509.8103	2.164837	0.0342
C(2)	0.112947	0.030710	3.677865	0.0005
C(3)	0.777646	0.099803	7.791814	0.0000
C(4)	−4 259.425	1 074.795	−3.963012	0.0002
C(5)	0.472386	0.005830	81.03065	0.0000

Determinant residual covariance	5.61E+13

Equation：CT＝C(1)＋C(2)＊YT＋C(3)＊CT(−1)

Instruments：CT(−1) GT C

Observations：34

R-squared	0.999014	Mean dependent var	45593.83
Adjusted R-squared	0.998950	S.D. dependent var	50616.91
S.E. of regression	1640.149	Sum squared resid	83392704
Durbin-Watson stat	1.887069		

Equation：IT＝C(4)＋C(5)＊YT

Instruments：CT(−1) GT C

Observations：34

R-squared	0.994936	Mean dependent var	51 572.78
Adjusted R-squared	0.994778	S.D. dependent var	68 609.23
S.E. of regression	4 957.867	Sum squared resid	7.87E+08
Durbin-Watson stat	0.233641		

第二节　用 R 软件估计联立方程模型

一、工具变量法(IV)的使用

将例 7.1.1 的数据以 EXCEL 的 CSV 文件保存,文件名字为"中国宏观经济数据.csv",变量名分别为 Y、I、C、G。下面在 R 软件中用工具变量法估计模型(7.1.1)的消费方程,代码如下:

```
a＝read.csv("中国宏观经济数据.csv")
attach(a)
library(AER)
EQ1IV＝－ivreg(C[－1]～Y[－1]＋C[－35]|G[－1]＋C[－35])
summary(EQ1IV)
```

估计结果如下:

Call:

```
ivreg(formula＝C[－1]～Y[－1]＋C[－35] | G[－1]＋C[－35])
```

Residuals:

Min	1Q	Median	3Q	Max
－3 736.9	－862.6	－341.7	384.4	4 857.3

Coefficients:

	Estimate	Std. Error	t value	Pr($>$|t|)
(Intercept)	1174.6446	536.9421	2.188	0.036359 *
Y[－1]	0.1188	0.0325	3.654	0.000945 ***
C[－35]	0.7587	0.1056	7.183	4.47e－08 ***

Signif. codes:0 ' *** ' 0.001 ' ** ' 0.01 ' * ' 0.05 '.'0.1 ' ' 1

Residual standard error:1625 on 31 degrees of freedom

Multiple R-Squared:0.999, Adjusted R-squared:0.999

Wald test:1.598e＋04 on 2 and 31 DF, p-value:$<$ 2.2e－16

二、间接最小二乘法(ILS)的使用

下面按间接最小二乘法估计模型(7.1.1)的消费方程,代码如下:

```
EQ1ILS＝ivreg(C[－1]～Y[－1]＋C[－35]|C[－35]＋G[－1])
                            ♯按等价的工具变量形式实现
summary(EQ1ILS)
```

运行结果为:

Call:

```
ivreg(formula＝C[－1]～Y[－1]＋C[－35] | C[－35]＋G[－1])
```

Residuals：

Min	1Q	Median	3Q	Max
−3 736.9	−862.6	−341.7	384.4	4 857.3

Coefficients：

	Estimate	Std. Error	t value	Pr(>|t|)
(Intercept)	1 174.6446	536.9421	2.188	0.036359 *
Y[−1]	0.1188	0.0325	3.654	0.000945 ***
C[−35]	0.7587	0.1056	7.183	4.47e−08 ***

Signif. codes：0 ' *** ' 0.001 ' ** ' 0.01 ' * ' 0.05 '.'0.1 ' ' 1

Residual standard error：1625 on 31 degrees of freedom

Multiple R-Squared：0.999，   Adjusted R-squared：0.999

Wald test：1.598e+04 on 2 and 31 DF， p-value：< 2.2e−16

可见此结果与上面工具变量法的结果是完全一样的。

三、二阶段和三阶段最小二乘法的使用

在 R 软件中,扩展的程序包 systemfit 是专门用来求解联立方程模型的,该包中的函数 systemfit( )可用于实现 2SLS 法和 3SLS 法,其使用格式如下：

    systemfit(formula, method="OLS", inst=NULL , …)

其中参数 formula 为联立方程模型中随机方程的公式(注意,多个方程要以列表的形式输入)；method 为方法参数,默认为"OLS",,其他可选项分别为"WLS"，"SUR"，"2SLS"，"W2SLS"，"3SLS"；inst 为工具变量参数,这里实际上也是所有的先决变量(常数项除外),要注意的输入工具变量时要在"="后面加上"~",工具变量与工具变量之间以"+"号隔开；对于 systemfit( )函数中的其他参数,请读者参见该函数的帮助。

用 2SLS 法估计模型(7.1.1),代码如下：

library(systemfit)

system.2SLS=systemfit(list(C[−1]~Y[−1]+C[−35],I[−1]~Y[−1]),method="2SLS",inst=~C[−35]+G[−1])

summary(system.2SLS)

运行结果为：

systemfit results

method：2SLS

	N	DF	SSR	detRCov	OLS-R2	McElroy-R2
system	68	63	868 438 301	6.35639e+13	0.99638	0.998545

	N	DF	SSR	MSE	RMSE	R2	Adj R2
eq1	34	31	81 864 116	2 640 778	1 625.05	0.999032	0.998969
eq2	34	32	786 574 185	24 580 443	4 957.87	0.994936	0.994778

The covariance matrix of the residuals

	eq1	eq2
eq1	2 640 778	−1 160 877
eq2	−1 160 877	24 580 443

The correlations of the residuals

	eq1	eq2
eq1	1.000000	−0.144087
eq2	−0.144087	1.000000

2SLS estimates for 'eq1' (equation 1)

Model Formula: $C[-1] \sim Y[-1] + C[-35]$ Instruments: $\sim C[-35] + G[-1]$

	Estimate	Std. Error	t value	Pr(>|t|)
(Intercept)	1.17464e+03	5.36942e+02	2.18766	0.03635914*
Y[−1]	1.18769e−01	3.24995e−02	3.65450	0.00094451***
C[−35]	7.58689e−01	1.05623e−01	7.18301	4.4731e−08***

Signif. codes: 0 ' *** ' 0.001 ' ** ' 0.01 ' * ' 0.05 '.'0.1 ' ' 1

Residual standard error: 1625.047053 on 31 degrees of freedom

Number of observations: 34 Degrees of Freedom: 31

SSR: 81864115.650593 MSE: 2640777.924213 Root MSE: 1625.047053

Multiple R-Squared: 0.999032 Adjusted R-Squared: 0.998969

2SLS estimates for 'eq2' (equation 2)

Model Formula: $I[-1] \sim Y[-1]$ Instruments: $\sim C[-35] + G[-1]$

	Estimate	Std. Error	t value	Pr($>$|t|)
(Intercept)	$-4.25942e+03$	$1.10787e+03$	-3.84469	0.00054071 ***
Y[-1]	$4.72386e-01$	$6.00913e-03$	78.61128	$< 2.22e-16$ ***

Signif. codes:0 ' *** ' 0.001 ' ** ' 0.01 ' * ' 0.05 '.' 0.1 ' ' 1

Residual standard error:4957.866808 on 32 degrees of freedom

Number of observations:34 Degrees of Freedom:32

SSR:786574185.20239 MSE:24580443.287575 Root MSE:4957.866808

Multiple R-Squared:0.994936 Adjusted R-Squared:0.994778

用 3SLS 法估计模型(7.1.1),代码如下:

system.3SLS=systemfit(list(C[-1]~Y[-1]+C[-35],I[-1]~Y[-1]),method="3SLS",inst=~C[-35]+G[-1])

summary(system.3SLS)

运行结果为:

systemfit results

method:3SLS

	N	DF	SSR	detRCov	OLS$-$R2	McElroy$-$R2	
system	68	63	869995224	$6.53477e+13$	0.996373	0.998475	
	N	DF	SSR	MSE	RMSE	R2	Adj R2
eq1	34	31	83 421 039	2 691 001	1 640.43	0.999013	0.998950
eq2	34	32	786 574 185	24 580 443	4 957.87	0.994936	0.994778

The covariance matrix of the residuals used for estimation

	eq1	eq2
eq1	2 640 778	-1 160 877
eq2	-1 160 877	24 580 443

The covariance matrix of the residuals

	eq1	eq2
eq1	2 691 001	-893 459
eq2	-893 459	24 580 443

The correlations of the residuals

	eq1	eq2
eq1	1.000000	−0.109856
eq2	−0.109856	1.000000

3SLS estimates for 'eq1' (equation 1)

Model Formula:C[−1]~Y[−1]+C[−35]   Instruments:~C[−35]+G[−1]

	Estimate	Std. Error	t value	Pr(>|t|)
(Intercept)	1.10252e+03	5.33909e+02	2.06500	0.047373 *
Y[−1]	1.12854e−01	3.21616e−02	3.50896	0.001399 **
C[−35]	7.77949e−01	1.04521e−01	7.44302	2.2e−08 ***

Signif. codes:0 ' *** ' 0.001 ' ** ' 0.01 ' * ' 0.05 '.'0.1 ' ' 1

Residual standard error:1640.427157 on 31 degrees of freedom

Number of observations:34 Degrees of Freedom:31

SSR:83421039.011346 MSE:2691001.258431 Root MSE:1640.427157

Multiple R-Squared:0.999013 Adjusted R-Squared:0.99895

3SLS estimates for 'eq2' (equation 2)

Model Formula:I[−1]~Y[−1]   Instruments:~C[−35]+G[−1]

	Estimate	Std. Error	t value	Pr(>|t|)
(Intercept)	−4.25942e+03	1.10787e+03	−3.84469	0.00054071 ***
Y[−1]	4.72386e−01	6.00913e−03	78.61128	< 2.22e−16 ***

Signif. codes:0 ' *** ' 0.001 ' ** ' 0.01 ' * ' 0.05 '.' 0.1 ' ' 1

Residual standard error:4957.866808 on 32 degrees of freedom

Number of observations:34 Degrees of Freedom:32

SSR:786574185.20239 MSE:24580443.287575 Root MSE:4957.866808

Multiple R-Squared:0.994936 Adjusted R-Squared:0.994778

第八章 时间序列分析模型的估计

第一节 时间序列的平稳性检验

以下面的例子来说明如何使用 EViews 或 R 软件来检验时间序列的平稳性。

例 8.1.1 表 8.1.1 给出了西藏 1981—2012 年的地区生产总值(单位:亿元),试检验该时间序列数据的平稳性。

表 8.1.1 西藏 1981—2012 年的地区生产总值

年份	GDP	年份	GDP
1981	10.4	1997	77.24
1982	10.21	1998	91.5
1983	10.29	1999	105.98
1984	13.68	2000	117.8
1985	17.76	2001	139.16
1986	16.93	2002	162.04
1987	17.71	2003	185.09
1988	20.25	2004	220.34
1989	21.86	2005	248.8
1990	27.7	2006	290.76
1991	30.53	2007	341.43
1992	33.29	2008	394.85
1993	37.42	2009	441.36
1994	45.99	2010	507.46
1995	56.11	2011	605.83
1996	64.98	2012	701.03

数据来源:《西藏统计年鉴(2013)》

一、用 EViews 检验时间序列的平稳性

(一)平稳性的图示判断

给出一个随机时间序列,首先可通过该序列的时间路径图来粗略地判断它是否是平稳的。平稳时间序列在图形上往往表现出种围绕其均值不断波动的过程;而非平稳时间序列则往往表现出在不同的时间段具有不同的均值(如持续上升或持续下降)。

对于例 8.1.1,将数据导入 EViews 中(变量名 gdp)后,在命令窗口输入:

plot　gdp

运行做出图 8.1.1。

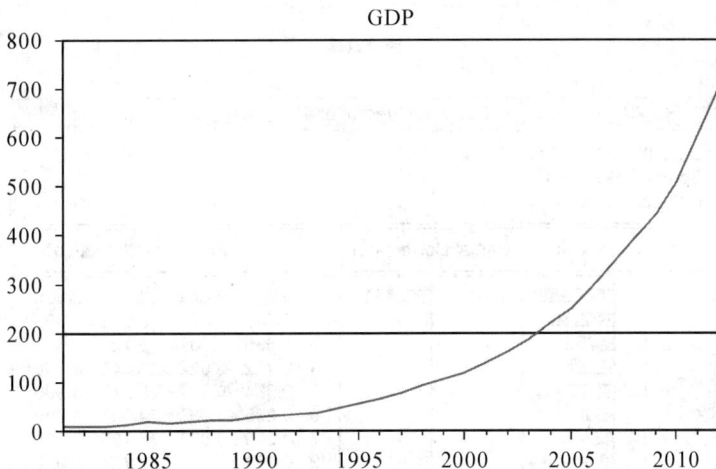

图 8.1.1　西藏 1981—2012 年 GDP 的时序图

从图 8.1.1 上看,西藏 GDP 的时间序列呈持续上升的过程,即在不同的时间段上,其均值是不同的,因此,可初步判断是非平稳的。

当数据的平稳性不是十分明显时,通过原序列的时序图判断的结果往往不是很可靠,这时可借助于样本的自相关系数函数(Autowaelation function, ACF)及其图形来进一步判断。

在 EViews 的工作文件(Workfile)中找到相应的序列(本例中为 GDP),双击该序列,在出现的表列中点击 View→correlogram,出现如图 8.1.2 所示的对话框,在该对话框的 correlogram of 项中选择 level(默认项,表示对原序列求自相关系数,另外两项分别表示对一阶差分序列和二阶差分序列求自相关系数),在

Lags to include 项中设置滞后期长度，点击 OK，即可出现图 8.1.3 所示的结果。

通过图 8.1.3 可以看到，西藏 GDP 的样本自相关系数缓慢下降，再次说明该序列是非平稳的。

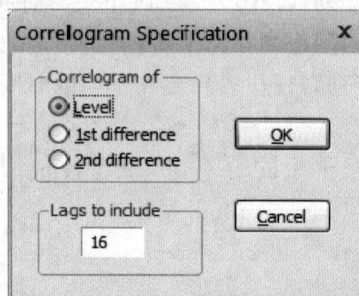

图 8.1.2

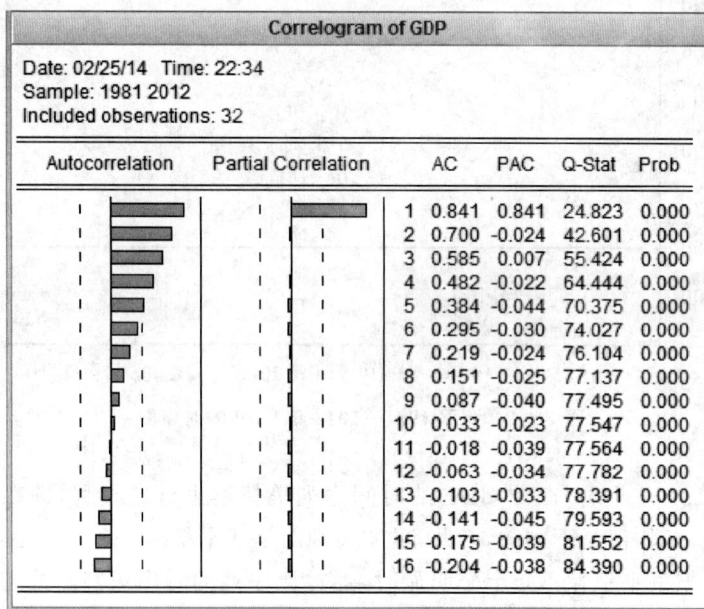

图 8.1.3 西藏 GDP 时间序列样本自相关系数图

(二)平稳性的单位根检验

对时间序列的平稳性除了通过图形直观判断外，运用统计量进行统计检验则是更为准确与重要的。单位根检验（unit root test）是统计检验中普遍应用的一种检验力法。

1.检验原理

(1)DF 检验(Dickey-Fuller Test)

DF 检验按以下两步进行:

第一步:按 OLS 法估计下列模型:

$$\Delta X_t = \delta X_{t-1} + u_t \tag{8.1.1}$$

得到常规 t_δ 统计量值。这里 X 为待检验的时间序列。

第二步:检验假设

$$H_0 : \delta = 0 \qquad VS \qquad H_1 : \delta < 0$$

用上一步得到的 t_δ 值与 DF 检验的 τ 临界值比较。判别准则是,若 $t_\delta < \tau$,则拒绝原假设 H_0,认为 X 为平稳序列,否则不拒绝 H_0,认为 X 为非平稳序列。

迪克和福勒注意到 τ 临界值依赖于回归方程的类型,因此他们同时还编制了与另外两种类型方程中相对应的 τ 统计表,这两类方程是:

$$\Delta X_t = \alpha + \delta X_{t-1} + u_t \tag{8.1.2}$$
$$\Delta X_t = \alpha + \beta t + \delta X_{t-1} + u_t \tag{8.1.3}$$

尽管三种方程的 τ 临界值有所不同,但有关时间序列平稳性的检验依赖的是 X_{t-1} 的系数 δ,而与 α,β 无关。

(2)ADF 检验(Augmented Dickey-Fuller Test)

为了保证 DF 检验中随机干扰项的白噪声特性,迪基和福勒对 DF 检验进行了扩充.形成了 ADF 检验(Augment Dickey-Fuller test)。ADF 检验是通过下面三个模型完成的:

模型 1:

$$\Delta X_t = \delta X_{t-1} + \sum_{i=1}^{m} \beta_i \Delta X_{t-i} + u_t \tag{8.1.4}$$

模型 2:

$$\Delta X_t = \alpha + \delta X_{t-1} + \sum_{i=1}^{m} \beta_i \Delta X_{t-i} + u_t \tag{8.1.5}$$

模型 3:

$$\Delta X_t = \alpha + \beta t + \delta X_{t-1} + \sum_{i=1}^{m} \beta_i \Delta X_{t-i} + u_t \tag{8.1.6}$$

实际检验时从模型 3 开始,然后模型 2,最后是模型 1。何时检验拒绝原

假设 $H_0: \delta = 0$，即原序列不存在单位根，为平稳序列，何时可停止检验。否则，就要继续检验，直到检验完模型 1 为止。检验原理与 DF 检验相同，只是检验临界值不同。

2.EViews 中单位根检验的操作

由于 ADF 检验是 DF 检验的扩展，EViews 提供了直接进行 ADF 检验的功能，下面结合例 8.1.1 介绍其操作步骤。

首先双击工作文件中的待检验的序列，然后在出现的表列中点击 View→Unit Root Test，则出现对话框 8.1.4，该对话框共有四个选择区：①Test type（检验方法）：包括 6 种检验方法，默认选择是 ADF 检验；②Test for unit root in（所检验的序列）：默认选择（level）是对原序列做单位根检验，另两种分别是对原序列的一阶差分序列和二阶差分序列做单位根检验；③Include in test equation（方程中包含的项目，分别对应上面三个模型）；④Lag length（滞后期长度）：Automatic selection（自动选择）项提供 7 种选择滞后期长度的标准，并且 Maximum lags 设定自动选择方法下滞后期长度不能超过的最大值；User specfied 项为强制滞后期长度为指定数（注：由于滞后期长度对检验结果有影响，因此一般选择 Automatic selection 中的一种标准来确定滞后期长度）。

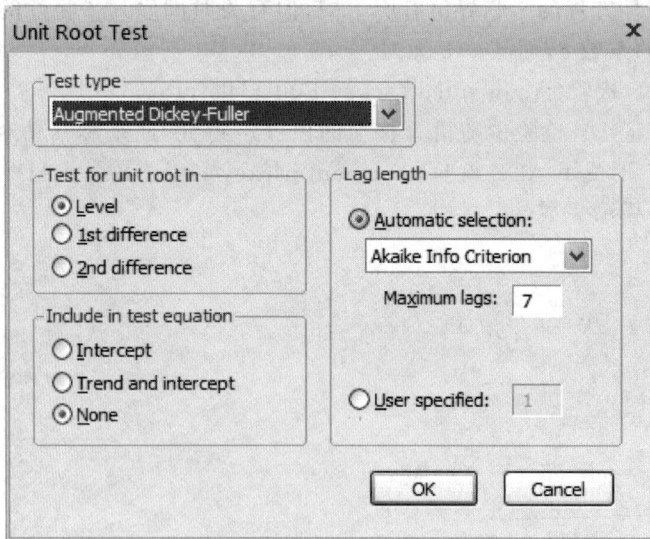

图 8.1.4　单位根检验对话框

对于例 8.1.1，在 Test type 中选择 Augmented Dickey-Fuller（默认项），在 Test for unit root in 中选择 level，在 Include in test equation 中依次选择

Trend and intercept、Intercept 和 None,在 Lag length 的 Automatic selection 中选择 Akaike Info Criterion(非默认项,为了和后面用 R 软件进行 ADF 检验的结果进行比较,故选择此项),Maximum lags 设定为 7,点击 OK,则依次出现关于按模型 3、模型 2、模型 1 所作的 ADF 检验结果见表 8.1.2~8.1.4。

表 8.1.2　按模型 3 所作的 ADF 检验结果

Null Hypothesis:GDP has a unit root

Exogenous:Constant, Linear Trend

Lag Length:3 (Automatic — based on AIC, maxlag=7)

		t-Statistic	Prob.*
Augmented Dickey-Fuller test statistic		5.890310	1.0000
Test critical values:	1% level	−4.323979	
	5% level	−3.580623	
	10% level	−3.225334	

* MacKinnon (1996) one-sided p-values.

Augmented Dickey-Fuller Test Equation

Dependent Variable:D(GDP)

Method:Least Squares

Date:02/26/14　Time:15:57

Sample (adjusted):1985 2012

Included observations:28 after adjustments

Variable	Coefficient	Std. Error	t-Statistic	Prob.
GDP(−1)	0.469059	0.079632	5.890310	0.0000
D(GDP(−1))	−0.756592	0.265709	−2.847452	0.0094
D(GDP(−2))	−1.380469	0.263867	−5.231693	0.0000
D(GDP(−3))	−0.742479	0.331258	−2.241388	0.0354
C	−4.618361	2.687286	−1.718597	0.0997
@TREND("1981")	0.491494	0.241837	2.032340	0.0544
R-squared	0.982643	Mean dependent var		24.54821
Adjusted R-squared	0.978698	S.D. dependent var		27.34931
S.E. of regression	3.991722	Akaike info criterion		5.793732
Sum squared resid	350.5445	Schwarz criterion		6.079204
Log likelihood	−75.11224	Hannan-Quinn criter.		5.881003
F-statistic	249.0930	Durbin-Watson stat		2.089952
Prob(F-statistic)	0.000000			

表 8.1.3 按模型 2 所作的 ADF 检验结果

Null Hypothesis:GDP has a unit root

Exogenous:Constant

Lag Length:3 (Automatic-based on AIC, maxlag＝7)

		t-Statistic	Prob.*
Augmented Dickey-Fuller test statistic		5.187365	1.0000
Test critical values:	1% level	−3.689194	
	5% level	−2.971853	
	10% level	−2.625121	

* MacKinnon (1996) one-sided p-values.

Augmented Dickey-Fuller Test Equation

Dependent Variable:D(GDP)

Method:Least Squares

Date:02/26/14 Time:16:01

Sample (adjusted):1985 2012

Included observations:28 after adjustments

Variable	Coefficient	Std. Error	t-Statistic	Prob.
GDP(−1)	0.415194	0.080039	5.187365	0.0000
D(GDP(−1))	−0.591993	0.269737	−2.194704	0.0385
D(GDP(−2))	−1.162166	0.256892	−4.523941	0.0002
D(GDP(−3))	−0.447601	0.317411	−1.410160	0.1719
C	0.403673	1.125690	0.358601	0.7232
R-squared	0.979384	Mean dependent var		24.54821
Adjusted R-squared	0.975798	S.D. dependent var		27.34931
S.E. of regression	4.254705	Akaike info criterion		5.894360
Sum squared resid	416.3578	Schwarz criterion		6.132254
Log likelihood	−77.52105	Hannan-Quinn criter.		5.967087
F-statistic	273.1559	Durbin-Watson stat		1.963190
Prob(F-statistic)	0.000000			

表 8.1.4　按模型 1 所作的 ADF 检验结果

Null Hypothesis：GDP has a unit root

Exogenous：None

Lag Length：2（Automatic － based on AIC，maxlag＝7）

		t-Statistic	Prob.*
Augmented Dickey-Fuller test statistic		7.918868	1.0000
Test critical values：	1% level	－2.647120	
	5% level	－1.952910	
	10% level	－1.610011	

* MacKinnon（1996）one-sided p-values.

Augmented Dickey-Fuller Test Equation

Dependent Variable：D(GDP)

Method：Least Squares

Date：02/26/14　Time：16：03

Sample（adjusted）：1984 2012

Included observations：29 after adjustments

Variable	Coefficient	Std. Error	t-Statistic	Prob.
GDP(－1)	0.318592	0.040232	7.918868	0.0000
D(GDP(－1))	－0.310753	0.176765	－1.758000	0.0905
D(GDP(－2))	－1.028401	0.233075	－4.412327	0.0002
R-squared	0.978039	Mean dependent var		23.81862
Adjusted R-squared	0.976350	S.D. dependent var		27.14236
S.E. of regression	4.174111	Akaike info criterion		5.793377
Sum squared resid	453.0033	Schwarz criterion		5.934822
Log likelihood	－81.00397	Hannan-Quinn criter.		5.837676
Durbin-Watson stat	2.358223			

　　从表 8.1.2～8.1.4 可以看到,西藏 GDP 的序列 ADF 统计量的值都明显超过了各显著性水平(1%、5%、10%)的临界值,因此不拒绝原假设(或从 p 值几乎为 1 也能看到这一点),即认为西藏 GDP 的时间序列为非平稳序列。

3.通过 ADF 检验判断序列的单整

　　单整是与时间序列的平稳性有关的一个概念,即非平稳序列经过一阶差分后的序列是平稳序列,则称该序列为一阶单整序列,记为 I(1)。一般地,如果一个时间序列经过 d 阶差分后变成平稳序列,则称原序列是 d 阶单整序列,记为 I(d)。显然,I(0)代表平稳时间序列。

　　下面通过 ADF 检验来判断西藏 GDP 的时间序列的单整性。这时只需在图 8.1.4 的对话框的 Test for unit root in 项中依次选择 1st difference 和 2st difference,其他项的选择同上面对原序列的 ADF 检验。通过对西藏 GDP 的一阶差分序列做 ADF 发现,该序列仍然是非平稳的。而对西藏 GDP 的二阶差分序列按模型 3(即(8.1.6)式)做 ADF 检验,结果如表 8.1.5。通过该表可以发现,ADF 检验的 p 值为 0.0098,因此显著拒绝非平稳的假设,即认为西藏 GDP 的二阶差分序列是平稳的,所以西藏 GDP 的时间序列是 2 阶单整的,即 GDP~I(2)。

表 8.1.5 西藏 GDP 按模型 3 所作的 ADF 检验结果

Null Hypothesis:D(GDP,2) has a unit root

Exogenous:Constant, Linear Trend

Lag Length:2 (Automatic — based on AIC, maxlag=7)

		t-Statistic	Prob.*
Augmented Dickey-Fuller test statistic		−4.350089	0.0098
Test critical values:	1% level	−4.339330	
	5% level	−3.587527	
	10% level	−3.229230	

* MacKinnon (1996) one-sided p-values.

Augmented Dickey-Fuller Test Equation

Dependent Variable:D(GDP,3)

Method:Least Squares

Date:02/26/14　Time:18:56

Sample (adjusted):1986 2012

Included observations:27 after adjustments

Variable	Coefficient	Std. Error	t-Statistic	Prob.
D(GDP(−1),2)	−2.980602	0.685182	−4.350089	0.0003
D(GDP(−1),3)	1.548805	.569520	2.719491	0.0125
D(GDP(−2),3)	0.588436	0.357157	1.647557	0.1137
C	−9.331668	3.547149	−2.630752	0.0153
@TREND("1981")	0.977306	0.239507	4.080481	0.0005
R-squared	0.742705	Mean dependent var		−0.142963
Adjusted R-squared	0.695924	S.D. dependent var		11.82191
S.E. of regression	6.518967	Akaike info criterion		6.752885
Sum squared resid	934.9326	Schwarz criterion		6.992855
Log likelihood	−86.16395	Hannan-Quinn criter.		6.824241
F-statistic	15.87621	Durbin-Watson stat		1.965811
Prob(F-statistic)	0.000003			

二、用 R 软件检验时间序列的平稳性

（一）平稳性的图示判断

将例 8.1.1 的数据以 EXCEL 的 CSV 文件保存，文件名为"西藏 1981—2012 年地区生产总值.csv"，变量名为 GDP。

1.作出序列的时序图

先用 R 软件读取数据，然后作出西藏 GDP 的时序图，代码如下：

a＝read.csv("西藏 1981—2012 年地区生产总值.csv")

attach(a)

plot(1981:2012,GDP, type＝"o",xlab＝"年份",pch＝20)　♯pch 为图例设置参数

运行结果如图 8.1.5。

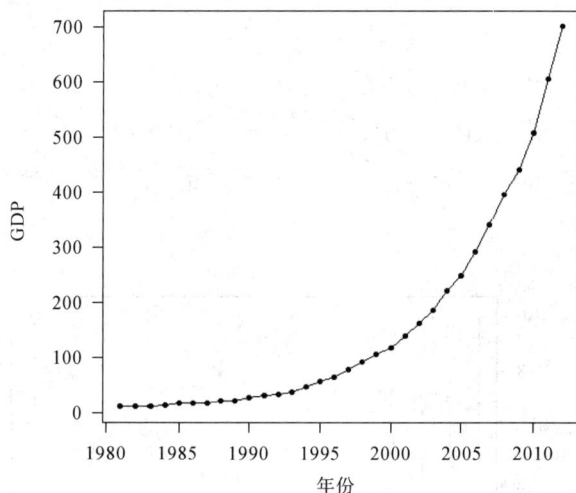

图 8.1.5　西藏 1981—2012 年 GDP 的时序图

从图 8.1.5 上看，西藏的 GDP 随着时间持续上升，因此，可初步判断该序列是非平稳的。

2.作出序列的样本自相关系数图

R 软件中 acf( )函数提供了计算序列的自相关系数和作自相关系数图的功能，其使用格式为：

acf（x, lag.max＝NULL, type＝c("correlation", "covariance", "partial"), plot＝TRUE, …)

其中 x 为待检验的序列;lag.max 为滞后期长度;type 参数用以控制输出的结果,若为"correlation"(默认项),结果输出的是样本自相关系数,若为"covariance",输出的样本的自协方差,为"partial"则输出样本的偏自相关系数;plot 用以控制是否输出自相关系数图,为 TRUE(或 T,默认项)输出图形,但不输出样本自相关系数的数值,为 FALSE(或 F)则不输出图形,但输出自相关系数的数值。

用 acf( )函数作出西藏 GDP 的样本自相关系数图并输出具体数值的代码如下:

```
acf(GDP,lag=16)                ♯作图
acf(GDP,lag=16,plot=F)      ♯输出自相关系数
```

或以 acf(GDP,lag=16)[ ]来代替上面两条代码。

运行结果为:

Autocorrelations of series 'GDP', by lag

0	1	2	3	4	5	6	7	8	9	10
1.000	0.841	0.700	0.585	0.482	0.384	0.295	0.219	0.151	0.087	0.033

11	12	13	14	15	16
−0.018	−0.063	−0.103	−0.141	−0.175	−0.204

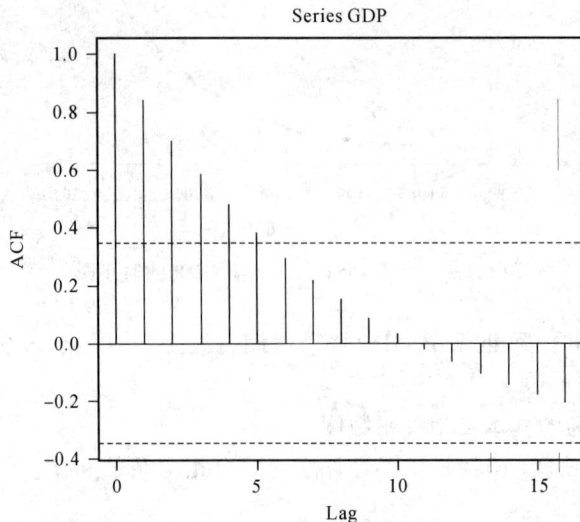

图 8.1.6 西藏 GDP 时间序列样本自相关系数图

通过图 8.1.6 可知,西藏 GDP 的样本自相关系数缓慢下降,也说明该序列是非平稳的。

（二）平稳性的单位根检验

R 软件中很多程序包都提供了 ADF 单位根检验的函数,如 urca 包的 ur.df( )、fUnitRoots 包的 urdfTest( )函数、tseries 包的 adf.test( )函数、uroot 包的 ADF.test( )函数等。下面只介绍 ur.df( )函数和 urdfTest( )函数的使用方法,其他的读者自行查阅资料。

1.ur.df( )函数的使用格式为

ur.df(y, type＝c("none", "drift", "trend"), lags＝1, selectlags＝c("Fixed", "AIC", "BIC"))

其中 y 为待检验的时间序列;type 控制 ADF 检验所依赖的模型,type＝"none"(默认项),则按模型 1(即(8.1.4)式)做 ADF 检验,type＝"drift",按模型 2(即(8.1.5)式)做 ADF 检验,type＝"trend"按模型 3(即(8.1.6)式)做 ADF 检验;lags(默认值为 1)为最大的滞后期长度,即滞后期长度不能超过 lags 的设定值;selectlags 控制滞后期长度选择依据的标准,selectlags＝"Fixed"(默认项),滞后期长度即为参数 lags 的设定值,selectlags＝"AIC",则按 AIC 值的标准选择滞后期长度,selectlags＝"BIC",则按 BIC 值的标准选择滞后期长度。

说明:在 R 软件的低版本中,ur.df( )函数没有参数 selectlags,因此不能自动选择合适的滞后期长度。要想使用此功能,最好使用 R3.0 以上的版本。

用 ur.df( )函数对西藏 GDP 的序列从模型 3 到模型 1 依次做 ADF 检验,代码如下:

```
library(urca)
adf3＝ur.df(GDP,type＝"trend",lags＝7,selectlags＝"AIC")
summary(adf3)
adf2＝ur.df(GDP,type＝"drift",lags＝7,selectlags＝"AIC")
summary(adf2)
adf1＝ur.df(GDP,lags＝7,selectlags＝"AIC")
summary(adf1)
```

运行结果如下:

```
###############################################
#        Augmented Dickey-Fuller Test Unit Root Test        #
###############################################
```

Test regression trend

Call：

lm(formula＝z.diff～z.lag.1＋1＋tt＋z.diff.lag)

Residuals：

Min	1Q	Median	3Q	Max
−7.0725	−3.0989	0.3284	2.8156	6.2077

Coefficients：

	Estimate	Std. Error	t value	Pr(>|t|)	
(Intercept)	−8.43742	5.01449	−1.683	0.109716	
z.lag.1	0.49222	0.08788	5.601	2.58e−05	***
tt	0.77990	0.39864	1.956	0.066118	
z.diff.lag1	−0.82634	0.29119	−2.838	0.010914	*
z.diff.lag2	−1.49363	0.30134	−4.957	0.000102	***
z.diff.lag3	−0.85871	0.37760	−2.274	0.035434	*

Signif. codes：0 ‘ *** ’ 0.001 ‘ ** ’ 0.01 ‘ * ’ 0.05 ‘.’ 0.1 ‘ ’ 1

Residual standard error：4.232 on 18 degrees of freedom

Multiple R-squared：0.9818， Adjusted R-squared：0.9768

F-statistic：194.4 on 5 and 18 DF， p-value：5.225e−15

Value of test-statistic is：5.6012 10.4974 15.7402

Critical values for test statistics：

	1pct	5pct	10pct
tau3	−4.15	−3.50	−3.18
phi2	7.02	5.13	4.31
phi3	9.31	6.73	5.61

```
＃＃＃＃＃＃＃＃＃＃＃＃＃＃＃＃＃＃＃＃＃＃＃＃＃＃＃＃＃＃＃＃＃
＃       Augmented Dickey-Fuller Test Unit Root Test       ＃
＃＃＃＃＃＃＃＃＃＃＃＃＃＃＃＃＃＃＃＃＃＃＃＃＃＃＃＃＃＃＃＃＃
```

Test regression drift

Call：

lm(formula＝z.diff～z.lag.1＋1＋z.diff.lag)

Residuals：

Min	1Q	Median	3Q	Max
-8.1490	-3.0032	-0.1937	2.9497	7.5802

Coefficients：

	Estimate	Std. Error	t value	$Pr(>|t|)$
(Intercept)	1.03757	1.39310	0.745	0.46551
z.lag.1	0.42298	0.08621	4.906	9.81e$-$05 ***
z.diff.lag1	-0.61365	0.28954	-2.119	0.04745 *
z.diff.lag2	-1.20907	0.28287	-4.274	0.00041 ***
z.diff.lag3	-0.46111	0.34110	-1.352	0.19231

Signif. codes：0 ‘ *** ’ 0.001 ‘ ** ’ 0.01 ‘ * ’ 0.05 ‘.’ 0.1 ‘ ’ 1

Residual standard error：4.536 on 19 degrees of freedom

Multiple R-squared：0.978，　　Adjusted R-squared：0.9733

F-statistic：210.7 on 4 and 19 DF，　p-value：1.881e$-$15

Value of test-statistic is：4.9062 12.0406

Critical values for test statistics：

	1pct	5pct	10pct
tau2	-3.58	-2.93	-2.60
phi1	7.06	4.86	3.94

\#

\#　　　Augmented Dickey-Fuller Test Unit Root Test　　　\#

\#

Test regression none

Call：

lm(formula＝z.diff～z.lag.1 $-$ 1＋z.diff.lag)

Residuals：

Min	1Q	Median	3Q	Max
-10.4871	-2.7278	0.7982	2.7149	7.8349

Coefficients：

	Estimate	Std. Error	t value	Pr($>$|t|)
z.lag.1	0.32346	0.04518	7.160	4.65e−07 ***
z.diff.lag1	−0.32717	0.19650	−1.665	0.110771
z.diff.lag2	−1.05083	0.26202	−4.010	0.000634 ***

Signif. codes：0 ' *** ' 0.001 ' ** ' 0.01 ' * ' 0.05 '.' 0.1 ' ' 1

Residual standard error：4.55 on 21 degrees of freedom

Multiple R-squared：0.9883，   Adjusted R-squared：0.9866

F-statistic：589.4 on 3 and 21 DF，   p-value：$<$ 2.2e−16

Value of test-statistic is：7.1596

Critical values for test statistics：

	1pct	5pct	10pct
tau1	−2.62	−1.95	−1.61

　　读者可以将这里的结果与 EViews 的结果进行比较,发现指标上略有不同,但最终的判断是一致的。事实上,造成 ur.df( )函数与 EViews 的结果不同的原因是该函数的参数 lags 的设定值与 selectlags 自动选择的滞后期长度不一致导致的,读者可以分别把 lags 的设定值改为 3,3,2(selectlags 自动选择的滞后期长度),再运行发现结果与 Eviews 便是一致的。

2.urdfTest（ ）函数的使用格式为

urdfTest(x, lags=1, type=c("nc", "c", "ct"), doplot=TRUE)

　　其中 x 为待检验的时间序列;lags(默认值为 1)为滞后期长度;type 控制 ADF 检验所依赖的模型,type="nc"(默认项),则按模型 1(即(8.1.4)式)做 ADF 检验,type="c",按模型 2(即(8.1.5)式)做 ADF 检验,type="ct"按模型 3(即(8.1.6)式)做 ADF 检验;doplot 控制是否作出相应模型的残差图、残差自相关图等,doplot=TRUE(默认值,也可为 T),作图,doplot=FALSE(或F)则不作图。

　　说明:在 urdfTest( )函数没有参数 selectlags,因此不能自动选择合适的滞后期长度。但可以利用上面 ur.df( )函数选择的滞后期长度来设定参数 lags 的值。

　　下面用 urdfTest（ ）函数对西藏 GDP 的序列只按模型 3 做 ADF 检验,代码如下:

library(fUnitRoots)

urdfTest(GDP，lags＝3，type＝"ct"，doplot＝TRUE) ♯注意：这时不需要 summary( )函数便能直接输出结果

运行结果如下：

Title：

Augmented Dickey-Fuller Unit Root Test

Test Results：

Test regression trend

Call：

lm(formula＝z.diff～z.lag.1＋1＋tt＋z.diff.lag)

Residuals：

Min	1Q	Median	3Q	Max
−6.592	−2.542	0.570	2.476	6.630

Coefficients：

	Estimate	Std. Error	t value	Pr($>$|t|)
(Intercept)	−4.61836	2.68729	−1.719	0.09973
z.lag.1	0.46906	0.07963	5.890	6.30e−06 ***
tt0.49149	0.24184	2.032	0.05436	
z.diff.lag1	−0.75659	0.26571	−2.847	0.00937 **
z.diff.lag2	−1.38047	0.26387	−5.232	3.01e−05 ***
z.diff.lag3	−0.74248	0.33126	−2.241	0.03542 *

Signif. codes：0 ' *** ' 0.001 ' ** ' 0.01 ' * ' 0.05 '.' 0.1 ' ' 1

Residual standard error：3.992 on 22 degrees of freedom

Multiple R-squared：0.9826， **Adjusted R-squared**：0.9787

F-statistic：249.1 on 5 and 22 DF， **p-value**：$<$ 2.2e−16

Value of test-statistic is：5.8903 11.5726 17.3508

Critical values for test statistics：

	1pct	5pct	10pct
tau3	−4.15	−3.50	−3.18
phi2	7.02	5.13	4.31
phi3	9.31	6.73	5.61

Residuals

Autocorrelations of Residuals　**Partial Autocorrelations of Residua**

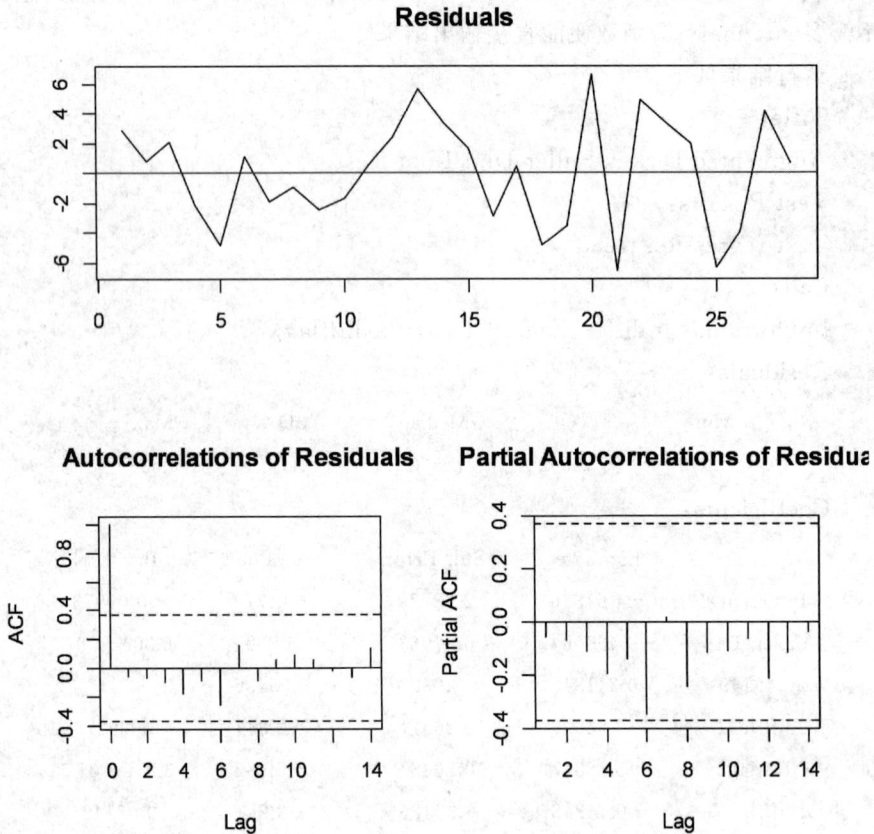

图 8.1.7　用 urdfTest( )函数按模型 3 做 ADF 检验的残差相关图

图 8.1.7 的第一幅图为模型 3 的残差序列图,第二幅图为模型 3 的残差自相关系数图,第三幅图为模型 3 的残差偏自相关系数图。

3.通过 ADF 检验判断序列的单整

下面用 ur.df( )函数来判断西藏 GDP 序列的单整性。首先对 GDP 的一阶差分序列做 ADF 检验,代码如下:

DGDP=diff(GDP)　　　　♯ diff( )函数的作用是求差分序列,其参数 differences(默认值为 1),控制差分的阶数

dadf3=ur.df(DGDP,type="trend",lags=7,selectlags="AIC")

summary(dadf3)

dadf2=ur.df(DGDP,type="drift",lags=7,selectlags="AIC")

summary(dadf2)

dadf1＝ur.df(DGDP,lags＝7,selectlags＝"AIC")

summary(dadf1)

这里将运行结果省去(为节省篇幅),读者自行运行,可以从结果中发现西藏 GDP 的一阶差分序列仍是非平稳的,因此下面对该序列的二阶差分序列做 ADF 检验(下面只按模型 3 进行),代码如下:

D2GDP＝diff(GDP,differences＝2)

d2adf3＝ur.df(D2GDP,type＝"trend",lags＝7,selectlags＝"AIC")

summary(d2adf3)

```
###############################################
#        Augmented Dickey-Fuller Test Unit Root Test        #
###############################################
```

Test regression trend

Call:

lm(formula＝z.diff～z.lag.1＋1＋tt＋z.diff.lag)

Residuals:

Min	1Q	Median	3Q	Max
−15.102	−3.548	1.646	3.117	12.571

Coefficients:

	Estimate	Std. Error	t value	Pr($>$|t|)
(Intercept)	−14.0189	4.9552	−2.829	0.011573 *
z.lag.1	−3.4534	0.7615	−4.535	0.000293 ***
tt	1.3679	0.3272	4.181	0.000627 ***
z.diff.lag1	1.9328	0.6346	3.046	0.007307 **
z.diff.lag2	0.8012	0.3932	2.037	0.057479

Signif. codes:0 ' *** ' 0.001 ' ** ' 0.01 ' * ' 0.05 '.' 0.1 ' ' 1

Residual standard error:6.689 on 17 degrees of freedom

Multiple R-squared:0.7842, 　Adjusted R-squared:0.7334

F-statistic:15.44 on 4 and 17 DF, 　p-value:1.676e−05

Value of test-statistic is:−4.5349 7.8822 11.2906

Critical values for test statistics:

	1pct	5pct	10pct
tau3	−4.15	−3.50	−3.18
phi2	7.02	5.13	4.31
phi3	9.31	6.73	5.61

从该结果中可以看到 ADF 检验统计量为−4.5349,明显小于各给定的检验临界值,因此可以拒绝非平稳的原假设,认为西藏 GDP 的二阶差分序列是平稳的,即西藏 GDP 的序列是二阶单整 I(2)。

第二节　平稳时间序列模型的识别、估计与预测

一、平稳时间序列模型介绍

本节将涉及 AR(p)、MA(q)、ARMA(p，q)、ARIMA(p,d，q)几种时间序列模型。为方便,下面对这些模型做一个简单介绍。

（一）AR(p)模型

也称为自回归模型。其具体数学形式为:

$$X_t = \varphi_1 X_{t-1} + \varphi_2 X_{t-2} + \cdots + \varphi_p X_{t-p} + \varepsilon_t \tag{8.2.1}$$

式中:p 为自回归模型的阶数 φ_i ($i=1,2,\cdots,p$)为模型的待定系数,ε_t 为误差,X_t 为一个平稳时间序列。

若 ε_t 为一个白噪声,也称(8.2.1)式为一个纯 AR(p)过程。

（二）MA(q)模型

也称为移动(或滑动)平均模型,其具体数学形式为

$$X_t = \varepsilon_t - \theta_1 \varepsilon_{t-1} - \theta_2 \varepsilon_{t-2} - \cdots - \theta_q \varepsilon_{t-q} \tag{8.2.2}$$

式中:q 为模型的阶数;θ_j ($j=1,2,\cdots,q$)为模型的待定系数;ε_t 为误差;X_t 为平稳时间序列。

若 ε_t 序列为一个白噪声序列,也称(8.2.2)式为一个纯 MA(q)过程。

（三）ARMA(p，q)模型

也称自回归移动平均模型,自回归模型和滑动平均模型的组合,便构成了用于描述平稳随机过程的自回归滑动平均模型 ARMA,数学公式为:

$$X_t = \varphi_1 X_{t-1} + \varphi_2 X_{t-2} + \cdots + \varphi_p X_{t-p} + \varepsilon_t - \theta_1 \varepsilon_{t-1} - \theta_2 \varepsilon_{t-2} - \cdots - \theta_q \varepsilon_{t-q}$$

$$(8.2.3)$$

式中:p,q 为模型的阶数;φ_i,θ_j $(i=1,2,\cdots,p;j=1,2,\cdots,q)$为模型的待定系数;$\varepsilon_t$ 为误差;X_t 为平稳时间序列。

若 ε_t 序列为一个白噪声序列,也称(8.2.3)式为一个纯 ARMA(p,q)过程。

显然,一个 AR(p) 模型可以看成是 ARMA$(p,0)$模型,一个 MA(q)模型可以看成是一个 ARMA$(0,q)$。

（四）ARIMA(p,d,q)模型

若一个非平稳的时间序列 X_t 的 d 阶差分序列是一个平稳时间序列,即该差分序列可以用一个平稳的 ARMA(p,q)作为它的生成模型,则成原序列 X_t 可以由一个自回归单整移动平均模型生成,记为 ARIMA(p,d,q)。

显然,一个 ARMA(p,q)模型可以看成是一个 ARIMA$(p,0,q)$模型。

说明:以上模型都不带截距项,在现实应用中,有时也在以上各模型中加上截距项。

二、平稳时间序列模型的建立

以下面的例子来说明如何使用 EViews 和 R 软件来识别并估计上述时间序列模型。

例 8.2.1 表 8.2.1 给出了中国 1978—2006 年中国实际支出法 GDP 的数据(以 X 代表该序列),试建立该序列相应的 ARMA(p,q)模型或 ARIMA(p,d,q)模型。(注:本例节选自李子奈《计量经济学》第三版)

表 8.2.1 中国 1978—2007 年支出法实际 GDP

年份	X	年份	X
1978	7 802.5	1993	29 269.1
1979	8 694.2	1994	32 056.2
1980	9 073.7	1995	34 467.5
1981	9 651.8	1996	37 331.9
1982	10 557.3	1997	39 988.5
1983	11 510.8	1998	42 713.1

续表

年份	X	年份	X
1984	13 272.8	1999	45 625.8
1985	14 966.8	2000	49 238.0
1986	16 273.7	2001	53 962.5
1987	17 716.3	2002	60 078.0
1988	18 698.7	2003	67 282.2
1989	17 847.4	2004	76 096.3
1990	19 347.8	2005	88 002.1
1991	21 830.9	2006	101 616.3
1992	25 053.0		

数据来源:《中国统计年鉴(2007)》

(一)序列的平稳性判断

用 EViews 作出中国实际 GDP 的时序图(如图 8.2.1)可以看到该序列呈持续上升的趋势,初步判断该序列是非平稳的。

进一步通过 ADF 检验也可以发现该序列确实是非平稳的(这里将 ADF 检验的结果省去,读者可以自行按上一节的方法得出该结果,下同)。且由 ADF 检验还可以发现该序列的一阶差分序列仍是非平稳,但其二阶差分序列是平稳的(见表 8.2.2),因此中国实际 GDP 是一个二阶单整序列,即为 $I(2)$。

表 8.2.2　中国实际 GDP 的二阶差分序列的 ADF 检验结果

Null Hypothesis: $D(X, 2)$ has a unit root

Exogenous: Constant

Lag Length: 0 (Automatic — based on SIC, maxlag=6)

		t-Statistic	Prob.*
Augmented Dickey-Fuller test statistic		−3.396951	0.0205
Test critical values:	1% level	−3.711457	
	5% level	−2.981038	
	10% level	−2.629906	

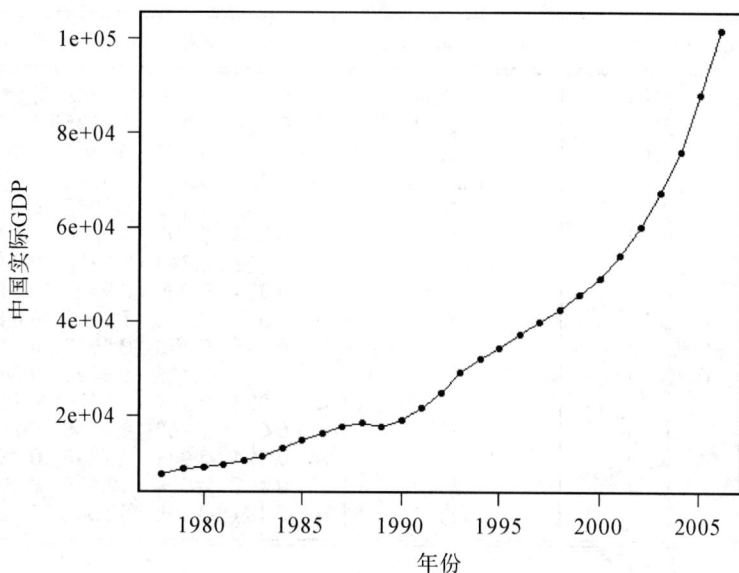

图 8.2.1　中国实际 GDP 的时序图

(二)模型的识别

由上面的分析知,中国实际 GDP 为 I(2),因此可以用一个 ARMA(p, q)模型来模拟中国实际 GDP 的二阶差分序列。为识别该模型,即得出 p, q 的取值,作出了中国实际 GDP 的二阶差分序列的样本自相关函数图和偏相关系数图(如图 8.2.2)。可以看出,样本自相关函数与偏自相关函数图形都是在滞后 1 期时迅速趋于 0,而且在 $k \geq 1$ 以后,样本自相关函数值 r_k 与偏自相关函数值 r_k^* 都落在了 95% 的置信区间 $[-0.3772, 0.3772]$ 的内部,因此在 5% 的显著性水平下不拒绝从滞后 1 期开始 $\rho_k = 0$,$\rho_k^* = 0$ 的假设。据此,可认为中国实际 GDP 的二阶差分 $\Delta^2 X$ 是一个白噪声,从而可建立 $\Delta^2 X$ 的纯 MA(0)模型,或建立 X 的 ARIMA(0,2,0)模型:

$$\Delta^2 X = \varepsilon_t$$

当然,由于在滞后 1 期时,$r_1 = r_1^* = 0.32$,接近于 5% 显著性水平下的临界值 0.37,也可考虑建立 $\Delta^2 X$ 的 ARMA(1,1)模型,或建立纯 AR(1)模型,或建立纯 MA(1)模型,还可以建立相应的原序列的 ARIMA 模型。

Autocorrelation	Partial Correlation		AC	PAC	Q-Stat	Prob
		1	0.320	0.320	3.0858	0.079
		2	0.137	0.038	3.6736	0.159
		3	0.212	0.175	5.1367	0.162
		4	-0.120	-0.273	5.6242	0.229
		5	0.045	0.178	5.6960	0.337
		6	0.094	0.003	6.0263	0.420
		7	-0.153	-0.141	6.9378	0.435
		8	-0.024	-0.005	6.9624	0.541
		9	0.078	0.135	7.2257	0.614
		10	-0.145	-0.170	8.1948	0.610
		11	-0.111	-0.118	8.8026	0.640
		12	0.024	0.134	8.8330	0.717
		13	0.023	0.156	8.8618	0.783
		14	0.121	-0.019	9.7390	0.781
		15	0.082	-0.074	10.175	0.809
		16	-0.194	-0.185	12.842	0.684

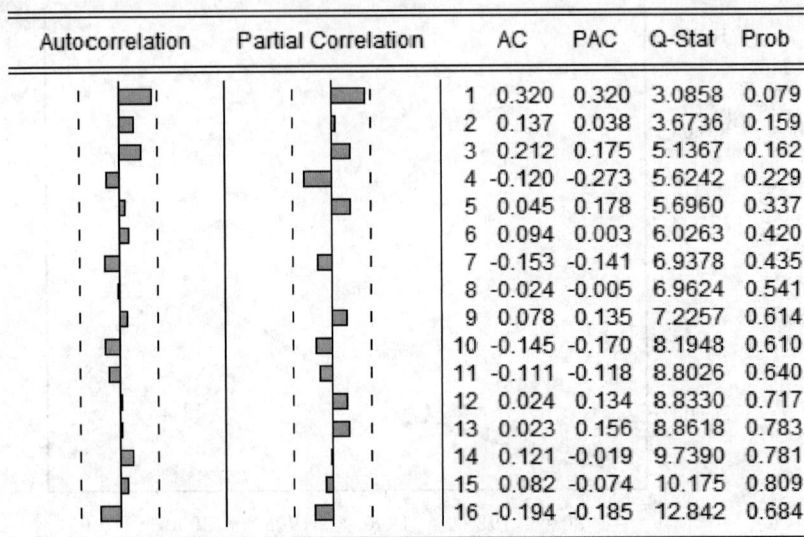

图 8.2.2　中国实际 GDP 序列的样本自相关函数图和偏自相关系数图

(三)模型的估计

1.用 EViews 估计模型

用 EViews 估计 ARMA(p, q)的方式很简单,直接在要输入的估计方程后面加上 AR 项和 MA 项即可。如 Y 为一个 ARMA(1, 1)过程,则输入的命令为

$$LS \quad Y \quad AR(1) \quad MA(1)$$

若为一个 ARMA(2, 1)过程,则命令为

$$LS \quad Y \quad AR(1) \quad AR(2) \quad MA(1)$$

注:以上命令是按最小二乘法估计的。但实际上估计 ARMA(p,q)模型的理论方法很多,比如估计 AR(p)模型很多时候用 Yule Wallker 方法,这时用 EViews 进行估计就没那么直接了。

下面按以下几种情况用 EViews 估计中国实际 GDP 的序列模型。

(1)建立 $\Delta^2 X$ 的纯 AR(1)模型

这时在 EViews 主窗口中输入命令

$$GENR \quad D2X = D(D(X))$$

注:这里 D 是 EViews 中的差分命令。

$$LS \quad D2X \quad AR(1)$$

运行结果见表 8.2.3。

表 8.2.3 中国实际 GDP 二阶差分的 AR(1)模型估计结果

Dependent Variable：D2X

Method：Least Squares

Sample（adjusted）：1981 2006

Variable	Coefficient	Std. Error	t-Statistic	Prob.
AR(1)	0.464590	0.186158	2.495682	0.0195
R-squared	0.008408	Mean dependent var		509.0269
Adjusted R-squared	0.008408	S.D. dependent var		1062.651
S.E. of regression	1058.175	Akaike info criterion		16.80418
Sum squared resid	27993335	Schwarz criterion		16.85257
Log likelihood	−217.4543	Hannan-Quinn criter.		16.81811
Durbin-Watson stat	2.101030			
Inverted AR Roots	0.46			

由表 8.2.3 得估计的模型为：

$$\Delta^2 \hat{X}_t = 0.4645 \Delta^2 X_{t-1} \tag{8.2.4}$$

$$t = (2.496)$$

$$R^2 = 0.0084, \text{D.W.} = 2.1010$$

(2)建立 $\Delta^2 X$ 的纯 MA(1)模型

这时在 EViews 主窗口中输入命令

$$\text{LS} \quad \text{D2X} \quad \text{MA}(1)$$

运行结果见表 8.2.4。

表 8.2.4 中国实际 GDP 二阶差分的 MA(1)模型估计结果

Dependent Variable：D2X

Method：Least Squares

Date：03/01/14　Time：07：25

Sample（adjusted）：1980 2006

Included observations：27 after adjustments

Convergence achieved after 7 iterations

MA Backcast：1979

续表

Variable	Coefficient	Std. Error	t-Statistic	Prob.
MA(1)	0.486053	0.171427	2.835334	0.0087
R-squared	0.011125	Mean dependent var		471.2037
Adjusted R-squared	0.011125	S.D. dependent var		1 060.388
S.E. of regression	1 054.473	Akaike info criterion		16.79580
Sum squared resid	28 909 728	Schwarz criterion		16.84380
Log likelihood	−225.7433	Hannan-Quinn criter.		16.81007
Durbin-Watson stat	2.024638			
Inverted MA Roots	−0.49			

由表 8.2.4 得估计的模型为：

$$\Delta^2 \hat{X}_t = \varepsilon_t + 0.4861\varepsilon_{t-1} \tag{8.2.5}$$

$$t = (2.835)$$

$$R^2 = 0.0111, \text{D.W.} = 2.0246$$

(3)建立 $\Delta^2 X$ 的纯 ARMA(1，1)模型

在 EViews 主窗口中输入命令

$$\text{LS} \quad \text{D2X} \quad \text{AR(1)} \quad \text{MA(1)}$$

运行结果见表 8.2.5。

表 8.2.5　中国实际 GDP 二阶差分的 ARMA(1，1)模型估计结果

Dependent Variable:D2X

Method:Least Squares

Date:03/01/14　Time:07:31

Sample (adjusted):1981 2006

Included observations:26 after adjustments

Failure to improve SSR after 7 iterations

MA Backcast:1980

Variable	Coefficient	Std. Error	t-Statistic	Prob.
AR(1)	1.139049	0.030368	37.50821	0.0000
MA(1)	−0.999624	0.137067	−7.292964	0.0000
R-squared	0.206009	Mean dependent var		509.0269

续表

Adjusted R-squared	0.172926	S.D. dependent var	1 062.651
S.E. of regression	966.4133	Akaike info criterion	16.65886
Sum squared resid	22 414 914	Schwarz criterion	16.75564
Log likelihood	−214.5652	Hannan-Quinn criter.	16.68673
Durbin-Watson stat	1.878027		
Inverted AR Roots	1.14		
	Estimated AR process is nonstationary		
Inverted MA Roots	1.00		

由表 8.2.5 得估计的模型为：

$$\Delta^2 \hat{X}_t = 1.1390\Delta^2 X_{t-1} + \varepsilon_t - 0.9996\varepsilon_{t-1} \tag{8.2.6}$$

$$t = (37.508) \qquad (-7.293)$$

$$R^2 = 0.0111, \text{D.W.} = 2.0246$$

2. 用 R 软件估计模型

在 R 软件中,很多程序包都提供了估计各种时间序列模型的函数,这些函数所依赖的理论估计方法也非常丰富。就上面的模型而言,常用的函数有 stats 包(基本程序包,不用专门安装)中的 ar( )函数(专门求解 AR(p)模型)、arima( )函数(用来求解更一般的 ARIMA(p, d, q)模型),扩展的程序包 tseries(专门用于时间序列模型的程序包)的 arma( )函数(用来解 ARMA(p, q)模型)。下面对这些函数的用法做一个简单介绍。

ar( )函数的使用格式为

ar(x, aic＝TRUE, order.max＝NULL, method＝c("yule−walker", "burg", "ols", "mle", "yw"), ...)

其中参数 x 为待估计的时间序列;参数 aic 用来控制是否以 AIC 准则自动选择合适的 p,aic＝TRUE(默认项),自动选择 p,若为 FALSE,则将下一个参数 order.max 的设定值作为 p;参数 order.max 用来控制滞后期长度的数值范围,即 p 最大不能超过该参数的设定值;参数 method 控制估计的方法,method＝"yule−walker"或"yw"(默认选择),按 Yule−Walker 方法估计模型的参数,method＝"burg",按 Burg 方法估计模型,method＝"ols",按最小二乘法估计模型,method＝"mle",则按极大似然法估计模型;该函数的其他参数请读者自行查阅在线帮助。

arma( )函数的使用格式为

arma(x, order＝c(1, 1), lag＝NULL, coef＝NULL, include.intercept ＝TRUE, ...)

其中 x 为待估计的时间序列;参数 order 给出 p,q 的数值;lag 参数以列表的形式给出 p,q 的数值,估计结果将输出一系列模型的估计,如 lag＝list(ar＝c(1,3,7),ma＝3),则将估计 ARMA(1,3)、ARMA(3,3)、ARMA(7,3)三个模型,当然给定 lag 参数的值,就不需要给定 order 参数的值;coef 参数为模型系数估计的初始值(如果有的话);include.intercept 控制模型是否带有常数项,若为 TRUE(默认项),估计的模型带有常数项,若为 FALSE,则估计的模型不含常数项;其他参数见该函数的在线帮助。

另外,关于 arma( )函数,说明两点:

①该函数是按条件最小二乘准则估计模型的;

②该函数不仅给出了模型估计的有关参数及检验指标数值,还可以借助 plot( )函数输出原序列的散点图、模型残差散点图、原序列和残差序列的自相关系数图、原序列和残差序列的偏自相关系数图,这有利于检验估计模型的合理性,以及进一步确定 p,q 的数值。

arima( )函数的使用格式为

arima(x, order＝c(0, 0, 0), seasonal＝list(order＝c(0, 0, 0), period ＝NA), …, include.mean＝TRUE,…, method＝c("CSS－ML", "ML", "CSS"),…)

其中参数 x 为待估计的时间序列;order 给出模型 ARIMA 模型的 p, d, q 设定值;seasonal 以列表的形式给出季节的设定;include.mean 控制模型是否带有常数项,若为 TRUE(默认项),估计的模型带有常数项,若为 FALSE,则估计的模型不含常数项;参数 method 控制估计的方法,method＝"CSS－ML ",先按条件最小二乘法得到参数估计的初始值,再用极大似然估计法进行估计,method＝"ML ",按极大似然估计法进行估计,method＝"CSS ",则按条件最小二乘法进行估计;其他参数见该函数的在线帮助。

下面结合中国实际 GDP 的序列来说明以上几个函数的使用。为此将例 8.2.1 的数据以 EXCEL 的 CSV 文件保存,文件名为"中国实际支出法 GDP. csv",变量名为 X,然后将该数据读入 R 软件中,代码如下:

a＝read.csv("中国实际支出法 GDP.csv")

attach(a)

(1)建立 $\Delta^2 X$ 的纯 AR(1)模型

①使用 ar( )函数进行估计

在 R 软件中输入代码如下：

D2X＝diff(X,differences＝2)

ar(D2X, order.max＝1，aic＝F)

运行结果如下：

Call：

ar(x＝D2X, aic＝F, order.max＝1)

Coefficients：

　　1

　0.3201

Order selected 1　sigma^2 estimated as　1049575

显然这里估计出来的系数为 0.3201，与 EViews 的估计结果明显不同（见表 8.2.3），这时因为 EViews 是按普通最小二乘法估计模型的，而 ar( )函数默认的方法是按 Yule-Walker 法估计模型的。若要按普通最小二乘法估计模型，代码则为：

ar(D2X, order.max＝1，aic＝F, method＝"ols"，demean＝F)　　♯ demean 参数控制模型是否带截距项

运行结果为：

Call：

ar(x＝D2X, aic＝F, order.max＝1, method＝"ols"，demean＝F)

Coefficients：

　　1

　0.4646

Order selected 1　sigma^2 estimated as　1076667

可见，该结果与 EViews 的估计结果是一致的。

②使用 arma( )函数进行估计

在 R 软件中输入代码如下：

library(tseries)

model.ar1＝arma(D2X,order＝c(1,0),include.intercept ＝F)

summary(model.ar1)　　　♯提取模型的有关信息

plot(model.ar1)　　　　　♯作出与模型相关的序列图和自相关系数图，以便考证 p,q 值选取的合理性

运行结果为：

Call：

arma(x＝D2X，order＝c(1，0)，include.intercept＝F)

Model：

ARMA(1,0)

Residuals：

Min	1Q	Median	3Q	Max
−1 890.7	−108.3	285.3	645.0	3 203.5

Coefficient(s)：

	Estimate	Std. Error	t value	Pr($>$|t|)
ar1	0.4645	0.1791	2.593	0.00951**

Signif. codes：0 ' *** ' 0.001 ' ** ' 0.01 ' * ' 0.05 '.'0.1 ' ' 1

Fit：

sigma^2 estimated as 1018333， Conditional Sum − of − Squares ＝ 27993335， AIC＝452.13

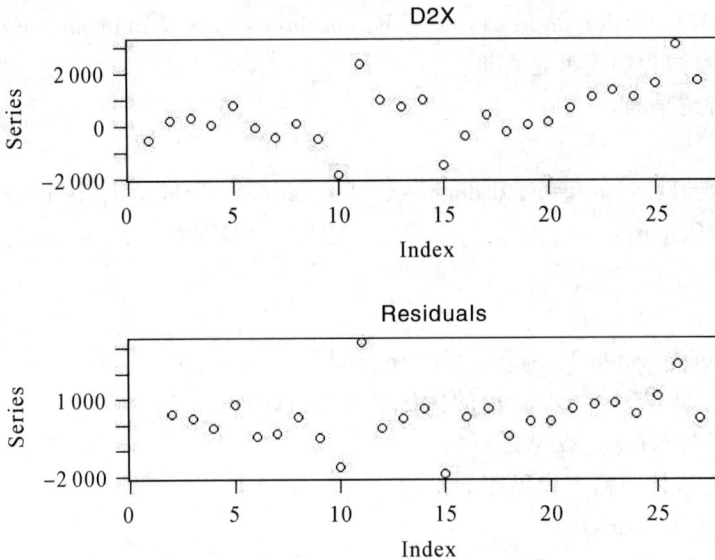

图 8.2.3 中国实际 GDP 的二阶差分序列散点图与 AR(1)模型残差的散点图

ACF of D2X

ACF of Residuals

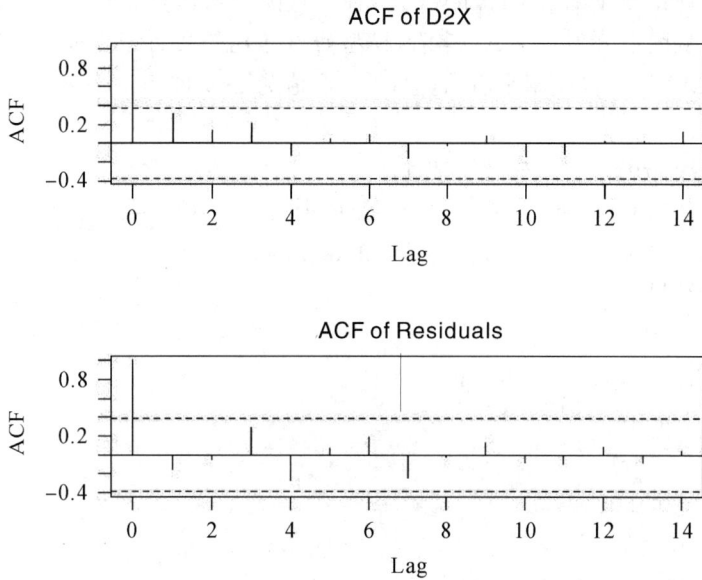

图 8.2.4　中国实际 GDP 的二阶差分与 AR(1)模型残差的自相关系数图

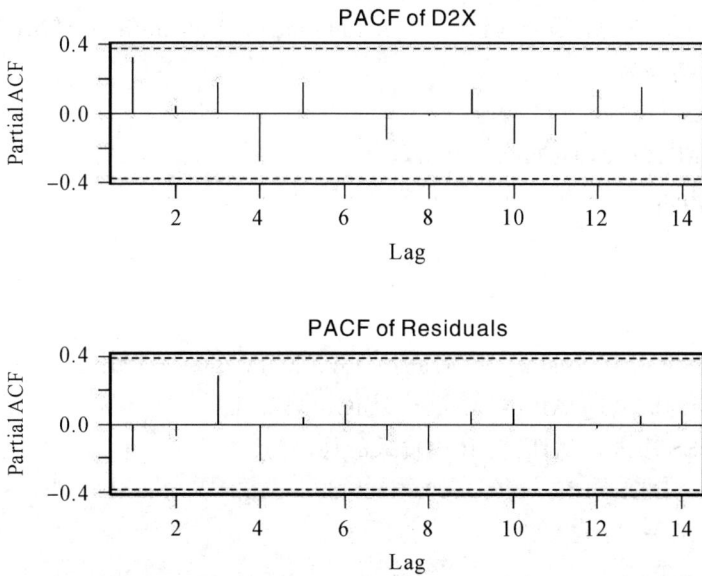

PACF of D2X

PACF of Residuals

图 8.2.5　中国实际 GDP 的二阶差分与 AR(1)模型残差的偏自相关系数图

从估计结果上看,与 EViews 是相同的(因为该函数是按 OLS 法进行估计的),并从图形 8.2.3~8.2.5 来看,模型残差还比较接近于白噪声过程,因此作为 ARMA(p, q)模型来看,这里的 p 取值为 1,q 取值 0,相对来说还是比较合理的。

③使用 arima( )函数进行估计

按默认的 CSS-ML 法进行估计,在 R 中输入的代码为:

arima(D2X,order=c(1,0,0),include.mean =F)

运行结果为:

eries:D2X

ARIMA(1,0,0) with zero mean

Coefficients:

        ar1

     0.4500

s.e. 0.1752

sigma^2 estimated as 1044794: log likelihood=−225.53

AIC=455.05 AICc=455.55 BIC=457.64

按 ML 法进行估计,在 R 中输入的代码为:

arima(D2X,order=c(1,0,0),include.mean =F,method="ML")

运行结果为:

Series:D2X

ARIMA(1,0,0) with zero mean

Coefficients:

        ar1

     0.4499

s.e. 0.1752

sigma^2 estimated as 1044796: log likelihood=−225.53

AIC=455.05 AICc=455.55 BIC=457.64

按 CSS 法进行估计,在 R 中输入的代码为:

arima(D2X,order=c(1,0,0),include.mean =F,method="CSS")

运行结果为:

Series:D2X

ARIMA(1,0,0) with zero mean

Coefficients:

ar1

0.4646

s.e.　0.1791

sigma^2 estimated as 1076667：　part log likelihood＝－225.82

(2)建立 $\Delta^2 X$ 的纯 MA(1)模型或 ARMA(1,1)模型

使用上面的 arma( )函数和 arima( )均可,输入的代码读者参考上面即可,下面只给出用 arma( )函数估计 ARMA(1,1)模型的代码和结果。代码为：

model.arma11＝arma(D2X,order＝c(1,1),include.intercept ＝F)

summary(model.arma11)

运行结果为：

Call：

arma(x＝D2X, order＝c(1, 1), include.intercept＝F)

Model：

ARMA(1,1)

Residuals：

Min	1Q	Median	3Q	Max
－2 137.4	－282.8	364.8	775.7	3 040.2

Coefficient(s)：

	Estimate	Std. Error	t value	Pr(>|t|)
ar1	1.1610	0.1280	9.069	<2e－16***
ma1	－0.8813	0.1355	－6.505	7.77e－11***

Signif. codes：0 ' *** ' 0.001 ' ** ' 0.01 ' * ' 0.05 '.'0.1 ' ' 1

Fit：

sigma^2 estimated as 966591， Conditional Sum － of － Squares ＝ 26013363， AIC＝452.72

读者可以比较这里的结果 EViews 的结果(见表 8.2.5),发现两者还是有一定差别的,原因是 EViews 采用的普通最小二乘法,而 arma( )函数是按条件最小二乘法来估计的,这导致两者结果有时一致,有时不一致。

(3)直接估计原序列 X 的 ARIMA(1,2,0)、ARIMA(0,2,1)和 ARIMA(1,2,1)模型

由上面的分析可知,中国实际 GDP 序列 X 是一个二阶单整 $I(2)$,因此对其二阶差分序列 $\Delta^2 X$ 按 ARMA(p, q) 模型估计,实际上等价于对 X 按 ARIMA(p, 2, q)模型进行估计,而且这样估计更加直接,应用起来更加方便。

估计关于原序列 X 的 ARIMA(1, 2, 0),在 R 软件中输入代码:

arima(X, order=c(1,2,0), include.mean =F)

运行得结果:

Series:X

ARIMA(1, 2, 0)

Coefficients:

   ar1

  0.4500

s.e. 0.1752

sigma^2 estimated as 1044794:   log likelihood=-225.53

AIC=455.05   AICc=455.55   BIC=457.64

由此得到估计的模型为:

$$\hat{X}_t = 0.4500 X_{t-1} \tag{8.2.7}$$
$$s = (0.1752)$$

估计关于原序列 X 的 ARIMA(0, 2, 1),在 R 软件中输入代码:

arima(X, order=c(0,2,1), include.mean =F)

运行得结果:

Series:X

ARIMA(0, 2, 1)

Coefficients:

   ma1

  0.4574

s.e. 0.2052

sigma^2 estimated as 1073454:   log likelihood=-225.89

AIC=455.79   AICc=456.29   BIC=458.38

由此得到估计的模型为:

$$\hat{X}_t = \varepsilon_t + 0.4574\varepsilon_{t-1} \tag{8.2.8}$$
$$s = (0.2052)$$

估计关于原序列 X 的 ARIMA$(1,2,1)$，在 R 软件中输入代码：

arima(X,order＝c(1,2,1),method＝"CSS",include.mean ＝F)

运行得结果：

Series：X

ARIMA$(1,2,1)$

Coefficients：

	ar1	ma1
	1.161	-0.8813
s.e.	0.128	0.1355

sigma^2 estimated as 1000514： part log likelihood＝-224.83

由此得到估计的模型为：

$$\hat{X}_t = 1.161X_{t-1} + \varepsilon_t - 0.8813\varepsilon_{t-1} \qquad (8.2.9)$$
$$s = (0.128) \qquad (0.1355)$$

三、平稳时间序列模型的预测

在 EViews 中，对于纯 ARMA(p,q) 模型的预测，和前面一般线性回归模型的预测的操作方式大致相同，读者可以参阅第二章。但要注意的是 EViews 一般预测的对象是模型中的被解释变量，因此对于那些差分序列的 ARMA(p,q) 模型，若要对原序列进行预测，需要进行转换和计算。

在 R 软件中，上面介绍的三个函数中，除了 arma( )函数外，其他两个函数都可以和一般的预测函数 predict( )相配合进行预测，其使用格式为：

predict(object, n.ahead＝1, se.fit＝TRUE, ...)

其中 object 为用 AR( )函数或 arima( )函数估计的对象；n.ahead 为趋势外推的期数（默认为 1，即预测下一期值）；se.fit 控制是否输出预测的标准误差，为 TRUE（默认值）输出，为 FALSE 则不输出；其他参数见该函数的在线帮助。

此外，predict 只能给出 AR 模型或 ARIMA 模型的点预测值，若要得到区间预测值，则可以使用 forecast 包（高版本（最好是 3.0 以上）的 R 软件才有此包）中的 forecast( )函数，其使用格式为：

forecast(object, h＝ifelse(frequency(object) ＞1, 2 ＊ frequency(object), 10) ,level＝c(80,95), ...)

其中 object 参数同上；h 设定趋势外推的期数（默认为 10），level 给出置信水平(默认为 c(80,95),即分别给出 80% 置信区间和 95% 置信区间);其他参数见该函数的在线帮助。

由于对二阶差分进行预测后,再转换到原序列的预测较为麻烦,因此考虑根据以上关于原序列 X 的 ARIMA 模型进行预测。而在建立 ARIMA(1,2,1)模型时发现一阶滞后项的系数超过 1,不合常理,故这里可以依据建立的 ARIMA(1,2,0)和 ARIMA(0,2,1)模型进行预测。下面以模型 ARIMA(1,2,0)为例进行预测,读者自行完成 ARIMA(0,2,1)模型,并作相应比较。

在 R 中输入代码:

```
ARMA=arima(X,order=c(1,2,0),include.mean =F)
predict(ARMA,n.ahead=5)
```

运行结果为:

```
$ pred
Time Series:
Start=30
End=34
Frequency=1
[1]115 999.3   130 728.2   145 612.8   160 567.5   175 553.7

$ se
Time Series:
Start=30
End=34
Frequency=1
[1]1 022.151   2 704.841   4 990.046   7 785.154   11 020.220
```

结果中 $ pred 项显示的是各期预测值, $ se 显示的是各预测值的标准差。由此得 2007—2011 年中国实际 GDP 的预测值分别为 115 999.3 亿元、130 728.2 亿元、145 612.8 亿元、160 567.5 亿元和 175 553.7 亿元。

下面采用 forecast( )函数进行预测,代码为:

```
library(forecast)
forecast(ARMA)
```

运行结果为:

	Point Forecast	Lo 80	Hi 80	Lo 95	Hi 95
30	115 999.3	114 689.3	117 309.2	113 995.9	118 002.7
31	130 728.2	127 261.8	134 194.6	125 426.8	136 029.6
32	145 612.8	139 217.8	152 007.8	135 832.5	155 393.1
33	160 567.5	150 590.4	170 544.6	145 308.9	175 826.1
34	175 553.7	161 430.7	189 676.6	153 954.4	197 152.9
35	190 554.0	171 787.8	209 320.3	161 853.5	219 254.6
36	205 560.8	181 703.7	229 417.9	169 074.5	242 047.1
37	220 570.4	191 213.1	249 927.8	175 672.2	265 468.6
38	235 581.? \m,3	200 344.4	270 818.3	181 691.1	289 471.6
39	250 592.8	209 121.2	292 064.5	187 167.4	314 018.3

由此得到 2007 年—2016 年中国实际 GDP 的点预测值及 80％和 95％置信区间。另外，还可以利用上面的结果作出相应的图形，以考查预测的效果。

在中输入代码：

$$\text{plot}(\text{forecast}(\text{ARIMA}))$$

运行得图 8.2.6。

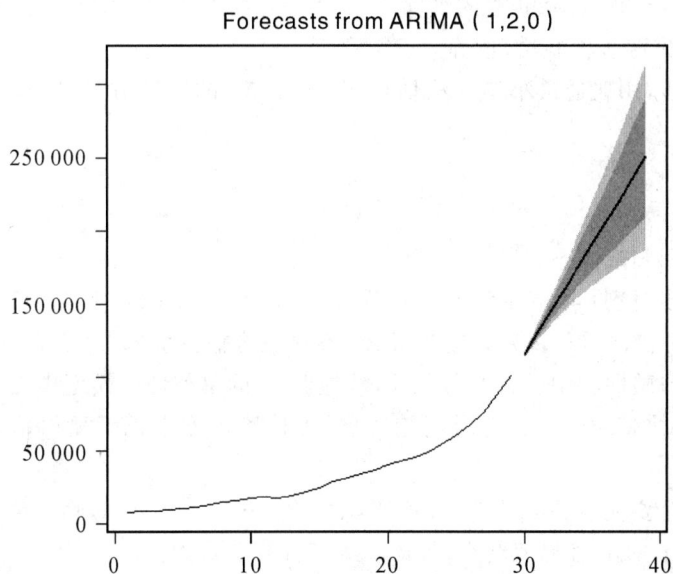

Forecasts from ARIMA（1,2,0）

图 8.2.6　ARIM(1,2,0)预测图

图中前半段为中国实际GDP的实际值(样本观测值),后半段(蓝色部分)为预测值的线图,阴影深灰色部分表示80%置信区间,浅灰色部分表示95%置信区间。

比较图中前半段与后半段,可以看出预测的效果还是比较好的。

第三节 协整检验与误差修正模型的建立

一、理论介绍

(一)协整检验的步骤

协整性的检验有两种方法,一种是基于回归残差的协整检验,这种检验也称为单一方程的协整检验;另一种是基于回归系数的完全信息的 Johansen 协整检验。这里我们仅考虑单一方程的情形,介绍变量协整关系的 EG 两步法检验。

1.两变量的 Engle-Granger 检验

在时间序列分析中,最令人关注的一种协整关系是(1, 1)阶协整。为了检验两个均呈现 1 阶单整的变量 Y_t , X_t 是否为协整,恩格尔和格兰杰于 1987 年提出两步检验法,也称为 EG 检验。

第一步,用普通最小二乘法估计 Y_t 关于 X_t 的回归方程,并计算非均衡误,得到

$$\hat{Y}_t = \hat{a}_0 + \hat{a}_0 X_t , e_t = Y_t - \hat{Y}_t$$

称为协整回归或静态回归。

第二步,检验 e_t 的单整性。如果 e_t 为稳定序列 $I(0)$,则认为 Y_t , X_t 是 (1, 1)阶协整;否则,认为变量 Y_t , X_t 不存在协整关系。

由于协整回归中已含有截距项,故检验 e_t 的单整性的模型中无须再用截距项;如果协整回归还含有时间趋势项,则检验模型中也无须再用时间趋势项。

另一个要注意的问题是,对 e_t 平稳性检验的 DF 与 ADF 临界值应该比正常的 DF 与 ADF 临界值要小,具体临界值计算公式为:

$$C_a = \varphi_\infty + \frac{\varphi_1}{T} + \frac{\varphi_2}{T^2} \qquad (8.3.1)$$

其中 α 为显著性水平,T 为样本容量,φ_∞,φ_1,φ_2 可通过查协整检验临界值表得到。

2.多变量的 Engle-Granger 检验

对于多变量的协整检验过程,基本与双变量情形相同,即需要检验变量是否具有同阶单整性,以及是否存在稳定的线性组合。后者需通过设置一个变量为被解释变量,其他变量为解释变量,进行普通最小二乘估计并检验残差序列是否平稳。如果不平稳,则需更换被解释变量,进行同样的普通最小二乘估计及相应的残差项检验。当所有的变量都被作为被解释变量检验之后,仍不能得到平稳的残差项序列,则认为这些变量间不存在(d,　d)阶协整。

同样地,检验残差项是否平稳的 DF 与 ADF 检验临界值要比通常的 DF 与 ADF 检验临界值小,具体也是由(8.3.1)式给出。

(二)误差修正模型(ECM)

格兰杰表述定理表明:如果变量 X 与 Y 是协整的,则它们间的短期非均衡关系总能由一个误差修正模型表述,即

$$\Delta Y_t = \gamma_0 + \sum_{i=0}^{K} \varphi_i \Delta X_{t-i} + \sum_{i=1}^{L} \psi_i \Delta Y_{t-i} - \lambda \, \text{ecm}_{t-1} + \varepsilon_t \tag{8.3.2}$$

其中,ecm 是非均衡误差项或者说成是长期均衡偏差项,λ 元是短期调整参数,其范围为 $0 < \lambda < 1$。

二、应用举例

例 8.3.1　表 8.3.1 中为美国 1929 年到 1994 年实际可支配收入 X 与实际消费水平 Y 统计资料,运用此数据对 X 和 Y 进行协整检验,并建立误差修正模型,

表 8.3.1　可支配收入与实际消费水平统计资料

年份	实际可支配收入 X	实际消费水平 Y	年份	实际可支配收入 X	实际消费水平 Y
1929	585.8	554.5	1962	1 414.8	1 293.3
1930	542.2	520.0	1963	1 461.1	1 341.9
1931	519.7	501.0	1964	1 562.2	1 417.2
1932	449.8	456.6	1965	1 653.5	1 497.0
1933	437.0	447.4	1966	1 734.3	1 573.8

续表

年份	实际可支配收入 X	实际消费水平 Y	年份	实际可支配收入 X	实际消费水平 Y
1934	462.0	461.1	1967	1 811.4	1 622.4
1935	505.2	487.6	1968	1 886.8	1 707.5
1936	565.9	534.4	1969	1 947.4	1 771.2
1937	585.5	554.6	1970	2 025.3	1 813.5
1938	547.6	542.2	1971	2 099.9	1 873.7
1939	590.3	568.7	1972	2 186.2	1 978.4
1940	627.2	595.2	1973	2 334.1	2 066.7
1941	713.9	629.3	1974	2 317.0	2 053.8
1942	824.7	628.7	1975	2 355.4	2 097.5
1943	863.8	647.3	1976	2 440.9	2 207.3
1944	901.8	671.2	1977	2 512.6	2 296.6
1945	890.9	714.6	1978	2 638.4	2 391.8
1946	860.0	779.1	1979	2 710.1	2 448.4
1947	826.1	793.3	1980	2 733.6	2 447.1
1948	872.9	813.0	1981	2 795.8	2 476.9
1949	874.5	831.4	1982	2 820.4	2 503.7
1950	942.5	874.3	1983	2 893.6	2 619.4
1951	978.2	894.7	1984	3 080.1	2 746.1
1952	1 009.7	923.4	1985	3 162.1	2 865.8
1953	1 053.5	962.5	1986	3 261.9	2 969.1
1954	1 071.5	987.3	1987	3 289.6	3 052.2
1955	1 130.8	1 047.0	1988	3 404.3	3 162.4
1956	1 185.2	1 078.7	1989	3 464.9	3 223.3
1957	1 214.6	1 104.4	1990	3 524.5	3 272.6
1958	1 236.0	1 122.2	1991	3 538.5	3 259.4
1959	1 284.9	1 178.9	1992	3 648.1	3 349.5
1960	1 313.0	1 210.8	1993	3 704.1	3 458.7
1961	1 356.4	1 238.4	1994	3 835.4	3 578.5

（一）X、Y 单整性的判断

检验 X、Y 具有协整关系的前提是两者是同阶单整的，为此首先对 X、Y 及其差分序列做 ADF 检验，表 8.3.2~8.3.9 给出了 X、Y 及其差分序列的检验结果。

表 8.3.2　X 的单位根检验结果（含截距项和趋势项）

			t-Statistic	Prob.*
Augmented Dickey-Fuller test statistic			−2.189975	0.4869
Test critical values：	1% level		−4.105534	
	5% level		−3.480463	
	10% level		−3.168039	

表 8.3.3　X 的单位根检验结果（只含截距项）

			t-Statistic	Prob.*
Augmented Dickey-Fuller test statistic			4.501569	1.0000
Test critical values：	1% level		−3.534868	
	5% level		−2.906923	
	10% level		−2.591006	

表 8.3.4　X 的单位根检验结果（不含截距项和趋势项）

			t-Statistic	Prob.*
Augmented Dickey-Fuller test statistic			10.63965	1.0000
Test critical values：	1% level		−2.601024	
	5% level		−1.945903	
	10% level		−1.613543	

表 8.3.5　X 的一阶差分的单位根检验结果（含截距项和趋势项）

			t-Statistic	Prob.*
Augmented Dickey-Fuller test statistic			−6.691242	0.0000
Test critical values：	1% level		−4.107947	
	5% level		−3.481595	
	10% level		−3.168695	

表 8.3.6 Y 的单位根检验结果(含截距项和趋势项)

			t-Statistic	Prob.*
Augmented Dickey-Fuller test statistic			−1.228349	0.8958
Test critical values:	1% level		−4.107947	
	5% level		−3.481595	
	10% level		−3.168695	

表 8.3.7 Y 的单位根检验结果(只含截距项)

			t-Statistic	Prob.*
Augmented Dickey-Fuller test statistic			2.999709	1.0000
Test critical values:	1% level		−3.536587	
	5% level		−2.907660	
	10% level		−2.591396	

表 8.3.8 Y 的单位根检验结果(不含截距项和趋势项)

			t-Statistic	Prob.*
Augmented Dickey-Fuller test statistic			4.583135	1.0000
Test critical values:	1% level		−2.601596	
	5% level		−1.945987	
	10% level		−1.613496	

表 8.3.9 Y 的一阶差分的单位根检验结果(含截距项和趋势项)

			t-Statistic	Prob.*
Augmented Dickey-Fuller test statistic			−5.549636	0.0001
Test critical values:	1% level		−4.107947	
	5% level		−3.481595	
	10% level		−3.168695	

从表 8.3.2~8.3.9 可以看到,X、Y 都是非平稳序列,但其一阶差分都是平稳序列,因此 X、Y 均为一阶单整,即 $X,Y \sim I(0)$。

此外,给出 R 软件对 X、Y 及其一阶差分进行 ADF 检验的代码,运行结果这里省去(读者自行运行可以发现与 EViews 的结论是一致的)。

a＝read.csv("美国实际可支配收入与实际消费水平数据.csv")

♯数据中变量名为 X、Y

attach(a)

♯对 X,Y 进行 ADF 检验

library(urca)

adf3.X＝ur.df(X,type＝"trend",lags＝7,selectlags＝"AIC")

summary(adf3.X)

adf2.X＝ur.df(X,type＝"drift",lags＝7,selectlags＝"AIC")

summary(adf2.X)

adf1.X＝ur.df(X,lags＝7,selectlags＝"AIC")

summary(adf1.X)

adf3.Y＝ur.df(Y,type＝"trend",lags＝7,selectlags＝"AIC")

summary(adf3.Y)

adf2.Y＝ur.df(Y,type＝"drift",lags＝7,selectlags＝"AIC")

summary(adf2.Y)

adf1.Y＝ur.df(Y,lags＝7,selectlags＝"AIC")

summary(adf1.Y)

♯对 X,Y 的一阶差分进行 ADF 检验

DX＝diff(X)

adf3.DX＝ur.df(DX,type＝"trend",lags＝7,selectlags＝"AIC")

summary(adf3.DX)

DY＝diff(Y)

adf3.DY＝ur.df(DY,type＝"trend",lags＝7,selectlags＝"AIC")

summary(adf3.DY)

（二）X、Y 的协整检验

下面按 EG 两步法对 X、Y 进行协整检验。在 EViews 中操作的步骤如下：

（1）在命令窗口中输入命令：

LS　Y　C　X

GENR　e＝resid

（2）对（1）中得到的残差 e 进行 ADF 检验（不含截距项和趋势项），检验结果如表 8.3.10。

表 8.3.10 残差 e 的单位根检验结果(不含常数项和趋势项)

Null Hypothesis:E has a unit root

Exogenous:None

Lag Length:2 (Automatic-based on AIC, maxlag＝10)

			t-Statistic	Prob.*
Augmented Dickey-Fuller test statistic			−3.514614	0.0007
Test critical values:	1% level		−2.602185	
	5% level		−1.946072	
	10% level		−1.613448	

在 R 软件中实现 EG 两步法的代码如下：

ols＝lm(Y～X)

e＝resid(ols)

adf.e＝ur.df(e,lags＝7,selectlags＝"BIC")

summary(adf.e)

运行结果为(只摘抄了部分)：

＃＃＃＃＃＃＃＃＃＃＃＃＃＃＃＃＃＃＃＃＃＃＃＃＃＃＃＃＃＃

＃   Augmented Dickey-Fuller Test Unit Root Test   ＃

＃＃＃＃＃＃＃＃＃＃＃＃＃＃＃＃＃＃＃＃＃＃＃＃＃＃＃＃＃＃

Test regression none

Value of test-statistic is：−3.1993

Critical values for test statistics：

	1pct	5pct	10pct
tau1	−2.6	−1.95	−1.61

要注意的是,分析检验是否通过,这里不能利用 EViews 或 R 软件给出临界值进行判断,而应该查协整检验临界值表得出 φ_∞、φ_1 和 φ_2,然后根据公式 (8.3.1)计算相应的临界值。

这里通过查表和计算得到 5% 和 10% 的显著性水平下协整检验的临界值分别为 $C_{0.05}＝−3.43$, $C_{0.1}＝−3.11$。从 EViews 的计算结果来看,计算的 ADF 统计量的值为−3.51,因此在 5% 的显著性水平拒绝有单位根的原假设；而从 R 软件的计算结果看,计算的 ADF 统计量为−3.20,在 10% 的显著性水平可以拒绝有单位根的原假设。由此,可以认为残差序列 e 的平稳的,即认

为 X 与 Y 存在 $(1,1)$ 协整关系。

(三)误差修正模型(ECM)的建立

上面的分析说明 X 与 Y 存在 $(1,1)$ 协整关系,因此可以建立两者之间的误差修正模型。这里考虑如下 ECM 模型:

$$\Delta Y_t = \gamma_0 + \varphi_0 \Delta X_t + \varphi_1 \Delta X_{t-1} + \psi_1 \Delta Y_{t-1} - \lambda e_{t-1} + \varepsilon_t \tag{8.3.3}$$

在 Eviews 的主窗口中输入命令:

$$\text{GENR} \quad \text{DY=D(Y)}$$
$$\text{GENR} \quad \text{DX=D(X)}$$
$$\text{LS} \quad \text{DY} \quad \text{C} \quad \text{DX} \quad \text{DX(-1)} \quad \text{DY(-1)} \quad \text{E(-1)}$$

运行结果见表 8.3.12。

表 8.3.12 误差修正模型(8.3.3)的估计结果

Dependent Variable:DY

Method:Least Squares

Date:03/02/14 Time:17:06

Sample (adjusted):1931 1994

Included observations:64 after adjustments

Variable	Coefficient	Std. Error	t-Statistic	Prob.
C	9.264772	4.592557	2.017345	0.0482
DX	0.535733	0.069789	7.676461	0.0000
DX(-1)	-0.277544	0.098174	-2.827064	0.0064
DY(-1)	0.532015	0.115754	4.596087	0.0000
E(-1)	-0.205259	0.064562	-3.179247	0.0024
R-squared	0.708347	Mean dependent var		47.78906
Adjusted R-squared	0.688574	S.D. dependent var		39.32799
S.E. of regression	21.94721	Akaike info criterion		9.090062
Sum squared resid	28419.13	Schwarz criterion		9.258725
Log likelihood	-285.8820	Hannan-Quinn criter.		9.156507
F-statistic	35.82376	Durbin-Watson stat		1.951721
Prob(F-statistic)	0.000000			

要得到模型(8.3.3)的参数估计,也可以在 R 软件输入如下代码:

ecm=lm(DY[-1]~DX[-1]+DX[-length(DX)]+DY[-length

(DY)]+e[−c(1,length(e))])

summary(ecm)

说明:e 和原序列 X,Y 的数据个数相同,DY,DX 第一个数据对应 X,Y,e 的第二个数据,因此 e 要和 DX,DY 对应,首先要去掉第一个观测值,又由于模型中是 e_{t-1},所以还要去掉最后一个观测值。

运行上面的代码,得出的结果为:

Call:

lm(formula=DY[−1]~DX[−1]+DX[−length(DX)]+DY[−length(DY)]+e[−c(1, length(e))])

Residuals:

Min	1Q	Median	3Q	Max
−66.440	−9.167	1.090	9.162	56.684

Coefficients:

	Estimate	Std. Error	t value	Pr(>|t|)
(Intercept)	9.26477	4.59256	2.017	0.04822 *
DX[−1]	0.53573	0.06979	7.676	1.93e−10 ***
DX[−length(DX)]	−0.27754	0.09817	−2.827	0.00640 **
DY[−length(DY)]	0.53202	0.11575	4.596	2.32e−05 ***
e[−c(1, length(e))]	−0.20526	0.06456	−3.179	0.00235 **

Signif. codes: 0 ' *** ' 0.001 ' ** ' 0.01 ' * ' 0.05 '.' 0.1 ' ' 1

Residual standard error: 21.95 on 59 degrees of freedom

Multiple R-squared: 0.7083, **Adjusted R-squared:** 0.6886

F-statistic: 35.82 on 4 and 59 DF, **p-value:** 3.58e−15

从 EViews 或 R 软件的结果可以得到如下误差修正模型:

$$\Delta \hat{Y}_t = 9.2645 + 0.5357\Delta X_t - 0.2775\Delta X_{t-1} + 0.5320\Delta Y_{t-1} - 0.2053 e_{t-1} \qquad (8.3.4)$$
$$s = (4.593) \quad (0.070) \quad (0.098) \quad (0.116) \quad (0.065)$$
$$t = (2.017) \quad (7.676) \quad (-2.827) \quad (4.596) \quad (-3.179)$$
$$R^2 = 0.7083, \overline{R}^2 = 0.6886, F = 35.82$$

模型(8.3.4)表明,美国实际消费水平的变化不仅取决于可支配收入的变化,而且还取决于上一期消费水平对均衡水平的偏离,误差项 e_{t-1} 的估计系数 −0.2053 体现了对偏离的修正,上一期偏离越远,本期修正的量就越大,即系统存在误差修正机制。

第九章　受限和离散被解释变量模型的建立

第一节　受限被解释变量模型的建立

一、断尾回归模型(截断问题)的建立

例 9.1.1　为了建立某城市的城镇居民消费模型,经过对该城市的城镇居民消费行为的深入分析和经验检验,表明家庭人均收入(X)是决定家庭人均消费(Y)的唯一显著变量。在以工资收入为主要收入来源的城镇家庭中随机抽取 57 户样木,以他们的调查数据为样本观测值(见表 9.1.1),建立该城镇居民消费模型。

表 9.1.1　家庭人均月收入与消费数据(元)

人均收入	人均消费	人均收入	人均消费	人均收入	人均消费
1 120	1 020	4 640	2 900	6 090	3 900
1 310	1 150	4 750	2 980	6 200	3 950
1 300	1 145	4 800	2 970	6 330	4 000
1 430	1 230	4 810	3 050	6 450	4 030
1 500	1 275	4 990	3 200	6 570	4 080
1 670	1 385	5 070	3 100	6 700	4 130
2 100	1 660	5 130	3 175	6 840	4 000
2 370	1 840	5 210	3 200	7 010	4 200
2 530	1 950	5 300	2 450	7 170	4 160
2 790	2 110	5 390	3 230	7 350	4 210

续表

人均收入	人均消费	人均收入	人均消费	人均收入	人均消费
2 980	2 240	5 450	3 310	7 500	4 325
3 200	2 380	5 500	3 500	7 670	4 385
3 460	2 550	5 570	3 510	7 840	4 450
3 630	2 660	5 630	3 590	8 000	4 500
3 880	2 700	5 690	3 600	8 190	4 865
4 040	2 730	5 770	3 650	8 350	4 880
4 210	2 720	5 860	3 720	8 500	4 890
4 390	2 850	5 930	3 850	8 690	4 920
4 520	2 800	6 000	3 800	8 830	4 970

将该组样本看作不受任何限制下随机抽取的样本,采用普通最小二乘法估计模型,结果为:

$$\hat{Y}_i = 604.93 + 0.5083X_i \tag{9.1.1}$$

因为所有样本都是在以工资收入为主要收入来源的城镇家庭中抽取的,没有考虑到缺少稳定工资收入的低收入家庭和以财产收入为主的高收入家庭,显然样本具有选择性。将该组样本看作在消费水平大于 1 000 元、小于 5 000 元的特定人群中随机抽取的样本,重新采用 EViews 进行估计,操作方法为:在主窗口点击 Quick→Estimate Equation,在出现的对话框 9.1.1 中的 Equation specfication 框中填入 y　c　x,然后在 method 框中选择 CEN-SORED— Censored or Truncate Data(including Tobit),则出现对话框 9.1.2,在 Dependent variable censoring points 的 Left 项中填入 1000,在 Right 项中填入 5000,并将 Truncated sample 打钩,点击确定,则出现如表 9.1.2 所示的结果。

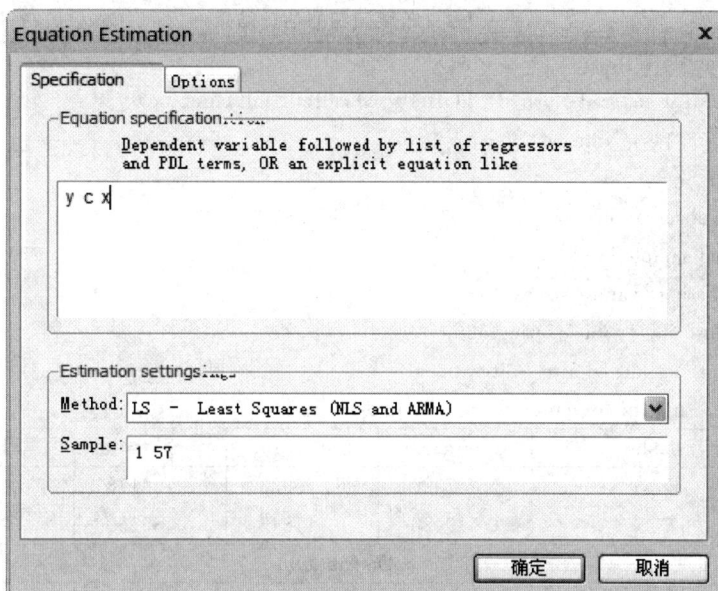

图 9.1.1　回归方程估计窗口(a)

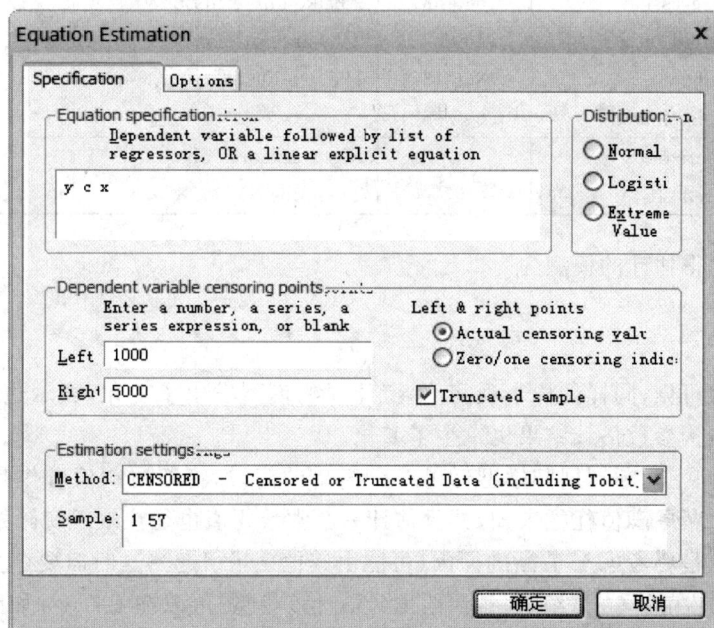

图 9.1.2　回归方程估计窗口(b)

表 9.1.2　断尾回归的估计结果

Dependent Variable：Y

Method：ML-Censored Normal（TOBIT）（Quadratic hill climbing）

Date：03/08/14　Time：08：50

Sample：1 57

Included observations：57

Truncated sample

Left censoring（value）series：1000

Right censoring（value）series：5000

Convergence achieved after 4 iterations

Covariance matrix computed using second derivatives

Variable	Coefficient	Std. Error	t-Statistic	Prob.
C	556.7026	63.70923	8.738178	0.0000
X	0.519423	0.011845	43.85160	0.0000
Error Distribution				
SCALE：C(3)	161.6729	15.70998	10.29109	0.0000

Mean dependent var	3 228.509	S.D. dependent var	1 076.505
S.E. of regression	164.4681	Akaike info criterion	12.96250
Sum squared resid	1460686.	Schwarz criterion	13.07003
Log likelihood	−366.4314	Hannan-Quinn criter.	13.00429
Avg. log likelihood	−6.428621		
Left censored obs	0	Right censored obs	0
Uncensored obs	57	Total obs	57

由此得估计的模型为

$$\hat{Y}_i = 556.7026 + 0.5194X_i \tag{9.1.2}$$

由此可见，同样的样本观测值，所建立的模型发生了变化，表示边际消费倾向的结构参数估计结果也发生了变化。

说明：上面断尾回归模型做了一个简单的假设，将断尾阈值看作是常数，而实际上断尾阈值往往未知，并且估计一个常数阈值也往往缺乏实际意义，更为科学的是要考虑 Y 截断的原因（可能由其他变量引起），这时需要建立 Heckit 模型（赫克曼 20 世纪 70 年代给出），估计该模型，可以在 EViews 如图 9.1.1 所示的框中 Method 中选择 HECKIT，具体如何输入需要了解一定的理论基础；另外估计该模型也可以使用 R 软件中的 sampleSelection 包（专门做样本选择模型的程序包)Heckit( )函数,但要搞清楚该函数的用法,需要了解模型理论,这里省略,读者可参阅伍德里奇《计量经济学:现代观点》后查看该函数帮助来了解该函数的使用方法。

二、Tobit 模型(归并问题)的建立

例 9.1.2 在例 9.1.1 中,如果增加了 3 个样本户,家庭人均收入分别为 1 080 元、1 040 元和 1 000 元,而家庭人均消费相同,都是 5 000 元。假设这 60 个样本不存在截断问题而存在左端归并问题,即家庭人均消费 1 000 元是小于等于 1 000 元的归并。

解决这一问题,在 Eviews 中的操作和例 9.1.1 的步骤差不多,只是在图 9.1.2 的 Left 框中输入 1000,Right 框不输入数据,并将 Truncated sample 的钩去掉,点击确定即可出现如表 9.1.3 所示的结果。

表 9.1.2 Tobit 回归的估计结果

Dependent Variable:Y
Method:ML-Censored Normal (TOBIT) (Quadratic hill climbing)
Date:03/08/14 Time:09:17
Sample:1 57
Included observations:57
Left censoring (value) series:1000
Convergence achieved after 3 iterations
Covariance matrix computed using second derivatives

Variable	Coefficient	Std. Error	t-Statistic	Prob.
C	604.9304	56.63019	10.68212	0.0000
X	0.508307	0.010180	49.93387	0.0000
Error Distribution				
SCALE:C(3)	159.5171	14.94010	10.67711	0.0000
Mean dependent var	3228.509	S.D. dependent var		1 076.505
S.E. of regression	164.1925	Akaike info criterion		13.08744
Sum squared resid	1 455 795.	Schwarz criterion		13.19497
Log likelihood	−369.9921	Hannan-Quinn criter.		13.12923
Avg. log likelihood	−6.491090			
Left censored obs	0	Right censored obs		0
Uncensored obs	57	Total obs		57

在 R 软件中,有 AER 和 survival 程序包中都提供了求解 Tobit 模型的函数,分别为 tobit( )和 survreg( )函数。

tobit( )函数的使用格式分别为:

tobit(formula, left=0, right=Inf, dist="gaussian", …)

其中,left 和 right 控制归并的区间,Inf 在 R 软件中表示无穷大,因此函数默认是在 0 的左端归并,若要在 5000 的右端归并,则 left 参数的设定值应为一 inf(当然实际数据没有负数,也往往输入 0),right 参数设定为 5000;dist 参数估计所依据的分布,"gaussian",代表高斯分布,即正态分布,其他可选分布见帮助。

survreg( )函数用于估计 Tobit 模型需要内嵌调用 Surv 函数,使用格式为:

Surv(time, time2, type =, …)

其中,type 参数用来控制归并状态,type= "left",代表左端归并,type= "left"代表右端归并,"interval"代表区间归并。

下面用 R 软件建立 Tobit 模型,首先将例 9.1.2 的数据以两列的形式保存在 EXCEL 的 CSV 文件中,自变量命名为 X,因变量命名名为 Y,文件名为"家庭人均月收入与月消费数据.csv"。然后将该数据读入 R 软件中,代码为:

a=read.csv("家庭人均月收入与月消费数据.csv")

attach(a)

方法一:用 tobit( )函数做 Tobit 回归,代码如下:

library(AER)

tobit=tobit(y~x, left=1000)

summary(tobit)

运行结果为:

Call:

tobit(formula=y~x, left=1000)

Observations:

	Total	Left-censored	Uncensored	Right-censored
	60	3	57	0

Coefficients:

	Estimate	Std. Error	z value	Pr($>$|z|)
(Intercept)	5.459e+02	5.337e+01	10.23	$<2e-16$ ***
x	5.178e−01	9.767e−03	53.02	$<2e-16$ ***
Log(scale)	5.098e+00	9.432e−02	54.05	$<2e-16$ ***

Signif. codes：0 ' *** ' 0.001 ' ** ' 0.01 ' * ' 0.05 '.' 0.1 ' ' 1

Scale：163.7

Gaussian distribution

Number of Newton-Raphson Iterations：9

Log-likelihood：−374.1 on 3 Df

Wald−statistic：2811 on 1 Df, p-value：$< 2.22e-16$

可见，估计的结果与 EViews 是一致的。

方法二：用 survreg( )函数做 Tobit 回归，代码如下：

library(survival)

tobit1＝survreg(Surv(y,y$>$1000,type＝"left")～x , dist＝"gaussian")

summary(tobit1)

运行结果为

Call：

survreg(formula＝Surv(y, y $>$1000, type＝"left")～x, dist＝"gaussian")

	Value	Std. Error	z	p
(Intercept)	545.946	53.37070	10.2	1.47e−24
x	0.518	0.00977	53.0	0.00e+00
Log(scale)	5.098	0.09432	54.0	0.00e+00

Scale＝ 164

Gaussian distribution

Loglik(model)＝−374.1　Loglik(intercept only)＝−489

　　Chisq＝229.76 on 1 degrees of freedom，p＝0

Number of Newton−Raphson Iterations：9

运行结果与方法一一致，但相比较而言，方法一更简单，输出的结果更全面。

综上，所建立的 Tobit 模型为：

$$\hat{Y}_i = 545.95 + 0.5178X_i \tag{9.1.3}$$

$$s = (53.37) \quad (0.0097)$$
$$z = (10.2) \quad (53.0)$$

第二节 二元离散选择模型的建立

一、重复观测不可得下二元 Probit 模型和 Logit 模型的建立

例 9.2.1 在一次选举中,由于候选人对高收入者有利,所以收入成为每个投票者表示同意或者反对的最主要影响因素,以投票者的态度(Y)作为被解释变量,以投票者的月收入(X)作为解释变量建立模型,同意者其观测值为1,反对者其观测值为 0,样本数据见表 9.2.1。

表 9.2.1 某次选举中投票者的收入与投票态度

月收入 X	投票态度 Y	月收入 X	投票态度 Y
100	0	1600	0
200	0	1700	1
300	0	1800	0
400	0	1900	1
500	0	2000	1
600	0	2100	1
700	0	2200	1
800	0	2300	1
900	0	2400	1
1000	0	2500	1
1100	0	2600	1
1200	0	2700	1
1300	1	2800	1
1400	0	2900	1
1500	1	3000	1

该问题的原始模型可设为:

$$Y_i = \alpha + \beta X_i + u_i \tag{9.2.1}$$

对应的效用模型为

$$Y_i^* = \alpha + \beta X_i + u_i^* \tag{9.2.2}$$

其中 $Y_i^* = U_i^1 - U_i^0$, U_i^1 为第 i 投票者选择 $Y_i = 1$ 的效用, U_i^0 为第 i 投票者选择 $Y_i = 0$ 的效用,且有:

$$P(Y_i = 1) = P(Y_i^* > 0) = P(u_i^* > -\alpha - \beta X_i) \tag{9.2.3}$$

(一)用 EViews 建立模型

1.模型的估计

在主窗口点击 Quick→Estimate Equation,在出现如图 9.1.1 所示的对话框的 Equation specfication 框中填入 y　c　x,然后在 Method 框中选择 BINARY— Binary Choice(Logit, probit, Extreme Value),则出现对话框 9.2.1,在 Binary estimation 项选择 Probit,将出现如表 9.2.2 所示的二元 Probit 模型的估计结果;若在 Binary estimation 项选择 logit,将出现如表 9.2.3所示的二元 Logit 模型的估计结果。

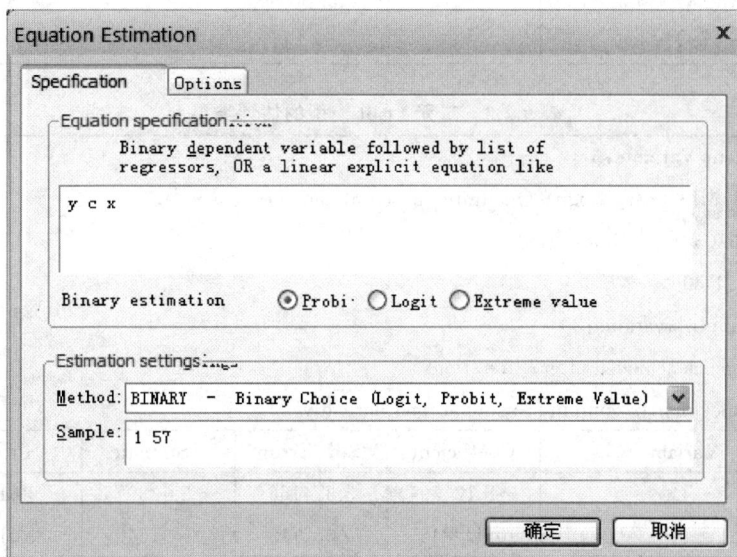

图 9.2.1　回归方程估计窗口

表 9.2.2　二元 Probit 模型的估计结果

Dependent Variable: Y

Method: ML-Binary Probit (Quadratic hill climbing)

Included observations: 30

Convergence achieved after 5 iterations

Covariance matrix computed using second derivatives

Variable	Coefficient	Std. Error	t-Statistic	Prob.
C	−4.753896	1.892117	−2.512475	0.0120
X	0.003067	0.001192	2.573121	0.0101
McFadden R-squared	0.706837	Mean dependent var		0.500000
S.D. dependent var	0.508548	S.E. of regression		0.274450
Akaike info criterion	0.539743	Sum squared resid		2.109040
Schwarz criterion	0.633156	Log likelihood		−6.096147
Hannan-Quinn criter.	0.569627	Deviance		12.19229
Restr. deviance	41.58883	Restr. log likelihood		−20.79442
LR statistic	29.39654	Avg. log likelihood		−0.203205
Prob(LR statistic)	0.000000			
Obs with Dep=0	15	Total obs		30
Obs with Dep=1	15			

表 9.2.3　二元 Logit 模型的估计结果

Dependent Variable: Y

Method: ML-Binary Logit (Quadratic hill climbing)

Date: 03/05/14　Time: 09:31

Sample: 1 30

Included observations: 30

Convergence achieved after 5 iterations

Covariance matrix computed using second derivatives

Variable	Coefficient	Std. Error	t-Statistic	Prob.
C	−8.127394	3.354166	−2.423075	0.0154
X	0.005243	0.002113	2.481640	0.0131
McFadden R-squared	0.698963	Mean dependent var		0.500000
S.D. dependent var	0.508548	S.E. of regression		0.276267

续表

Akaike info criterion	0.550660	Sum squared resid	2.137062
Schwarz criterion	0.644073	Log likelihood	-6.259897
Hannan-Quinn criter.	0.580543	Deviance	12.51979
Restr. deviance	41.58883	Restr. log likelihood	-20.79442
LR statistic	29.06904	Avg. log likelihood	-0.208663
Prob(LR statistic)	0.000000		
Obs with Dep=0	15	Total obs	30
Obs with Dep=1	15		

2.模型的检验

（1）拟合优度检验

设 L_0 为模型中所有解释变量的系数都为 0 的似然函数值，L 为模型估计得到的似然函数值，构造一个统计量：

$$R^2 = 1 - \frac{\ln L}{\ln L_0}$$

成为 McFaddan 判定系数，其值越接近于 1，模型的拟合效果越好，否则越接近 0，拟合效果越差。

以 Probit 模型为例，在表 9.2.2 中，$R^2 = 0.7068$，说明模型拟合效果较好。

（2）总体显著性检验

k 个解释变量的总体显著性检验为

$H_0: \beta_1 = \beta_2 = \cdots = \beta_k = 0$ VS $H_1:$ 解释变量的系数不全为 0

构造一个似然比（likelihood ratio，LR）统计量：

$$LR = -2(\ln L_0 - \ln L) \sim \chi^2(k)$$

直观上看，如果 LR 较大，表明 L_0 与 L 之间的差较大，倾向于拒绝零假设而接受模型总体显著的备择假设。

对于例 9.2.1，建立的 Probit 模型中，$LR = 29.07$，对应的检验 p 值接近 0，因此回归模型总体显著性检验通过。

（3）变量显著性检验

同一般模型显著性检验，只是检验统计量由一般模型的 t 统计量变为 z 统计量。

（4）回代效果检验

当二元离散选择模型被估计后，将所有样本的解释变量观测值代入模型，计算得到每个样本的被解释变量选择 1 的概率,与每个样本被解释变量的实际观测值进行比较,以判断模型的预测(回代)效果,这也是一种实际有效的模型检验方法。

对于例 9.2.1,在估计得到的方程窗口点击 Forecast 得如图 9.2.2 所示的窗口,在 Series to forecast 中选择 Probability,即可得到 Y 选择 1 的概率(保存工作文本的 yf 中),但若要选择 Index,则软件输出的不是 Y 的拟合值(即选择 1 的概率),而是模型(9.2.2)中 Y^* 的拟合值。

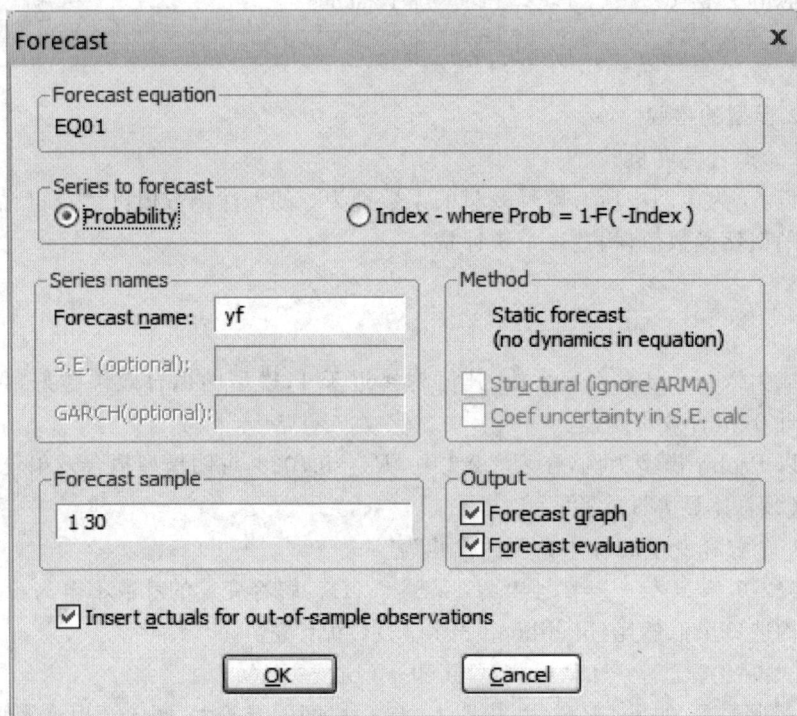

图 9.2.2 模型预测窗口

表 9.2.4 列出了例 9.2.1 的 Probit 模型 Y 的拟合值的结果。对于回代效果检验,通常有多种方法确定临界值。一是"朴素方法",即以 0.50 为临界值。该方法适合于全部样本中选择 1 和选择 0 的样本数目相当的情况。对于例 9.2.1,由于样本中选择 1 的样本所占的比例刚好为 0.5,因此可以 0.5 为临界值,由表 9.2.4 可以看到,有四个样本(红色字体下划线标出的部分)的回代效果检验没有通过。

　　方法二是"先验方法"，即以全部样本中选择 1 的样本所占的比例为临界值但是，该方法适合于以全部个体作为样本的情况。

　　方法三是"最优方法"，即以"犯第一类错误最小"为原则确定临界值的方法。具体做法是分别以上面两种方法判断"弃真"的样本比例，选择"弃真"较低的临界值。

表 9.2.4　例 9.2.1 的 Probit 模型 Y 的拟合值（选择 1 的概率）

投票态度 Y	Y 的拟合值 $\hat{Y}$	投票态度 Y	Y 的拟合值 $\hat{Y}$
0	4.35E−06	0	0.5609395
0	1.733E−05	1	0.6772614
0	6.309E−05	0	0.7783871
0	0.0002101	1	0.8584677
0	0.0006401	1	0.9162318
0	0.001786	1	0.9541855
0	0.0045673	1	0.9769004
0	0.0107164	1	0.9892836
0	0.0230996	1	0.9954327
0	0.0458145	1	0.998214
0	0.0837682	1	0.9993599
0	0.1415323	1	0.9997899
1	0.2216129	1	0.9999369
0	0.3227386	1	0.9999827
1	0.4390605	1	0.9999957

　　（二）用 R 软件建立模型

　　将表 9.2.1 的数据以两列的形式保存在 EXCEL 的 CSV 文件中，变量名为 x,y，文件名为"投票者的月收入与投票态度.csv"。

　　在 R 软件中，估计 Probit 模型和 Logit 模型可以使用估计一般广义线性模型的函数 glm( )，其使用格式为：

　　　　glm(formula, family＝gaussian, data, weights,…)

　　其中 family 为分布族参数，默认是高斯分布族（即正态分布族），对于

Probit 模型和 Logit 模型，应选择二项分布族 binomial，若要估计 Probit 模型，family 参数应设定为 binomial(link＝"probit")，若要估计 Logit 模型，family 参数应设定为 binomial(link＝"logit")；data、weight 及其他参数同 lm( )函数，读者也可自行查阅帮助。

下面估计 Probit 模型，代码如下：

a＝read.csv("投票者的月收入与投票态度.csv")
attach(a)
probit＝glm(y～x,family＝binomial(link＝"probit"))
summary(probit)

运行结果如下：

Call：
glm(formula＝y～x, family＝binomial(link＝"probit"))

Deviance Residuals：

Min	1Q	Median	3Q	Max
−1.7360	−0.1340	0.0000	0.1340	1.7360

Coefficients：

	Estimate	Std. Error	z value	Pr($>$|z|)
(Intercept)	−4.753870	1.819470	−2.613	0.00898 **
x	0.003067	0.001143	2.682	0.00731 **

Signif. codes：0 ' *** ' 0.001 ' ** ' 0.01 ' * ' 0.05 '.' 0.1 ' ' 1

(Dispersion parameter for binomial family taken to be 1)

Null deviance：41.589 on 29 degrees of freedom

Residual deviance：12.192 on 28 degrees of freedom

AIC：16.192

Number of Fisher Scoring iterations：8

这里的结果没有给出模型的拟合优度及判断总体显著性的似然比统计量，要得到这些检验信息，可以使用 lmtest 程序包的 lrtest( )函数，代码如下：

library(lmtest)
lrtest(probit)

运行结果为：

Model 1：y～x
Model 2：y～1

```
    # Df   LogLik   Df      Chisq    Pr(>Chisq)
1     2  −6.0961
2     1 −20.7944   −1    29.396     5.898e−08 ***
```

Signif. codes：0 ' *** ' 0.001 ' ** ' 0.01 ' * ' 0.05 '.' 0.1 '

结果表明,模型似然函数的对数值 $\ln L = -6.0961$,模型中所有解释变量的系数都为 0 的似然函数的对数值 $\ln L_0 = -20.7944$,模型总体显著性检验的 LR 统计量的值为 29.396,对应的 p 值接近 0,表明模型总体显著性检验通过。而模型的拟合优度为

$$R^2 = 1 - \frac{\ln L}{\ln L_0} = 1 - \frac{-6.0961}{-20.7944} = 0.7068$$

读者可以比较这些结果与上面 EViews 的结果,可以发现,完全是一致的。

下面对模型进行回代效果的检验,可以使用 predict( ) 和 fitted( ) 函数,但要注意的 predict( ) 给出的并不是原模型(9.2.1)Y 的拟合值,而是模型(9.2.2)Y^* 的拟合值;fitted( ) 函数给出的则是原模型(9.2.1)Y 的拟合值。

在 R 软件中输入如下代码:

fitted(probit)

运行结果为:

1	2	3	4	5
4.350483e−06	1.732997e−05	6.309815e−05	2.100972e−04	6.401413e−04
6	7	8	9	10
1.786082e−03	4.567492e−03	1.071676e−02	2.310018e−02	4.581543e−02
11	12	13	14	15
8.376936e−02	1.415336e−01	2.216141e−01	3.227395e−01	4.390609e−01
16	17	18	19	20
5.609391e−01	6.772605e−01	7.783859e−01	8.584664e−01	9.162306e−01
21	22	23	24	25
9.541846e−01	9.768998e−01	9.892832e−01	9.954325e−01	9.982139e−01
26	27	28	29	30
9.993599e−01	9.997899e−01	9.999369e−01	9.999827e−01	9.999956e−01

要得到上面的结果,也可以使用下面的代码:

```
pre＝predict(probit)
1-pnorm(-pre)                    ♯此式的理论依据是(9.2.3)式子
```
读者自行运行上面的代码,可以发现与上面的结果完全相同。

另外估计 Probit 模型,还可以选择 sampleSelection 程序包中的 probit( )函数。利用此函数估计例 9.2.1 的 Probit 模型,代码如下:

```
library(sampleSelection)
probit1＝probit(y～x)
summary(probit1)
```
运行结果为:

Probit binary choice model/Maximum Likelihood estimation

Newton－Raphson maximisation,7 iterations

Return code 1:gradient close to zero. May be a solution

Log－Likelihood:−6.096147

30 observations (15 zeros and 15 ones) and 2 free parameters (df＝28)

Estimates:

	Estimate	Std. error	t value	Pr($>$t)
(Intercept)	−4.753896	1.892134	−2.5125	0.01199*
x	0.003067	0.001192	2.5731	0.01008*

Signif. codes: 0 ' *** ' 0.001 ' ** ' 0.01 ' * ' 0.05 '.' 0.1 ' ' 1

Significance test: chi2(1)＝29.39654 (p＝5.898298e−08)

估计结果与上面相同,并且该结果直接给出了 $\ln L$ 及对数似然比 LR 的值。

同样可以使用 predict( )和 fitted( )函数作用于 probit( )函数得到的对象,以得到模型的拟合值。

关于 Logit 模型的建立,类似于 Probit 模型,代码读者自行给出,这里省略,只给出估计结果:

Call:

```
glm(formula＝y～x, family＝binomial(link＝"logit"))
```

Deviance Residuals:

Min	1Q	Median	3Q	Max
−1.7604	−0.1857	0.0000	0.1857	1.7604

Coefficients:

	Estimate	Std. Error	z value	Pr($>$|z|)
(Intercept)	-8.127394	3.354176	-2.423	0.0154*
x	0.005243	0.002113	2.482	0.0131*

Signif. codes：0 ' *** ' 0.001 ' ** ' 0.01 ' * ' 0.05 '.' 0.1 ' ' 1

(Dispersion parameter for binomial family taken to be 1)

Null deviance：41.589　on 29　degrees of freedom

Residual deviance：12.520　on 28　degrees of freedom

AIC：16.520

Number of Fisher Scoring iterations：7

可见，估计结果与 Probit 模型相比，还是较大的差别，具体使用哪个模型，还需要根据实际作一些分析和检验，不过现实生活中 Logit 模型使用得更多。

二、可重复观测下二元 Probit 模型和 Logit 模型的建立

例 9.2.1　根据收入水平以及每个收入水平下拥有住宅的家庭个数，表 9.2.5给出了一些家庭的群组或重复观测数据。对应于每个收入水平 X_i，都有 N_i 个家庭，n_i 表示其中拥有住宅的家庭个数。因此，如果我们计算：

$$\hat{Y}_i = \frac{n_i}{N_i}$$

即相对频率，我们就能将它作为对应于每个 X 真实的拥有住房的概率 Y 的一个估计值。由此利用表 9.2.5 的数据建立这几个家庭住房拥有情况的 Probit 模型和 Logit 模型。

表 9.2.5　某地区各收入下拥有住房的家庭个数的数据

X	N	n
6	40	8
8	50	12
10	60	18
13	80	28
15	100	45
20	70	36

续表

X	N	n
25	65	39
30	50	33
35	40	30
40	25	20

对于重复观测数据可得的情况下,建立 Probit 模型和 Logit 模型,仍然可以使用 R 软件中的 glm( )函数,为此,先将上表的数据以 EXCEL 的 CSV 文件保存,变量名同表 9.2.5,文件名为"各收入下拥有住房的家庭个数的数据.csv"。则估计以上问题的 Probit 模型的代码如下:

```
a＝read.csv("各收入下拥有住房的家庭个数的数据.csv")
attach(a)
Y＝cbind(n,N−n)
probit＝glm(Y∼X,family＝binomial(link＝"probit"))
summary(probit)
```

运行结果为:

Call：

glm(formula＝Y∼X, family＝binomial(link＝"probit"))

Deviance Residuals：

Min	1Q	Median	3Q	Max
−0.64838	−0.37384	−0.18795	0.09538	1.06201

Coefficients：

	Estimate	Std. Error	z value	$Pr(>|z|)$
(Intercept)	−0.988138	0.122144	−8.090	5.97e−16 ***
X	0.048587	0.005995	8.105	5.28e−16 ***

Signif. codes：0 ' *** ' 0.001 ' ** ' 0.01 ' * ' 0.05 '.'0.1 ' ' 1

(Dispersion parameter for binomial family taken to be 1)

Null deviance：72.7581   on 9   degrees of freedom

Residual deviance：2.3456   on 8   degrees of freedom

AIC：49.002

Number of Fisher Scoring iterations：3

同样可以使用 lrtest( )函数对上面的模型拟合优度和总体显著性进行检验,并可用 fitted( )函数得到各收入水平下的家庭拥有住房的概率 Y 的拟合值。

对于建立 Logit 模型,只需将上面 glm( )函数的 family 参数设定值中的 probit 改成 logit 即可,这里代码省略,只给出估计结果:

Call:

glm(formula＝Y～X, family＝binomial(link＝"logit"))

Deviance Residuals:

Min	1Q	Median	3Q	Max
−0.67026	−0.35105	−0.18558	0.06073	1.06817

Coefficients:

	Estimate	Std. Error	z value	Pr(>|z|)
(Intercept)	−1.60234	0.20403	−7.853	4.05e−15 ***
X	0.07907	0.01011	7.819	5.34e−15 ***

Signif. codes:0 ' *** ' 0.001 ' ** ' 0.01 ' * ' 0.05 '.'0.1 ' ' 1

(Dispersion parameter for binomial family taken to be 1)

Null deviance:72.7581　on 9　degrees of freedom

Residual deviance:2.3542　on 8　degrees of freedom

AIC:49.01

Number of Fisher Scoring iterations:3

第十章　面板数据模型的建立

第一节　面板数据模型分类

关于面板数据模型的类型，可用图 10.1.1 反映了。

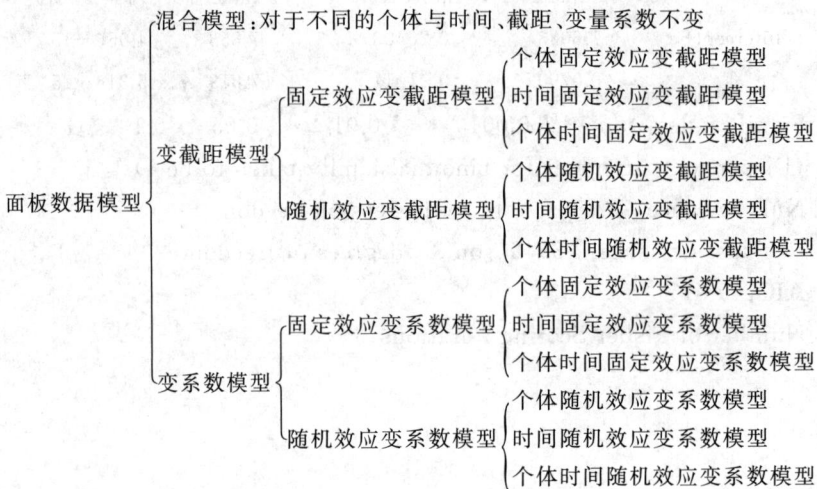

混合模型:对于不同的个体与时间、截距、变量系数不变

```
面板数据模型
├─变截距模型
│  ├─固定效应变截距模型
│  │   ├─个体固定效应变截距模型
│  │   ├─时间固定效应变截距模型
│  │   └─个体时间固定效应变截距模型
│  └─随机效应变截距模型
│      ├─个体随机效应变截距模型
│      ├─时间随机效应变截距模型
│      └─个体时间随机效应变截距模型
└─变系数模型
   ├─固定效应变系数模型
   │   ├─个体固定效应变系数模型
   │   ├─时间固定效应变系数模型
   │   └─个体时间固定效应变系数模型
   └─随机效应变系数模型
       ├─个体随机效应变系数模型
       ├─时间随机效应变系数模型
       └─个体时间随机效应变系数模型
```

图 10.1.1　面板数据模型的类型

例 10.1.1　表 10.1.1 和表 10.1.2 列出了我国东北、华北、华东 15 个省级地区的居民家庭人均消费和人均收入的数据，试以此面板数据拟合上述各种模型，并进行比较。

表 10.1.1　1999—2002 年中国东北、华北、华东 15 个省级地区的
居民家庭人均消费数据(不变价格)

地区人均消费	1996	1997	1998	1999	2000	2001	2002
CP－AH(安徽)	3 282.466	3 646.150	3 777.410	3 989.581	4 203.555	4 495.174	4 784.364
CP－BJ(北京)	5 133.978	6 203.048	6 807.451	7 453.757	8 206.271	8 654.433	10 473.12
CP－FJ(福建)	4 011.775	4 853.441	5 197.041	5 314.521	5 522.762	6 094.336	6 665.005
CP－HB(河北)	3 197.339	3 868.319	3 896.778	4 104.281	4 361.555	4 457.463	5 120.485
CP－HLJ(黑龙江)	2 904.687	3 077.989	3 289.990	3 596.839	3 890.580	4 159.087	4 493.535
CP－JL(吉林)	2 833.321	3 286.432	3 477.560	3 736.408	4 077.961	4 281.560	4 998.874
CP－JS(江苏)	3 712.260	4 457.788	4 918.944	5 076.910	5 317.862	5 488.829	6 091.331
CP－JX(江西)	2 714.124	3 136.873	3 234.465	3 531.775	3 612.722	3 914.080	4 544.775
CP－LN(辽宁)	3 237.275	3 608.060	3 918.167	4 046.582	4 360.420	4 654.420	5 402.063
CP－NMG(内蒙古)	2 572.342	2 901.722	3 127.633	3 475.942	3 877.345	4 170.596	4 850.180
CP－SD(山东)	3 440.684	3 930.574	4 168.974	4 546.878	5 011.976	5 159.538	5 635.770
CP－SH(上海)	6 193.333	6 634.183	6 866.410	8 125.803	8 651.893	9 336.100	10 411.94
CP－SX(山西)	2 813.336	3 131.629	3 314.097	3 507.008	3 793.908	4 131.273	4 787.561
CP－TJ(天津)	4 293.220	5 047.672	5 498.503	5 916.613	6 145.622	6 904.368	7 220.843
CP－ZJ(浙江)	5 342.234	6 002.082	6 236.640	6 600.749	6 950.713	7 968.327	8 792.210

资料来源:《中国统计年鉴(1997—2003)》。

表 10.1.2　1999—2002 年中国东北、华北、华东 15 个省级地区的
居民家庭人均收入数据(不变价格)

地区人均收入	1996	1997	1998	1999	2000	2001	2002
IP－AH(安徽)	4 106.251	4 540.247	4 770.470	5 178.528	5 256.753	5 640.597	6 093.333
IP－BJ(北京)	6 569.901	7 419.905	8 273.418	9 127.992	9 999.700	11 229.66	12 692.38
IP－FJ(福建)	4 884.731	6 040.944	6 505.145	6 922.109	7 279.393	8 422.573	9 235.538
IP－HB(河北)	4 148.282	4 790.986	5 167.317	5 468.940	5 678.195	5 955.045	6 747.152
IP－HLJ(黑龙江)	3 518.497	3 918.314	4 251.494	4 747.045	4 997.843	5 382.808	6 143.565
IP－JL(吉林)	3 549.935	4 041.061	4 240.565	4 571.439	4 878.296	5 271.925	6 291.618
IP－JS(江苏)	4 744.547	5 668.830	6 054.175	6 624.316	6 793.437	7 316.567	8 243.589
IP－JX(江西)	3 487.269	3 991.490	4 209.327	4 787.606	5 088.315	5 533.688	6 329.311

续表

地区人均收入	1996	1997	1998	1999	2000	2001	2002
IP-LN(辽宁)	3 899.194	4 382.250	4 649.789	4 968.164	5 363.153	5 797.010	6 597.088
IP-NMG(内蒙古)	3 189.414	3 774.804	4 383.706	4 780.090	5 063.228	5 502.873	6 038.922
IP-SD(山东)	4 461.934	5 049.407	5 412.555	5 849.909	6 477.016	6 975.521	7 668.036
IP-SH(上海)	7 489.451	8 209.037	8 773.100	10 770.09	11 432.20	12 883.46	13 183.88
IP-SX(山西)	3 431.594	3 869.952	4 156.927	4 360.050	4 546.785	5 401.854	6 335.732
IP-TJ(天津)	5 474.963	6 409.690	7 146.271	7 734.914	8 173.193	8 852.470	9 375.060
IP-ZJ(浙江)	6 446.515	7 158.288	7 860.341	8 530.314	9 187.287	10 485.64	11 822.00

资料来源:《中国统计年鉴(1997—2003)》。

根据绝对收入假说,或进行图形分析易知(读者自行作图),可以采用线性回归模型估计以上数据。下面分别以 EViews 和 R 软件估计 10.1.1 所示的各种面板数据模型,并对模型进行比较。

第二节　用 EViwes 估计面板数据模型

一、建立合成数据库对象

要将面板数据导入 EViews,需要建立合成数据库对象,才能将数据导入其中。以例 10.1.1 来说明其步骤。

首先,在 EViews 建立工作文本,数据类型采用默认的 Annual,起止时间分别输入 1996 和 2002,然后在建立的工作文本中点击 Objects 键,选 New Object 功能,从而打开 New Object(新对象)选择窗口,如图 10.2.1。

在 Type of object 选择区域选择 Pool(混合数据库),在 Name of object 选择区命名 CS(初始显示为 Untitled),点击 OK,打开 Pool 对象说明窗口。在窗口中输入 15 个地区标识 AH(安徽),BJ(北京),……,ZJ(浙江)。如图 10.2.2 所示。

图 10.2.1　Pool 对象定义窗口

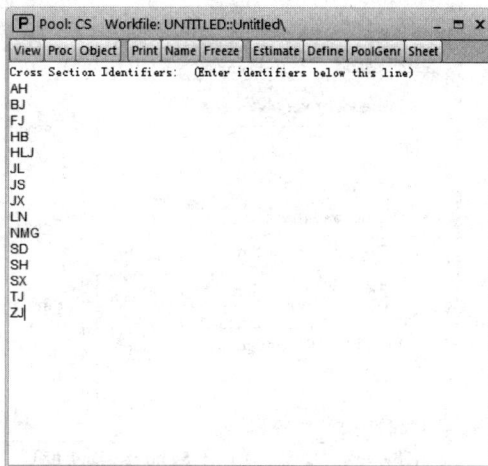

图 10.2.2　Pool 对象说明窗口

在新建立的 Pool 窗口的工具栏智能光点击 Sheet 键,从而打开 Series List(列出序列名)窗口,定义时间序列变量 CP? 和 IP?(? 表示与 CP、IP 相连的 15 个地区标示),如图 10.2.3。点击 OK 键,从而打开 Pool 窗口,此时即可将表 10.1.1 和表 10.1.2 的数据输入或复制到其中。

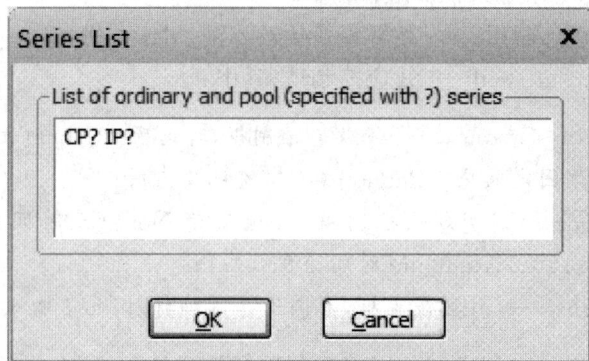

图 10.2.3　序列列表对话框

二、面板数据模型的估计

在 EViews 中估计面板数据,只需在 Pool 窗口的工具栏中点击 Estimate 键,即可出现如图 10.2.4 所示 Pooled Estimation 窗口(混合估计窗口):

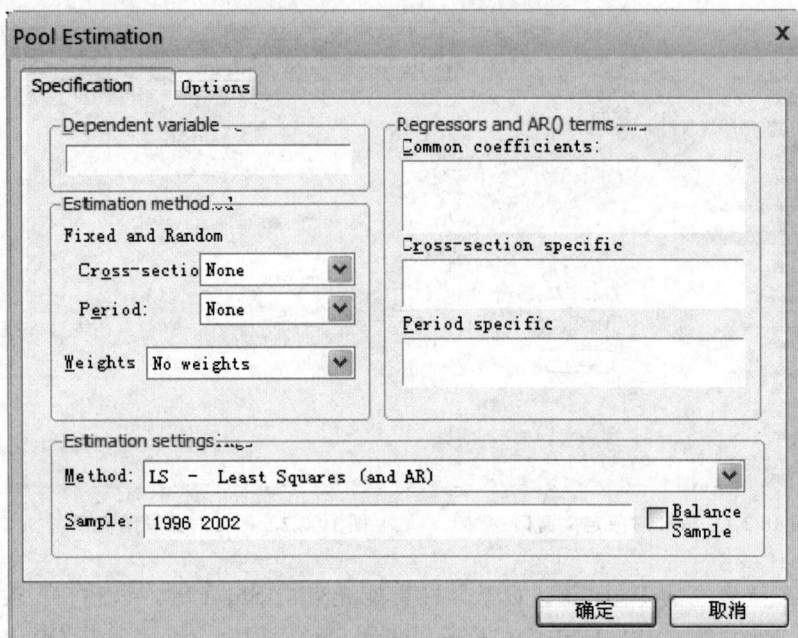

图 10.2.4 面板数据模型定义对话框

关于该窗口,各输入框的解释如下:

Dependent variable——被解释变量输入框,对于本例,输入 CP?;

Estimation method——效应控制项,其中:

　　Cross－section——个体效应控制框,可选项为 None(无个体效应)、Fixed(个体固定效应)、Random(个体随机效应);

　　Period——时间效应控制框,可选项为 None(无时间效应)、Fixed(时间固定效应)、Random(时间随机效应);

　　Weights——权数设置框,本例选择不加权,因此不输入。

Regressors and AR() terms——回归解释变量和 AR( )项输入选择项,其中:

　　Common coefficients——回归系数无效应(既无个体效应、也无时间效应)的变量(包括常数或 AR 项)输入框;

　　Cross－section specific——系数存在个体效应的变量(包括常数或 AR 项)输入框;

Period specific——系数存在时间效应的变量（包括常数或 AR 项）输入框。

Method——方法选择框，本例各模型一例按默认选择（LS）进行估计；

Sample——样本范围，一般按默认选择；

Balance Sample——平衡面板数据选项，打钩，强制按平衡数据估计。本例本身即为平衡数据，打钩与不打钩均可。

表 10.2.1 给出了不同情况下面板数据模型定义对话框（图 10.2.4）的设置：

表 10.2.1　面板数据模型定义对话框的设置

模　型			Estimation method		Regressors and AR( ) terms		
			Cross-section	Period	Common coefficients	Cross-section specific	Period specific
混合模型			None	None	C　IP?	不填	不填
变截距模型	固定效应	个体	Fixed	None	C　IP? 或 IP?	C 或不填	不填
			None	None	IP?	C	不填
		时间	None	Fixed	C　IP? 或 IP?	不填	C 或不填
			None	None	IP?	不填	C
		个体时间	Fixed	Fixed	C　IP? 或 IP?	C 或不填	C 或不填
			Fixed	None	IP?	C 或不填	C
			None	Fixed	IP?	C	C 或不填
	随机效应	个体	Random	None	C　IP? 或 IP?	C 或不填	不填
		时间	None	Random	C　IP? 或 IP?	不填	C 或不填
		个体时间	Random	Random	C　IP? 或 IP?	C 或不填	C 或不填
变系数模型	固定效应	截距个体时间效应	系数个体效应	个体	Fixed	None	不填或填 C	C　IP? 或 IP?	不填
				None	None	不填	C　IP?	不填
			时间	None	Fixed	不填或填 C	不填	CIP? 或 IP?
				None	None	不填	不填	C　IP?
			系数个体效应	Fixed	Fixed	不填或填 C	C　IP? 或 IP?	不填或填 C
				Fixed	None	不填	IP? 或 C　IP?	C
				None	Fixed	不填	C　IP?	不填或填 C
			系数时间效应	Fixed	Fixed	不填或填 C	不填或填 C	C　IP? 或 IP?
				Fixed	None	不填	不填或填 C	C　IP?
				None	Fixed	不填	C	IP? 或 C　IP?
		系数个体时间效应		无法估计				
	随机效应			无法估计				

说明 1:Estimation method 和 Regressors and AR() terms 是两套系统,其作用有重叠,但也有相互补充,因此在估计同一种模型时,其设置往往有多种选择,表 10.2.1 以例 10.1.1 为例,列出了估计每个模型,图 10.2.4 框中各项的所有可能选择。

说明 2:Estimation method 项只能控制常数项的效应,控制不了解释变量和 AR() 的效应,而 Regressors and AR() terms 中的 Common coefficients 和 Period specific 虽可控制所有变量(常数项、解释变量项、AR 项),但若不靠 Estimation method 的控制(即 Cross－section 和 Period 均为默认的 None),其估计的只能是固定效应,因此 EViews 无法自动估计变系数随机效应模型。

说明 3:不设定 Estimation method 项(即按默认选择"None"),而单独设定 Regressors and AR() terms 时,三个子输入框不能有重复的变量,因而单靠该项的设定,不能估计个体时间效应。所以 EViews 也无法自动估计个体时间固定效应变系数模型(截距和系数项均有个体时间效应)。

下面列出按表 10.2.1 方式进行操作得出的一些面板数据模型的估计结果。

(一)混合模型的估计结果

表 10.2.2 列出了按混合模型估计例 10.1.1 所得到的结果。

表 10.2.2　混合模型的估计结果

Dependent Variable:CP?
Method:Pooled Least Squares
Date:03/17/14　Time:16:57
Sample:1996 2002
Included observations:7
Cross-sections included:15
Total pool (balanced) observations:105

Variable	Coefficient	Std. Error	t-Statistic	Prob.
C	129.6306	63.69265	2.035253	0.0444
IP?	0.758726	0.009522	79.68183	0.0000

R-squared	0.984036	Mean dependent var		4917.608
Adjusted R-squared	0.983881	S.D. dependent var		1704.704
S.E. of regression	216.4272	Akaike info criterion		13.61125
Sum squared resid	4824597.	Schwarz criterion		13.66180
Log likelihood	−712.5906	Hannan-Quinn criter.		13.63173
F-statistic	6349.193	Durbin-Watson stat		0.784109
Prob(F-statistic)	0.000000			

所得估计模型为：

$$\hat{CP}=129.6306+0.7587IP$$

读者可以自行验证，此结果与直接把面板数据混合在一起用普通最小二乘法（OLS）估计所得到的结果是完全相同的。

（二）变截距模型的估计结果

1.固定效应变截距模型

表 10.2.3—表 10.2.5 分别给出了个体固定效应变截距模型、时间固定效应变截距模型和个体时间固定效应变截距模型的估计结果：

表 10.2.3　个体固定效应变截距模型的估计结果

Dependent Variable：CP?

Method：Pooled Least Squares

Variable	Coefficient	Std. Error	t-Statistic	Prob.
C	515.6133	81.59680	6.319038	0.0000
IP?	0.697561	0.012692	54.96020	0.0000
Fixed Effects（Cross）				
AH—C	−36.30568			
BJ—C	537.5663			
FJ—C	−47.64545			
HB—C	−154.2368			
HLJ—C	−169.7013			
JL—C	24.50419			
JS—C	−35.19584			
JX—C	−319.6957			
LN—C	106.4273			
NMG—C	−209.5483			
SD—C	−134.1146			
SH—C	266.9856			
SX—C	−74.88892			
TJ—C	47.22920			
ZJ——C	198.6199			
Effects Specification				

续表

Cross-section fixed (dummy variables)			
R-squared	0.992488	Mean dependent var	4917.608
Adjusted R-squared	0.991222	S.D. dependent var	1704.704
S.E. of regression	159.7187	Akaike info criterion	13.12414
Sum squared resid	2270394.	Schwarz criterion	13.52856
Log likelihood	−673.0175	Hannan-Quinn criter.	13.28802
F-statistic	783.8875	Durbin-Watson stat	1.609518
Prob(F-statistic)	0.000000		

表 10.2.4 时间固定效应变截距模型的估计结果

Dependent Variable:CP?

Method:Pooled Least Squares

Sample:1996 2002

Included observations:7

Cross-sections included:15

Total pool (balanced) observations:105

Variable	Coefficient	Std. Error	t-Statistic	Prob.
C	2.576515	68.80555	0.037446	0.9702
IP?	0.778860	0.010438	74.61904	0.0000
Fixed Effects (Period)				
1996—C	105.9286			
1997—C	134.0558			
1998—C	54.84818			
1999—C	−37.07411			
2000—C	−7.118165			
2001—C	−156.7475			
2002—C	−93.89278			

Effects Specification			
Period fixed (dummy variables)			
R-squared	0.986669	Mean dependent var	4917.608
Adjusted R-squared	0.985707	S.D. dependent var	1704.704
S.E. of regression	203.8003	Akaike info criterion	13.54529

续表

Sum squared resid	4028851.	Schwarz criterion	13.74750
Log likelihood	−703.1277	Hannan-Quinn criter.	13.62723
F-statistic	1025.641	Durbin-Watson stat	0.785378
Prob(F-statistic)	0.000000		

表 10.2.4　个体时间固定效应变截距模型的估计结果

Dependent Variable：CP?

Method：Pooled Least Squares

Date：03/17/14　Time：17：16

Sample：1996 2002

Included observations：7

Cross-sections included：15

Total pool (balanced) observations：105

Variable	Coefficient	Std. Error	t-Statistic	Prob.
C	681.9290	207.2762	3.289953	0.0015
IP?	0.671206	0.032756	20.49100	0.0000
Fixed Effects (Cross)				
AH—C	−68.63843			
BJ—C	617.1557			
FJ—C	−28.38130			
HB—C	−177.6474			
HLJ—C	−211.9233			
JL—C	−18.14978			
JS—C	−30.40812			
JX—C	−360.1578			
LN—C	74.35982			
NMG—C	−252.6232			
SD—C	−142.6968			
SH—C	374.5426			
SX—C	−120.3363			
TJ—C	81.08707			
ZJ—C	263.8172			

续表

Fixed Effects (Period)				
1996—C	−75.32923			
1997—C	23.58169			
1998—C	−8.334452			
1999—C	−38.77292			
2000—C	32.76087			
2001—C	−41.96390			
2002—C	108.0579			

Effects Specification

Cross-section fixed (dummy variables)

Period fixed (dummy variables)

R-squared	0.993231	Mean dependent var	4917.608
Adjusted R-squared	0.991519	S.D. dependent var	1704.704
S.E. of regression	156.9927	Akaike info criterion	13.13420
Sum squared resid	2045678.	Schwarz criterion	13.69027
Log likelihood	−667.5457	Hannan-Quinn criter.	13.35953
F-statistic	579.9668	Durbin-Watson stat	1.433232
Prob(F-statistic)	0.000000		

在上面的估计结果中 C 行对应的系数为公共截距,Fixed Effects 为截距项的固定效应,因此具体每一个体(或时间)的截距为公共截距与固定效应之和,由此可以写出以上三个模型如下:

(1)估计的个体固定效应变截距模型为:

安徽:$\hat{CP}=479.3076+0.6976IP$

北京:$\hat{CP}=1053.1796+0.6976IP$

福建:$\hat{CP}=467.9678+0.6976IP$

浙江:$\hat{CP}=714.2332+0.6976IP$

(2)估计的个体固定效应变截距模型为:

1996 年:$\hat{CP}=108.5051+0.7789IP$

1997 年：$\hat{CP}=136.6323+0.7789IP$

2002 年：$\hat{CP}=-91.3162+0.7789IP$

（3）估计的个体时间固定效应变截距模型为：

1996 年安徽：$\hat{CP}=537.9627+0.6712IP$

1996 年北京：$\hat{CP}=1223.7555+0.6712IP$

1996 年浙江：$\hat{CP}=870.4170+0.6712IP$

1997 年安徽：$\hat{CP}=636.8723+0.6712IP$

2002 年浙江：$\hat{CP}=1054.3641+0.6712IP$

2.随机效应变截距模型

下面只给出个体随机效应变截距模型的估计结果，见表 10.2.5。

表 10.2.5 个体随机效应变截距模型的估计结果

Dependent Variable：CP?

Method：Pooled EGLS（Cross-section random effects）

Date：03/18/14 Time：17：32

Sample：1996 2002

Included observations：7

Cross-sections included：15

Total pool（balanced）observations：105

Swamy and Arora estimator of component variances

Variable	Coefficient	Std. Error	t-Statistic	Prob.
C	345.1784	75.47227	4.573579	0.0000
IP?	0.724569	0.010572	68.53806	0.0000
Random Effects（Cross）				
AH−C	−2.553285			
BJ−C	367.0439			
FJ−C	−54.24029			
HB−C	−104.8367			

续表

HLJ—C	−101.7677		
JL—C	54.90665		
JS—C	−32.27864		
JX—C	−223.9515		
LN—C	112.1151		
NMG—C	−133.1375		
SD—C	−100.8713		
SH—C	126.1816		
SX—C	−22.79176		
TJ—C	10.08775		
ZJ—C	106.0936		

Effects Specification			
		S.D.	Rho
Cross-section random		122.6207	0.3708
Idiosyncratic random		159.7187	0.6292

Weighted Statistics			
R-squared	0.975741	Mean dependent var	2172.054
Adjusted R-squared	0.975506	S.D. dependent var	1086.684
S.E. of regression	170.0730	Sum squared resid	2979255.
F-statistic	4142.900	Durbin-Watson stat	1.230758
Prob(F-statistic)	0.000000		

Unweighted Statistics			
R-squared	0.982042	Mean dependent var	4 917.608
Sum squared resid	5 427 330.	Durbin-Watson stat	0.675607

所得估计模型为：

$$\hat{CP}_{it} = 345.1784 + 0.7246\, IP_{it} + \hat{v}_i$$

其中反映各地区消费差异的随机效应 v_i 的估计结果见表 10.2.6.

表 10.2.6　个体随机效应变截距模型的各地区随机效应估计值

地区	$\hat{v}$	地区	$\hat{v}$	地区	$\hat{v}$	地区	$\hat{v}$	地区	$\hat{v}$
安徽	−2.55	河北	−104.84	江苏	−32.28	内蒙古	−133.14	陕西	−22.79
北京	367.04	黑龙江	−101.77	江西	−223.95	山东	−100.87	天津	10.09
福建	−54.24	吉林	54.91	辽宁	112.12	上海	126.18	浙江	106.09

（三）变系数模型的估计结果

下面只给出个体固定效应变系数模型的估计结果，见表 10.2.7。

表 10.2.7　个体固定效应变系数模型的估计结果

Dependent Variable：CP?

Method：Pooled Least Squares

Date：03/18/14　Time：18：00

Sample：1996 2002

Included observations：7

Cross-sections included：15

Total pool（balanced）observations：105

Variable	Coefficient	Std. Error	t-Statistic	Prob.
C	506.8080	78.49295	6.456733	0.0000
AH−IPAH	0.760053	0.083156	9.140057	0.0000
BJ−IPBJ	0.806556	0.026004	31.01621	0.0000
FJ−IPFJ	0.583046	0.038416	15.17734	0.0000
HB−IPHB	0.705311	0.066939	10.53661	0.0000
HLJ−IPHLJ	0.644470	0.062252	10.35262	0.0000
JL−−IPJL	0.787571	0.062076	12.68718	0.0000
JS−IPJS	0.662366	0.049147	13.47731	0.0000
JX−IPJX	0.601985	0.057506	10.46817	0.0000
LN−IPLN	0.781279	0.061467	12.71051	0.0000
NMG−IPNMG	0.785819	0.056871	13.81758	0.0000
SD−IPSD	0.677399	0.049733	13.62064	0.0000
SH−IPSH	0.671730	0.024605	27.30093	0.0000
SX−IPSX	0.669777	0.056873	11.77680	0.0000
TJ−IPTJ	0.745713	0.040951	18.20986	0.0000

续表

ZJ－IPZJ	0.627661	0.029693	21.13847	0.0000
Fixed Effects（Cross）				
AH－－C	−345.1910			
BJ－C	−470.5906			
FJ－C	767.5187			
HB－C	−187.4531			
HLJ－C	89.08592			
JL－C	−389.0246			
JS－C	202.1077			
JX－C	145.5139			
LN－C	−311.2090			
NMG－C	−613.4487			
SD－C	−4.638612			
SH－C	544.2234			
SX－C	61.33799			
TJ－C	−309.6852			
ZJ－C	821.4531			

Effects Specification

Cross-section fixed（dummy variables）

R-squared	0.995337	Mean dependent var	4 917.608
Adjusted R-squared	0.993534	S.D. dependent var	1 704.704
S.E. of regression	137.0766	Akaike info criterion	12.91391
Sum squared resid	1409249.	Schwarz criterion	13.67219
Log likelihood	−647.9804	Hannan-Quinn criter.	13.22118
F-statistic	552.0481	Durbin-Watson stat	2.354650
Prob（F-statistic）	0.000000		

所得估计模型为：

安徽：$\widehat{CP}=161.6170+0.7601IP$

北京：$\widehat{CP}=36.2174+0.8066IP$

浙江：$\widehat{CP}=1\,328.2611+0.6277IP$

三、模型形式的设定检验

（一）固定效应的检验

相对于混合估计模型来说，是否有必要建立固定效应变截距模型可以通过 F 检验来完成。其检验假设为：

原假设 H_0：不同个体（或不同时间）的模型截距项相同（建立混合估计模型）。

备择假设 H_1：不同个体（或不同时间）的模型截距项不同（建立固定效应模型）。

这里将该检验的检验统计量省略，读者可查询相关计量经济学教材，由于该检验统计量服从 F 分布，因此称为 F 检验。

另外，需要说明的是，该检验在 EViews 中无法自动完成。

（二）随机效应的检验

在实际应用中，究竟是采用固定效应模型还是采用随机效应模型，这需要进行检验。当时间样本量很小而截面样本量很大时，参数估计在固定效应或是随机效应的不同假定下会产生明显的差别。因此有必要对采用固定效应模型还是随机效应模型进行事先检验。下面介绍两种主要的检验方法。

1.LM 检验

Breush 和 Pagan 于 1980 年基于 OLS 残差，为随机效应模型构造了一种拉格朗日乘数检验方法，其检验假设为：

原假设 H_0：采用固定效应回归模型

备择假设 H_1：采用随机效应回归模型

2.豪斯曼（Hausman）检验

豪斯曼检验的检验假设与 LM 检验的检验假设相反，即为：

原假设 H_0：个体（或时间）效应与回归变量无关（随机效应回归模型）

备择假设 H_1：个体（或时间）效应与回归变量相关（固定效应回归模型）

下面以检验是采用个体固定效应变截距模型还是采用个体随机效应变截距模型为例来说明 EViews 中豪斯曼检验的操作。在估计得到的个体随机效应模型的方程窗口点击 View→Fixed/Random Effects Testing→Correlated Random Effect-Hausman Test 即可得到 Hausman 检验的结果，如表 10.2.8。

表 10.2.8　个体固定效应与个体随机效应的豪斯曼检验结果

Test Summary	Chi-Sq.	Statistic	Chi-Sq. d.f.	Prob.S
Cross-section random		14.787516	1	0.0001
Cross-section random effects test comparisons:				
Variable	Fixed	Random	Var(Diff.)	Prob.
IP?	0.697561	0.724569	0.000049	0.0001

由检验结果知,豪斯曼检验统计量为 14.7875,相对应的 p 值为 0.0001,因此,明显拒绝原假设,认为应该采用个体固定效应变截距模型。

第三节　用 R 软件估计面板数据模型

R 软件提供了专门建立面板数据模型的程序包,plm 包,本节所新介绍的函数均属于 plm 程序包。下面就结合例 10.1.1 的数据来说明该包的使用。

一、建立合成数据库对象

和 EViews 一样,在用 R 软件估计模型之前,需要将数据转换成软件能够识别的面板数据的格式,这可以通过 plm 包的 plm.data( )函数来完成,但在使用该函数之前需要将数据以表 10.3.1 的形式输入 EXCEL 中,并保存在 CSV 格式,对应的变量分别为 CP 和 IP,文件名为"华东 15 省居民家庭人均消费和人均收入.csv"。接下来就可以将该数据读入 R 软件并转换成 R 软件能够识别的面板数据形式,代码如下:

```
pdata＝read.csv("华东 15 省居民家庭人均消费和人均收入.csv")
attach(pdata)
pdata＝plm.data(pdata)
library(plm)
pdata＝plm.data(pdata)
```

表 10.3.1 输入 EXCEL 的面板数据形式

A	B	C	D
地区	年份	CP	IP
安徽	1996	3282.466	4106.251
安徽	1997	3646.150	4540.247
安徽	1998	3777.410	4770.470
安徽	1999	3989.581	5178.528
安徽	2000	4203.555	5256.753
安徽	2001	4495.174	5640.597
安徽	2002	4784.364	6093.333
北京	1996	5133.978	6569.901
北京	1997	6203.048	7419.905
北京	1998	6807.451	8273.418
北京	1999	7453.757	9127.992
北京	2000	8206.271	9999.700
北京	2001	8654.433	11229.660
北京	2002	10473.120	12692.380
⋮	⋮	⋮	⋮
浙江	1996	5342.234	6446.515
浙江	1997	6002.082	7158.288
浙江	1998	6236.640	7860.341
浙江	1999	6600.749	8530.314
浙江	2000	6950.713	9187.287
浙江	2001	7968.327	10485.640
浙江	2002	8792.210	11822.000

在读入数据后还可以用 pdim( )函数来审核所读取的数据是否为面板数据,是平衡面板数据还是非平衡面板数据。对于审核上面读取的数据,代码为:

pdim(pdata)

运行结果为:

Balanced Panel:n=15,T=7,N=105

这说明,所读入的数据为平衡面板数据,数据样本量为 105,可以分成 15 个不同的个体,7 个不同时间。

二、面板数据模型的估计

R 软件中估计面板数据模型的函数主要是 plm 包的 plm( )函数和 pvcm( )函数,其中 plm( )函数用于估计混合模型和变截距模型,pvcm( )函数用于估计变系数模型。

plm( )函数的使用格式为:

plm(formula, data, subset, na.action, effect＝"individual", model＝"within", instruments＝NULL, random.method＝"swar", inst.method＝"bvk", index＝NULL, pvar＝TRUE, ...)

其中,formula 为回归模型的公式(同 lm( )函数);data 参数是要估计的面板数据;effect 参数控制效应的属性,是个体效应还是时间效应,其设定值有三个:"individual","time" 和"twoways",effect＝"individual",代表要估计的是个体效应,effect＝"time"代表要估计的是时间效应,effect＝"twoways"代表要估计的是个体时间效应;model 参数控制效应的类型,model＝"pooling",按混合模型进行估计,model＝"within"(默认),按固定效应进行估计,model＝"random",按随机效应进行估计;instruments 为工具变量参数;random.method 控制随机效应模型的方差分量的估计方法;其他参数见该函数帮助。

pvcm( )函数的使用格式为:

pvcm(formula, data, subset, na.action, effect＝"individual", model, index＝NULL, ...)

该函数的参数作用基本与 plm( )函数相同。

(一)混合模型的估计

用 plm( )函数估计混合模型,代码如下:

fix0＝plm(CP~IP,data＝pdata,model＝"pooling")

summary(fix0)

运行结果为:

Oneway (individual) effect Pooling Model

Call:

plm(formula＝CP~IP, data＝pdata, model＝"pooling")

Balanced Panel:n＝15, T＝7, N＝105

Residuals:

Min.	1st Qu.	Median	3rd Qu.	Max.
−569.00	−128.00	−1.05	131.00	713.00

Coefficients：

	Estimate	Std. Error	t-value	Pr($>$|t|)
(intercept)	1.2963e＋02	6.3693e＋01	2.0353	0.04183*
IP	7.5873e−01	9.5219e−03	79.6818	$<$ 2e−16***

Signif. codes：0 ' *** ' 0.001 ' ** ' 0.01 ' * ' 0.05 '.'0.1 ' ' 1

Total Sum of Squares：302230000

Residual Sum of Squares：4824600

Multiple R-Squared：0.98404

F-statistic：6349.19 on 103 and 1 DF，p-value：0.0099888

读者可以自己验证，此结果与用 lm( ) 函数直接进行估计的结果是完全相同的。

(二)变截距模型的估计

1.固定效应变截距模型的估计

(1)个体固定效应变截距模型的估计

在 R 软件中输入代码：

fix1＝plm(CP～IP，data＝pdata，model＝"within"，effect＝"individual")

summary(fix1)

运行结果为

Oneway (individual) effect Within Model

Call：

plm(formula＝CP～IP，data＝pdata，effect＝"individual"，model＝"within")

Balanced Panel：n＝15，T＝7，N＝105

Residuals：

Min.	1st Qu.	Median	3rd Qu.	Max.
−502.0	−72.6	−11.4	70.0	566.0

Coefficients ：

	Estimate	Std. Error	t-value	Pr(>|t|)
IP	0.697561	0.012692	54.96	< 2.2e−16 ***

Signif. codes：0 ' *** ' 0.001 ' ** ' 0.01 ' * ' 0.05 '.'0.1 ' ' 1

Total Sum of Squares：79 327 000

Residual Sum of Squares：2 270 400

Multiple R-Squared：0.97138

F-statistic：3 020.62 on 89 and 1 DF，p-value：0.014476

这里结果没有给出模型的公共截距及各地区的固定效应,而公共截距保存在 fix1(用 plm( ) 函数估计得到的对象)的 apha 项中,因此要提取公共截

距,可以输入代码:

fix1 $ alpha

运行得:

[1] 515.6133

所以模型公共截距为 515.6133。而要得到各地区的固定效应,可以借助 fixef( )函数来完成,代码如下:

fixef(fix1)

运行得各地区的固定效应值如下:

安徽	北京	福建	河北	黑龙江	吉林	江苏
−36.30568	537.56635	−47.64545	−154.23681	−169.70126	24.50419	−35.19584

江西	辽宁	内蒙古	山东	山西	上海	天津
−319.69570	106.42725	−209.54827	−134.11461	−74.88892	266.98560	47.22920

浙江
198.61994

另外,若不仅要得到各地区的固定效应值,还要得到相应的标准差、t 检验值等,可以使用下列代码:

summary(fixef(fix1))

运行得到:

	Estimate	Std. Error	t-value	Pr($>$|t|)
安 徽	−36.306	64.523	−0.5627	0.5736567
北 京	537.566	118.423	4.5394	5.642e−06 ***
福 建	−47.645	89.371	−0.5331	0.5939525
河 北	−154.237	68.820	−2.2412	0.0250159 *
黑龙江	−169.701	59.761	−2.8397	0.0045161 **
吉 林	24.504	59.553	0.4115	0.6807287
江 苏	−35.196	82.400	−0.4271	0.6692814
江 西	−319.696	60.609	−5.2748	1.329e−07 ***
辽 宁	106.427	64.651	1.6462	0.0997276
内蒙古	−209.548	59.350	−3.5307	0.0004145 ***
山 东	−134.115	75.961	−1.7656	0.0774685

续表

	Estimate	Std. Error	t-value	Pr($>$|t|)
山　西	-74.889	58.208	-1.2866	0.1982403
上　海	266.986	131.891	2.0243	0.0429411*
天　津	47.229	96.399	0.4899	0.6241820
浙　江	198.620	111.492	1.7815	0.0748350

相对于混合估计模型来说,是否有必要建立个体固定效应变截距模型可以通过上一节所说 F 检验来完成,该检验可以通过 R 软件中的 pFtest( ) 函数来实现。具体用该函数做 F 检验的代码如下:

pFtest(fix1,fix0)　　　　　　♯ 注意顺序,混合模型要放在后面

运行结果为:

F test for effects

data： CP~IP

F=7.1518, df1=14, df2=89, p-value=1.139e−09

alternative hypothesis：significant effects

检验结果表明 F 统计量的值为 7.1518,对应的 p 值几乎为 0,明显拒绝原假设 H_0,模型存在明显的个体固定效应。

(2)时间固定效应变截距模型的估计

估计的代码为:

fix2=plm(CP~IP,data=pdata,model="within",effect="time")

summary(fix2)

fix2 $ alpha　　　　　　♯提取公共截距

summary(fixef(fix2))　　　♯提取时间固定效应值及其标准差、t 检验值等

pFtest(fix2,fix0)　　　　♯做 F 检验

这里略去代码运行的结果,请读者自行运行,并分析结果。

(2)个体时间固定效应变截距模型的估计

在 R 软件中输入代码:

fix3=plm(CP~IP,data=pdata,model="within",effect="twoways")

summary(fix3)

运行上面的代码,同样没有给出截距的相关信息,这里要得到个体固定效应和时间固定效应,运用 fixef( )函数将难以实现,但可以使用下面的代码:

fix3 $ alpha　　　　　　　　　　　　　　♯提取公共截距

```
fix3 $ fixef $ id[seq(1,105,7)]—fix3 $ alpha        #计算个体固定效应
fix3 $ fixef $ time[1:7]—fix3 $ alpha               #计算时间固定效应
```

说明:fix3 的 fixef 对象的 id 项中存储的各地区固定效应截距(公共截距与个体固定效应之和),但其前 7 个数值相同,都为安徽的固定效应截距,接下来 7 个数值也相同,为北京的固定效应截距,其他依次类推;fix3 的 fixef 对象的 time 项的前 7 个数值中存储的是各年的固定效应截距。由此两点读者便不难理解上面的代码。

运行上面的代码,得到:

公共截距为:681.929

个体固定效应为:

安徽	北京	福建	河北	黑龙江	吉林	江苏
−68.63843	617.15573	−28.38130	−177.64743	−211.92327	−18.14978	−30.40812

江西	辽宁	内蒙古	山东	山西	上海	天津
−360.15780	74.35982	−252.62318	−142.69681	−120.33633	374.54259	81.08707

浙江
263.8172

时间固定效应为:

1996	1997	1998	1999	2000	2001	2002
−75.329230	23.581694	−8.334452	−38.772916	32.760871	−41.963904	108.057936

同样比较个体时间固定效应变截距模型相对于混合模型是否必要,可以采用 F 检验,代码为:

$$pFtest(fix3,fix0)$$

运行结果为:

F test for effects

data: CP~IP

F=5.6375, df1=20, df2=83, p-value=7.814e−09

alternative hypothesis:significant effects

2.随机效应变截距模型的估计

以个体随机效应变截距模型为例进行说明。在 R 中输入代码:

rand1=plm(CP~IP,data=pdata,model="random",effect="individual")

summary(rand1)

运行结果为：

Oneway（individual）effect Random Effect Model（Swamy－Arora's transformation）

Call：

plm（formula＝CP～IP，data＝pdata，effect＝"individual"，model＝"random"）

Balanced Panel：n＝15，T＝7，N＝105

Effects：

	var	std.dev	share
idiosyncratic	25 510.05	159.72	0.6292
individual	15 035.83	122.62	0.3708

theta：0.55831

Residuals：

Min.	1st Qu.	Median	3rd Qu.	Max.
−432.00	−106.00	−8.58	72.80	677.00

Coefficients：

	Estimate	Std. Error	t-value	Pr($>$|t|)
(intercept)	345.178383	80.365009	4.2951	1.746e−05 ***
IP	0.724569	0.011257	64.3654	$<$ 2.2e−16 ***

Signif. codes：0 ' *** ' 0.001 ' ** ' 0.01 ' * ' 0.05 '.'0.1 ' ' 1

Total Sum of Squares：122 810 000

Residual Sum of Squares：2 979 300

Multiple R-Squared：0.97574

F-statistic：4142.9 on 103 and 1 DF，p-value：0.012366

是否有必要在模型截距项的随机效应，可以使用 plmtest（ ）做 LM 检验，具体代码如下：

plmtest(CP～IP,data＝pdata,effect＝"individual",type＝"bp")

运行结果为：

Lagrange Multiplier Test-（Breusch－Pagan）

data：CP～IP

chisq＝29.8278，df＝1，p-value＝4.722e－08

alternative hypothesis：significant effects

该检验的 LM 统计量的值为 29.8278，对应的 p 值接近 0，显著拒绝只有固定效应的原假设，认为模型截距项存在随机效应。

另外，比较个体随机效应相对个体固定效应模型是否必要，还可以使用 phtest( )函数做豪斯曼检验，代码如下：

phtest(fix1,rand1)　　　　♯注意顺序，固定效应模型在前，随机效应模型在后

运行结果为：

Hausman Test

data：CP～IP

chisq＝21.2248，df＝1，p-value＝4.085e－06

alternative hypothesis：one model is inconsistent

结果表明检验统计量的值为 21.2248，对应的 p 值接近 0，显著拒绝随机效应回归模型的原假设，认为应采用个体固定效应变截距模型。

（三）变系数模型的估计

以个体固定效应变系数模型为例来说明 pvcm( )函数的使用。在 R 软件中输入代码：

vfix1＝pvcm(CP～IP,data＝pdata,effect＝"individual",model＝"with-in")

vfix1

summary(vfix1)

运行结果为：

Model Formula：CP～IP

Coefficients：

	(Intercept)	IP
安徽	161.617	0.76005
北京	36.217	0.80656
福建	1274.327	0.58305
河北	319.355	0.70531
黑龙江	595.894	0.64447
吉林	117.783	0.78757

续表

	(Intercept)	IP
江苏	708.916	0.66237
江西	652.322	0.60199
辽宁	195.599	0.78128
内蒙古	−106.641	0.78582
山东	502.169	0.67740
山西	1079.223	1.51591
上海	769.074	0.27626
天津	197.123	0.74571
浙江	1 328.261	0.62766

Oneway (individual) effect No-pooling model

Call：

pvcm(formula＝CP～IP，data＝pdata，effect＝"individual"，
model＝"within")

Balanced Panel：n＝15，T＝7，N＝105

Residuals：

Min.	1st Qu.	Median	Mean	3rd Qu.	Max.
−5.143e+02	−6.784e+01	−2.615e+00	3.050e−15	6.815e+01	6.802e+02

Coefficients：

(Intercept)	IP
Min.：−106.6	Min.：0.2763
1st Qu.：178.6	1st Qu.：0.6361
Median：502.2	Median：0.7053
Mean：522.1	Mean：0.7308
3rd Qu.：739.0	3rd Qu.：0.7835
Max.：1328.3	Max.：1.5159

Total Sum of Squares：302230000

Residual Sum of Squares：2301900

Multiple R-Squared：0.99238

第十一章　回归模型的几个重要检验

第一节　受约束检验

一、线性约束检验

例 11.1.1　表 11.1.1 给出了中国某年按行业分的全部制造业国有企业及规模以上制造业非国有企业的工业总产值 Y，资产合计 K 及职工人数 L。

表 11.1.1　中国某年按行业分的制造业企业的工业总产值、资产及职工人数

序号	工业总产值 Y(亿元)	资产合计 K(亿元)	职工人数 L(万人)	序号	工业总产值 Y(亿元)	资产合计 Kl(亿元)	职工人数 L(万人)
1	3722.70	3078.22	113	17	812.70	1118.81	43
2	1442.52	1684.43	67	18	1899.70	2052.16	61
3	1752.37	2742.77	84	19	3692.85	6113.11	240
4	1451.29	1973.82	27	20	4732.90	9228.25	222
5	5149.30	5917.01	327	21	2180.23	2866.65	80
6	2291.16	1758.77	120	22	2539.76	2545.63	96
7	1345.17	939.10	58	23	3046.95	4787.90	222
8	656.77	694.94	31	24	2192.63	3255.29	163
9	370.18	363.48	16	25	5364.83	8129.68	244
10	1590.36	2511.99	66	26	4834.68	5260.20	145
11	616.71	973.73	58	27	7549.58	7518.79	138
12	617.94	516.01	28	28	867.91	984.52	46

续表

序号	工业总产值Y（亿元）	资产合计K（亿元）	职工人数L（万人）	序号	工业总产值Y（亿元）	资产合计Kl（亿元）	职工人数L（万人）
13	4429.19	3785.91	61	29	4611.39	18626.94	218
14	5749.02	8688.03	254	30	170.30	610.91	19
15	1781.37	2798.90	83	31	325.53	1523.19	45
16	1243.07	1808.44	33				

用 EViews 估计模型

$$\ln Y_i = \beta_0 + \beta_1 \ln L_i + \beta_2 \ln K_i + u_i \tag{11.1.1}$$

的结果见表 11.1.2 所示。

表 11.1.2　模型(11.1.1)的估计结果

Dependent Variable：LOG(Y)

Method：Least Squares

Date：08/07/15　Time：22：36

Sample：1 31

Included observations：31

Variable	Coefficient	Std. Error	t-Statistic	Prob.
C	1.153994	0.727611	1.586004	0.1240
LOG(K)	0.609236	0.176378	3.454149	0.0018
LOG(L)	0.360796	0.201591	1.789741	0.0843
R-squared	0.809925	Mean dependent var		7.493997
Adjusted R-squared	0.796348	S.D. dependent var		0.942960
S.E. of regression	0.425538	Akaike info criterion		1.220839
Sum squared resid	5.070303	Schwarz criterion		1.359612
Log likelihood	−15.92300	Hannan-Quinn criter.		1.266075
F-statistic	59.65501	Durbin-Watson stat		0.793209
Prob(F-statistic)	0.000000			

　　由表 11.1.2 的结果可以看到 $\hat{\beta}_1 = 0.6092$，$\hat{\beta}_2 = 0.3608$，两者之和为 0.97，接近于 1，因此，这让人怀疑(11.1.1)式所示的模型是规模报酬不变的，但这一假设是否成立，需要检验，即要检验线性约束条件：

$$\beta_1 + \beta_2 = 1 \qquad (11.1.2)$$

是否成立。

下面分别用 EViews 和 R 软件来检验(11.1.2)式是否成立。

(一)用 EViews 进行检验

EViews 没有给出专门用于线性约束检验的功能,但它给出了后面要介绍的非线性约束检验的功能,由于线性约束可以看成是一种特殊的非线性约束。因此,在 EViews 中可以通过用于非线性约束的 wald 检验和似然比检验来实现线性约束的检验。

对于例 11.1.1,将数据导入 EViews 后,按模型(11.1.1)估计回归方程,在得到的方程窗口中依次点击 View→Coefficient Diagnostics→wald Test-Coeffient Restrictions,出现图 11.1.1 所示的对话框,在该对话框中输入 c(2)+c(3)=1,点击"OK",即可出现表 11.1.3 所示的结果。

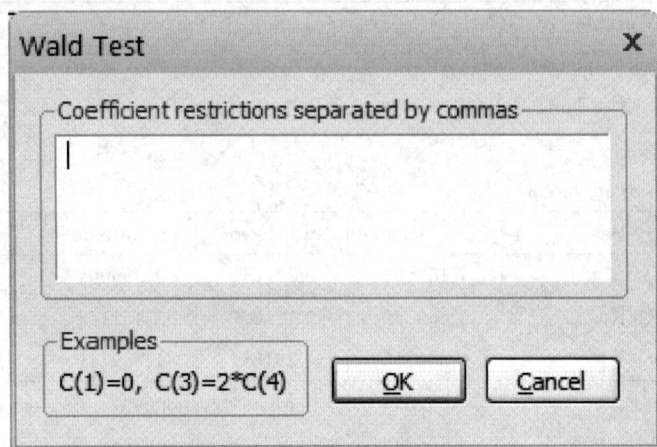

图 11.1.1   wald 检验设置框

表 11.1.3   Wald 检验的结果

Wald Test:

Equation:Untitled

Test Statistic	Value	df	Probability
t-statistic	−0.317991	28	0.7529
F-statistic	0.101118	(1, 28)	0.7529
Chi-square	0.101118	1	0.7505

续表

Null Hypothesis：C(2)＋C(3)＝1		
Null Hypothesis Summary：		
Normalized Restriction（= 0）	Value	Std. Err.
−1 + C(2) + C(3)	−0.029968	0.094242

Restrictions are linear in coefficients.

根据这一结果可以看到 F 统计量的 p 值为 0.7529，远大于 0.1，因此不拒绝约束条件为真的原假设，因此认为(11.1.2)式的约束条件是成立的。

（二）用 R 软件进行检验

R 软件的 car 包中提供了实现线性约束检验的函数 linear.hypothesis( )（或简写为 lht( )），它有两种使用格式：

第一种格式：

linear.hypothesis(model，c("x1＋x2＝1 "，"x3＝0.5 "，…))

其中 model 是对无约束回归模型进行估计得到的对象（在例 11.1.1 中即为模型(11.1.1)）；x1＋x2＝1 表达的约束条件是变量 x1 的系数与变量 x2 的系数之和为 1，其他的依次类推。

第二种格式：

linear.hypothesis(model，A，b)

其中 A 是线性约束条件系数矩阵；b 为线性约束的常数项。例如对于约束条件(11.1.2)式，可以写成：

$$(0,1,1)\begin{pmatrix}\beta_0\\\beta_1\\\beta_2\end{pmatrix}=1 \tag{11.1.3}$$

则 A＝c(0,1,1)，b＝1。

另外，本书自编的 ecosup 包中也提供了一个线性约束检验的函数——lrFtest( )，该函数的使用格式与 linear.hypothesis( )的第二种使用格式完全相同。

将例 11.1.1 的数据以 EXCEL 的 CSV 文件存储，文件名为"制造业企业总产值及其要素的数据.csv"，变量名分别为 Y、K、L。在 R 软件中输入代码：

a＝read.csv("制造业企业总产值及其要素的数据.csv")

attach(a)

fm＝lm(log(Y)～log(K)＋log(L))

```
library(car)
lht(fm,"log(K)+log(L)=1")
```

运行结果为：

Linear hypothesis test

Hypothesis：

log(K) + log(L) = 1

Model 1：log(Y) ~ log(K) + log(L)

Model 2：restricted model

	Res.Df	RSS	Df	Sum of Sq	F	Pr(>F)
1	28	5.0703				
2	29	5.0886	−1	−0.0183	0.1011	0.7529

这个结果和上面 Eviews 得到的结果是一致的。

二、非线性约束检验

非线性约束最常用的是 Wald 检验，上面已经介绍了在 Eviews 中如何进行 Wald 检验，因此，下面主要介绍如何应用 R 软件进行 Wald 检验。

在 R 软件中，lmtest 包中提供了 Wald 检验的函数——waldtest( )，但该函数只能用于检验线性约束条件。为此，下面以例 11.1.1 为例编写了实现 Wald 检验一段代码，这段代码只需要在 6 个注释的地方略加修改即可实现任意约束条件的 Wald 检验。这段代码为：

```
expr=expression(b1+b2-1)
                #可根据实际约束条件在 expression 中改变、增加约束条件
m=length(expr)
b=coef(fm)
                #fm 为估计无约束回归模型的对象，需根据实际修改
k=length(b)
vc=vcov(fm)
                #fm 为估计无约束回归模型的对象，需根据实际修改
g=matrix(0,nrow=m,ncol=k)
f=rep(0,m)
for (i in 1:m){
  d = deriv(expr[i], c("b0","b1","b2"), func = TRUE)
                        #可根据解释变量的个数修改
```

g[i,]=attr(d(b[1],b[2],b[3]),"gradient")
　　　　　　　　　　　　　　　　　　　♯可根据解释变量的个数修改
　f[i]=d(b[1],b[2],b[3])[1]　　　　　♯可根据解释变量的个数修改
　}
vf=g%＊%vc%＊%t(g)
W=t(f)%＊%solve(vf)%＊%f
list(Wald.statistic=t(f)%＊%solve(vf)%＊%f,p.value=1−pchisq(W,m))
运行以上代码,即可以得到结果:
$ Wald.statistic
　　　　　[,1]
[1,] 0.1011182
$ p.value
　　　　　[,1]
[1,] 0.7504919

从这个结果可以看到,对于线性约束条件,Wald 检验的结果与线性约束的 F 检验的结果是完全相同的。

第二节　邹(Chow)突变点检验

邹突变点检验由邹至庄 1960 年提出。当研究同一个问题时,在不同时段得到两个子样本时,需要考察两个不同时段的回归系数是否相同,即回归系数在不同时段是否稳定。当然这一检验也适用于两个截面样本的情形。

下面以例 11.2.1 来说明在 EViews 和 R 软件中如何进行邹突变点检验。

例 11.2.1　已知西藏城镇居民 1981—2013 年的人均可支配收入与人均消费支出的数据见表 11.2.1。假如我们要估计一个简单的西藏城镇居民消费函数,即西藏城镇居民人均消费(Y)对人均可支配收入(X)的回归模型:

$$Y_t=\beta_0+\beta_1 X_t+u_t \tag{11.2.1}$$

就需要假定在 1981—2013 年间 Y 与 X 的关系没有发生太大的变动,但根据图 11.2.1 可以看到,西藏城镇居民消费支出与可支配收入的数据在 1992 年前后及 2006 年前后变化较大,这很可能影响 1992 年前后及 2006 年前后两者的关系,因此下面用邹突变点检验判断两者的关系在 1992 年及 2006 年前后是

否发生变化。

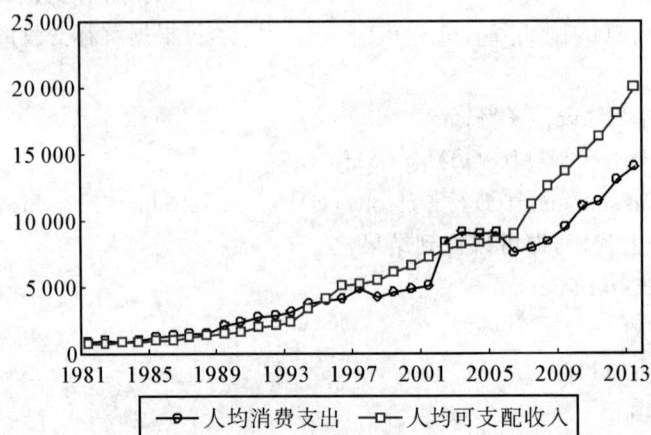

图 11.2.1　西藏 1981—2013 年城镇居民人均消费支出与可支配收入

表 11.2.1　西藏 1981—2013 年城镇居民人均消费支出与可支配收入

单位:元

年份	人均可支配收入	人均消费支出	年份	人均可支配收入	人均消费支出
1981	715	878	1998	5 439	4 169
1982	768	968	1999	5 998	4 579
1983	840	814	2000	6 448	4 737
1984	915	971	2001	7 119	4 992
1985	984	1 182	2002	7 762	8 278
1986	1 026	1 387	2003	8 058	9 112
1987	1 229	1 478	2004	8 200	8 895
1988	1 376	1 519	2005	8 411	9 040
1989	1 477	2 078	2006	8 941	7 515
1990	1 613	2 329	2007	11 131	7 888
1991	1 995	2 721	2008	12 482	8 324
1992	2 083	2 825	2009	13 544	9 421
1993	2 348	3 083	2010	14 980	11 028

续表

年份	人均可支配收入	人均消费支出	年份	人均可支配收入	人均消费支出
1994	3 330	3 700	2011	16 196	11 393
1995	4 000	3 981	2012	180 28	12 958
1996	5 030	4 023	2013	20 023	14 001
1997	5 135	4 744			

一、应用 EViews 进行邹检验

首先判断 1981—2006 年间,1992 年是否为西藏城镇居民人均消费与人均收入之间关系的突变点。为此,先将表 11.2.1 的数据录入到 EViews 中,然后在 EViews 的命令窗口中输入:

SMPL　981　2006　　（将样本的范围设定在 1981 年到 2006 年之间）

LS　Y　C　X

在命令运行后出现的方程窗口依次点击 View→Stability Diagnostics→Chow Breakpoint Test,则出现图 11.2.2 所示的对话框,在该对话框的"Enter one more breakpoint dates"框中输入 1993,点击 OK,即可出现表 11.2.2 所示的结果。

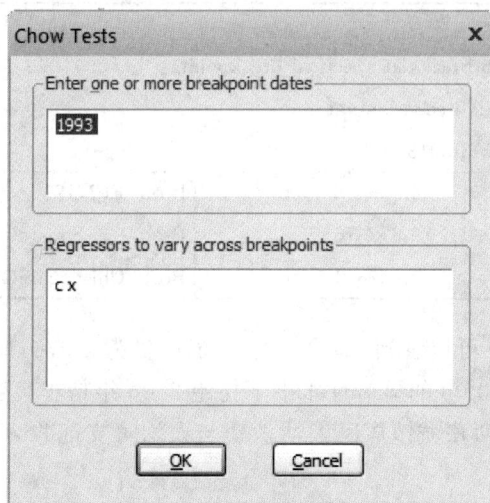

图 11.2.2　EViews 中邹检验设置窗口

表 11.2.2　1992 年是否突变点的邹检验结果

Chow Breakpoint Test：1993

Null Hypothesis：No breaks at specified breakpoints

Varying regressors：All equation variables

Equation Sample：1981 2006

F-statistic	1.055331	Prob. F(2,22)	0.3650
Log likelihood ratio	2.381904	Prob. Chi-Square(2)	0.3039
Wald Statistic	2.110662	Prob. Chi-Square(2)	0.3481

　　根据表 11.2.2 可以看到，邹检验的 F 统计量为 1.055331，对应检验 p 值为 0.3650，因此不拒绝 1992 年是非突变点的原假设，即根据目前样本信息，还不能认定 1992 年前后西藏城镇居民人均消费与人均可支配收入之间的关系发生了改变。

　　下面再判断 2006 年是否为西藏城镇居民人均消费与人均收入之间关系的突变点。为此，先通过 SMPL 命令将样本的范围设定在 1993—2013 年间，然后类似上面的操作，得出的邹检验设置窗口（见图 11.2.2）后，在"Enter one more breakpoint dates"框中输入 2007，点击 OK，则出现表 11.2.3 所示的结果。

表 11.2.3　2006 年是否突变点的邹检验结果

Chow Breakpoint Test：2007

Null Hypothesis：No breaks at specified breakpoints

Varying regressors：All equation variables

Equation Sample：1993 2013

F-statistic	4.976416	Prob. F(2,17)	0.0199
Log likelihood ratio	9.678375	Prob. Chi-Square(2)	0.0079
Wald Statistic	9.952831	Prob. Chi-Square(2)	0.0069

　　根据表 11.2.3 可以看到，邹检验的 F 统计量为 4.976416，对应检验 p 值为 0.0199，因此在 0.05 的显著性水平下拒绝 2006 年是非突变点的原假设，即认为 2006 年前后西藏城镇居民人均消费与人均可支配收入之间的关系发生了改变。

二、应用 R 软件进行邹检验

在 R 软件中,扩展的程序包 gap 中提供了进行邹检验的函数——chow.test( ),其使用格式为:

$$chow.test(y1,x1,y2,x2,x=NULL)$$

其中,y1 和 x1 分别是突变点以前的被解释变量和解释变量的数据组成的向量;y2 和 x2 分别是突变点以后的被解释变量和解释变量的数据组成的向量。

首先将表 11.2.1 中西藏城镇居民人均可支配收入与人均消费支出的数据各录入到 EXCEL 的一列中,变量名依次为 X 和 Y,并将文件保存在 CSV 文件,文件名为"西藏城镇居民人均可支配收入与消费支出.csv"。然后打开 R 软件,输入代码:

```
a＝read.csv("西藏城镇居民人均可支配收入与消费支出.csv")
attach(a)
library(gap)
chow.test(y[1:12],x[1:12],y[13:26],x[13:26])
                                      ＃检测 1992 年是否为突变点
chow.test(y[13:26],x[13:26],y[27:33],x[27:33])
                                      ＃检测 2006 年是否为突变点
```

运行结果为:

```
＞ chow.test(y[1:12],x[1:12],y[13:26],x[13:26])
                                      ＃检测 1992 年是否为突变点
    F value       d.f.1        d.f.2       P value
 1.0553310    2.0000000  22.0000000    0.3650472
＞ chow.test(y[13:26],x[13:26],y[27:33],x[27:33])
                                      ＃检测 2006 年是否为突变点
    F value       d.f.1        d.f.2       P value
 4.97641562   2.00000000  17.00000000   0.01989200
```

可以看到,这里的结果与上面 EViews 得出的结果是相同的。因此,通过 R 软件,同样也得出了 1992 年前后西藏城镇居民人均消费与人均收入的关系未发生改变,而 2006 年前后两者关系发生了改变的结论。

第三节　正态性检验

在计量经济学模型中,我们总是假定随机误差项服从正态分布,这样就可以得出参数估计量也服从正态分布,从而可以得到参数的区间估计以及各检验统计量的分布。因此,当正态性假定得不到满足时,参数估计的精度和各种检验的结果未必可靠,由此也需要对模型的正态性假定进行验证。

由于正态性的假定是针对随机误差项而设定的,因此可以通过观察或检验残差是否服从正态分布,来发现模型是否满足正态性假定。下面以例 11.3.1 的数据为例,来说明模型正态性检验的方法及其实现过程。

例 11.3.1　某企业为研究公司的产品销售额与产品广告投入的关系,研究人员随即收集了该企业近 20 个月的产品广告投入费用与销售额的数据,见表 11.3.1 所示。试判断该企业销售额与产品广告投入之间的线性回归模型是否满足正态性的假定。

表 11.3.1　某企业近 20 个月的产品广告投入与销售额数据

单位:万元

月份编号	广告投入	销售额	月份编号	广告投入	销售额
1	40.0	588.0	11	42.5	651.4
2	18.0	286.8	12	16.2	310.0
3	61.0	902.3	13	58.3	760.3
4	12.5	154.4	14	11.0	253.7
5	45.0	603.5	15	47.8	717.7
6	23.5	394.8	16	21.5	366.3
7	55.5	821.2	17	53.1	704.0
8	33.5	556.6	18	32.0	428.6
9	26.5	409.2	19	26.8	322.6
10	34.5	572.9	20	37.3	535.1

一、用 QQ 图作初步判断

用来判断分布是否为正态分布常用到 QQ 图,若 QQ 图上的点近似地在一条直线附近,可以认为样本数据来自正态分布总体。

在 R 软件中,提供了绘制 QQ 图的函数 qqnorm( ),其使用格式为:

qqnorm(y, ylim, main = "Normal Q-Q Plot", xlab = "Theoretical Quantiles", ylab = "Sample Quantiles", plot. it = TRUE, datax = FALSE,…)

其中,y 为样本数据构成的向量;ylim 为图形化参数;main 为图形的标题;xlab 和 ylab 分别为横轴和纵轴的标题;其他参数见在线帮助。

qqnorm( )给出的是 QQ 散点图,要在该图上添加合适的直线,可以采用 qqline( )函数,其格式为:

$$qqline(y, datax = FALSE, ...)$$

对于例 11.3.1,首先将数据录入到 EXCEL 的两列中,变量名依次为 x 和 y,并将数据文件保存为 CSV 文件,文件名为"某企业产品销售额与广告投入. csv",然后在 R 中输入代码:

```
a=read.csv("某企业产品销售额与广告投入.csv")
attach(a)
model=lm(y~x)
e=resid(model)
qqnorm(e)
qqline(e)
```

运行结果为:

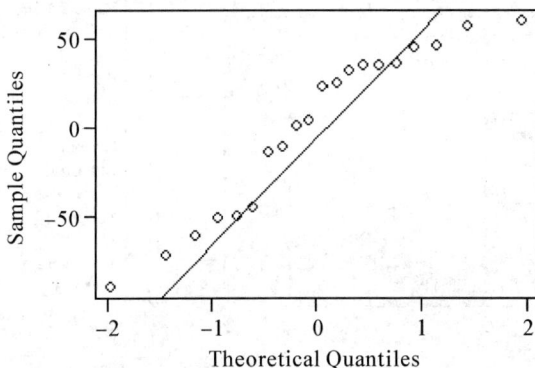

图 11.3.1 某企业产品销售额与广告投入的回归模型的 QQ 图

从图 11.3.1 可以看到,残差图中的散点大致在一条直线的附近,因此初步可以认为残差服从正态分布,即满足正态性假定。

二、应用 JB(Jarque-Bera)检验

JB 检验是一种基于分布的偏度和峰度的检验方法,适合于大样本情形下检验总体是否服从正态分布。JB 检验的检验统计量为:

$$JB = n\left[\frac{s_k^2}{6} + \frac{(k-3)^2}{24}\right]$$ (11.3.1)

其中 s_k 为样本偏态系数,k 为样本峰态系数。

在原假设(总体分布为正态分布)成立的情况下,Jarque(雅克)和 Bera(贝里)证明了 JB 统计量在大样本下近似服从 $\chi^2(2)$ 分布,故在给定显著性水平 α 下,JB 检验的拒绝域为 $W = \{JB \geqslant \chi_\alpha^2(2)\}$。

(一)用 EViews 作 JB 检验

对于例 11.3.1,将数据录入到 EViews 后,作 y 关于 x 的回归,然后在工作文件中双击"resid",在打开的对话框中依次点击 View→Descriptive Statistics & Tests→Histogram and stats,或者在方程窗口依次点击 View→Residual Diagnostics→Histogram-Normality Test,则均会出现如图 11.3.2 所示的结果。

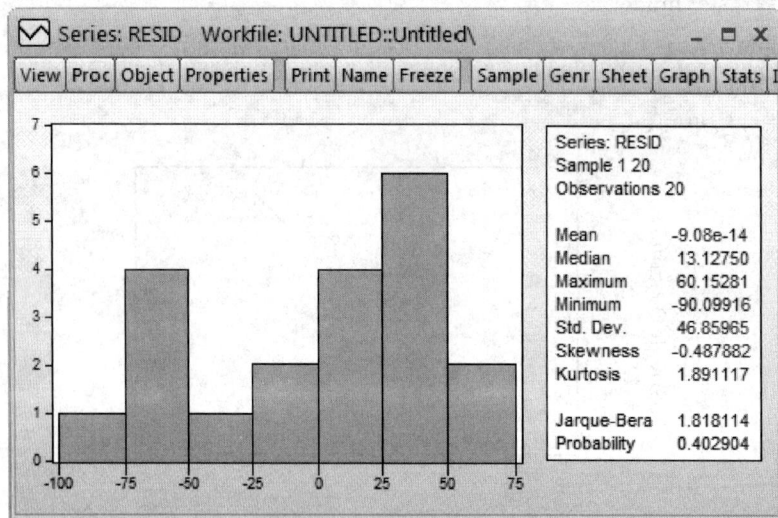

图 11.3.2 模型残差的直方图及其描述统计量

从图 11.3.2 可以看到,模型残差的 JB 统计量为 1.818114,对应的 p 值为 0.402904,明显超过了 0.1,因此不拒绝原假设,即可以认为模型残差的分布属

于正态分布。

(二)用 R 软件作 JB 检验

在 R 软件中,fBasics 包中 jarqueberaTest( )函数(或 jbTest( )函数)提供了 JB 检验的功能,其使用格式为:

$$jarqueberaTest(x)$$

对于例 11.3.1,作 JB 检验可以在上面建立回归模型的代码基础上,输入代码:

library(fBasics)

jarqueberaTest(e)

运行结果为:

Title：

Jarque - Bera Normalality Test

Test Results：

　　STATISTIC：

　　　　X-squared：1.8181

　　P VALUE：

　　　　Asymptotic p Value：0.4029

这个结果与上面 EViews 的结果完全相同。

三、应用 K－S(Kolmogorov-Smirnov)检验

K－S 检验是一种基于经验分布函数的检验,因此理论上可以检验任何分布。其检验的原假设是样本来自于某特定分布,对应的备择假设是样本不来自该分布。在 R 软件中,进行 K－S 检验的函数为 ks.test( ),其使用格式为:

ks.test(x, y, ⋯, alternative ＝ c("two.sided", "less", "greater"), exact ＝ NULL)

其中 x 是待检验的样本构成的向量,y 是原假设的数据向量或描述原假设的字符串。

对于例 11.3.1,应用 K－S 检验对模型的正态性进行验证,可以输入如下代码:

se＝sqrt(sum(e^2)/(length(y)−2))

　　　　　　　　　♯计算模型的标准误差,即随机误差项标准差的估计

ks.test(e,"pnorm",0,se)

　　　　　　　　　♯验证残差是否服从均值为 0,标准差为 se 的正态分布

运行的结果为：

      One-sample Kolmogorov-Smirnov test

data：e

D = 0.1796, p−value = 0.484

alternative hypothesis：two−sided

从这个结果可以看到，计算出的 K−S 统计量为 0.1796，对应的 p 值为 0.484，因此不拒绝原假设，即可以认为模型残差服从均值为 0，标准差为 se 的正态分布。

四、应用夏皮罗—威尔克(Shapiro-Wilk)检验

夏皮罗—威尔克检验也简称 W 检验，这个检验在样本容量 n 在 8 到 50 之间可以使用，过小的样本($n < 8$)对偏离正态分布的检验不太有效。

在 R 软件中，shapiro.test( )提供了 W 检验的功能，其使用格式为：

shapiro.test(x)

对于例 11.3.1，应用 Shapiro-Wilk 检验对模型的正态性进行验证，可以输入如下代码：

shapiro.test(e)

运行的结果为：

      Shapiro-Wilk normality test

data： e

W = 0.9131, p−value = 0.07302

可以看到，计算出的 W 统计量为 0.9131，对应的 p 值为 0.07302。因此，在 0.05 的显著性水平下，不拒绝原假设，即可以认为模型残差服从正态分布。

五、标准化残差的应用与模型诊断

有时为了更准确地判断模型正态性的假定是否成立，需要对残差进行标准化处理，计算标准化残差。可以证明：

$$E(e)=0, \mathrm{Var}(e)=\sigma^2(I-H) \tag{11.3.2}$$

其中 $e=(e_1,e_2,\cdots,e_n)'$，σ^2 为随机误差项 u 的方差，I 为 n 阶单位矩阵，H 为一 n 阶方阵。

因此，对每个 e_i，有

$$\frac{e_i}{\sigma \sqrt{1-h_{ii}}} \sim N(0,1) \qquad\qquad (11.3.3)$$

这里 σ 未知，可以用模型的标准误差 s_e 代替，于是称

$$r_i = \frac{e_i}{s_e \sqrt{1-h_{ii}}} \qquad\qquad (11.3.4)$$

为模型的标准化残差。当样本容量较大时，标准化残差近似服从标准正态分布。

在 R 软件中，计算标准化残差的函数为：

$$\text{rstandard(model, \cdots)}$$

其中参数 model 为回归生成的对象。

根据标准正态分布的性质，应该有 95％以上的标准化残差的样本点落在区间 $[-2,2]$ 内。因此根据这一点也可以判断模型的是否满足正态性的假定。例如，对于例 11.3.1，可以作出标准化残差与自变量 x 的散点图，其代码为：

r＝rstandard(model)

plot(x,r,ylim＝c(－2,2))

abline(h＝－2,lty＝2,col＝"red");abline(h＝2,lty＝2,col＝"red")

运行结果见图 11.3.3。从该图可以看到，标准化残差都落在了区间$[-2,$ $2]$ 之间，且不呈现任何趋势，因此，可以判断模型满足正态性的假定。

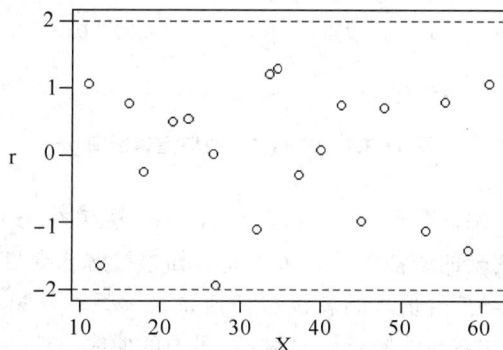

图 11.3.3　模型标准化残差的散点图

另外，在 R 软件中，可以通过 plot( )作出模型诊断的多个图形，这些图形除了可以判断模型的正态性假定外，还可以判断模型是否满足同方差的假定等。对于例 11.3.1，在 R 中输入代码：

par(mfrow＝c(2,2))

plot(model)

运行结果为：

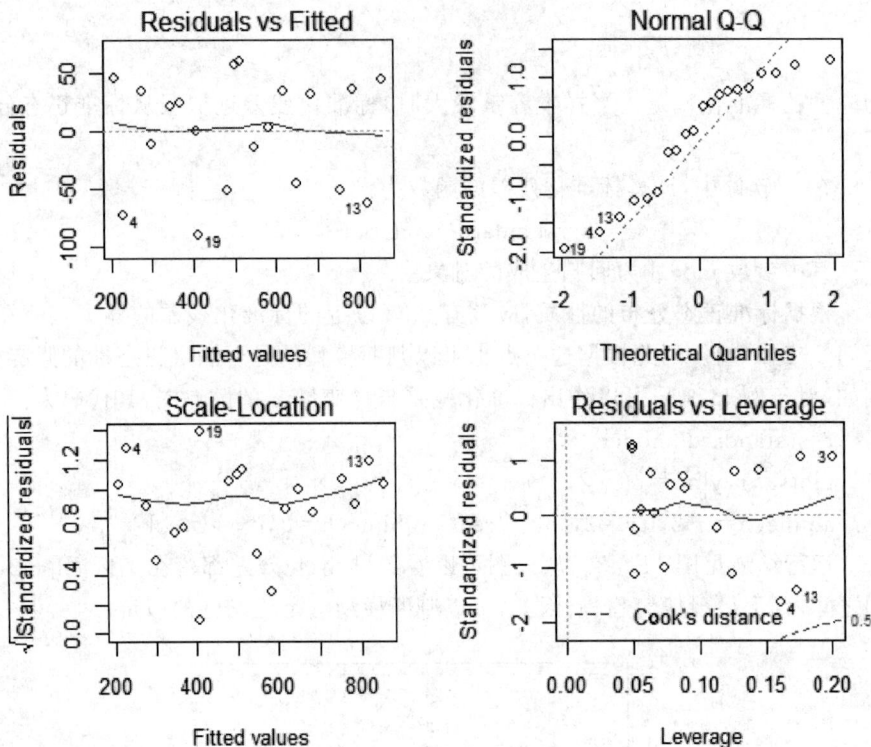

图 11.3.4　例 11.3.1 的模型诊断图

这幅图中第一幅图是残差值与拟合值($\hat{y}$)的散点图，该图可用于判断被解释变量与解释变量的线性关系是否成立。如果被解释变量与解释变量有线性关系，则残差值与拟合值之间就没有任何系统关系。从第一幅图中可以看到，各残差值基本在零轴线附近随机波动，图中的曲线与残差的零轴线没什么差异，因此，可以认为企业产品的销售额(y)与广告投入(x)之间线性关系是成立的。

第二幅图(按行排列)是标准化残差的 QQ 图，该图的功能与图 11.3.1 相同，由该图可以判断模型基本上满足正态性的假定。

第三幅图是位置尺度图，其可用于判断模型同方差的假定是否成立。如果模型满足同方差的假定,则各个散点在水平线周围随机分布。从这幅图可以看到,各个散点确实在水平线附近随机波动,因此可以认为模型满足同方差的假定。

第四幅图是残差与杠杆图,该图可用于鉴别样本数据中是否有离群点、高杠杆点和强影响点。强影响点是可以通过 Cook 距离来识别的,由于这些内容超出本书的内容,这里不再介绍,有兴趣的读者可以查阅相关资料。

第四节　格兰杰(Granger)因果关系检验

一、格兰杰因果关系检验的基本理论

对于两变量 X 和 Y,格兰杰因果关系要求检验以下回归:

$$Y_t = \beta_0 + \sum_{i=1}^{m} \beta_i Y_{t-i} + \sum_{i=1}^{m} \alpha_i X_{t-i} \tag{11.4.1}$$

$$X_t = \delta_0 + \sum_{i=1}^{m} \delta_i X_{t-i} + \sum_{i=1}^{m} \lambda_i Y_{t-i} \tag{11.4.2}$$

可能存在 4 种检验结果:

第一种情况,X 对 Y 有单向影响,表现为(11.4.1)式 X 各滞后项的参数整体不为零,而(11.4.2)式 Y 各滞后项前的参数整体为零;

第二种情况,Y 对 X 有单向影响,表现为(11.4.1)式 Y 各滞后项的参数整体不为零,而(11.4.2)式 X 各滞后项前的参数整体为零;

第三种情况,Y 与 X 之间存在着双向影响,表现为 Y 与 X 各滞后项的参数整体不为零;

第四种情况,Y 与 X 之间不存在影响,表现为 Y 与 X 各滞后项的参数整体为零。

格兰杰因果关系检验是通过受约束的 F 检验完成的。如针对 X 不是 Y 的格兰杰原因这一假设,即针对(11.4.1)式中 X 滞后项前的参数整体为零的假设,分别做包含和不包含 X 滞后项的回归,记前者的残差平方和为 RSS_U,后者的残差平方和为 RSS_R;再计算统计量:

$$F = \frac{(\text{RSS}_R - \text{RSS}_U)/m}{\text{RSS}_U/(n-k-1)} \tag{11.4.3}$$

式中,m 为滞后项的个数,n 为样本容量,k 为无约束回归模型的解释变量的个数。

如果计算的 F 统计量大于给定显著性水平 α 下 F 分布的相应的临界值 $F_\alpha(m, n-k)$,则拒绝原假设,认为 X 是 Y 的格兰杰原因。

要注意的是,模型(11.4.1)和(11.4.2)中滞后阶数 m 的选取是任意的,这实质上是一个判断问题。以 X_t 和 Y_t 为例,如果 X_{t-1} 对 Y_t 存在显著影响,则不必再做滞后阶数更长的检验。一般来说要检验若干个不同滞后阶数的格兰杰因果关系检验,且结论相同时,才可以最终下结论。

二、应用 EViews 进行格兰杰因果关系检验

例 11.4.1 表 11.4.1 给出了我国 1978—2013 年居民实际总量消费支出与可支配收入的数据。显然,我们认为可支配收入 X 的变动影响消费支出 Y 的变动,但从宏观经济及国民经济核算的角度看,消费的增加无疑会拉动产出的增长,从而促进了可支配收入的增长,即居民消费与收入之间可能是互为因果关系的。下面用格兰杰因果关系检验去判断这一观点是否成立。

表 11.4.1 我国 1978—2013 年居民实际总量消费支出与可支配收入
(以 1990 年价计算)

单位:亿元

年份	居民实际可支配收入	居民实际消费支出	年份	居民实际可支配收入	居民实际消费支出
1978	6 678.8	3 806.7	1996	3 3853.7	17 092.5
1979	7 551.6	4 273.2	1997	35 956.2	18 080.6
1980	7 944.2	4 605.5	1998	38 140.9	19 364.1
1981	8 438	5 063.9	1999	40 277	20 989.3
1982	9 235.2	5 482.4	2000	42 964.6	22 863.9
1983	10 074.6	5 983.2	2001	46 385.4	24 370.1
1984	11 565	6 745.7	2002	51 274	26 243.2
1985	11 601.7	7 729.2	2003	57 408.1	28 035
1986	13 036.5	8 210.9	2004	64 623.1	30 306.2
1987	14 627.7	8 840	2005	74 580.4	33 214.4
1988	15 794	9 560.5	2006	85 623.1	36 811.2

续表

年份	居民实际 可支配收入	居民实际 消费支出	年份	居民实际 可支配收入	居民实际 消费支出
1989	15 035.5	9 085.5	2007	96 404.4	42 177
1990	16 525.9	9 450.9	2008	107 419.2	46 168.4
1991	18 939.6	10 375.8	2009	117 152.7	51 454.3
1992	22 056.5	11 815.3	2010	132 321.5	56 732.5
1993	25 897.3	13 004.7	2011	146 598.5	64 608.8
1994	28 783.4	13 944.2	2012	156 111	71 032.4
1995	31 175.4	15 467.9	2013	166 488.8	77 079.9

数据来源：根据《中国统计年鉴(2014)》计算得出。

将表 11.4.1 中的居民实际可支配收入与实际消费支出的数据录入到 EViews 中，变量名分别为 X 和 Y，然后用命令"data　X　Y"打开 X 和 Y 的数据组窗口，然后依次点击 View→Granger Causility，则出现如图 11.4.1 所示的对话框，在该对话框中输入滞后阶数，这里先输入 1，点击 OK，则出现如表 11.4.2 所示的结果。

图 11.4.1　滞后阶数设置窗口

表 11.4.2　一阶格兰杰因果关系检验的结果

Pairwise Granger Causality Tests

Date：08/13/15　Time：07：08

Sample：1978 2013

Lags：1

续表

Null Hypothesis：	Obs	F-Statistic	Prob.
Y does not Granger Cause X	35	3.34303	0.0768
X does not Granger Cause Y		41.1080	3.E—07

从表 11.4.2 可以看到，原假设为"Y 不是 X 的格兰杰原因"的假设检验的 p 值为 0.0768，因此在 0.05 的显著性水平下不拒绝原假设；而原假设为"X 不是 Y 的格兰杰原因"的假设检验的 p 值几乎为 0，因此拒绝原假设，认为 X 是 Y 的格兰杰原因。

在 EViews 中重复上面的操作，并在图 11.4.2 中依次将滞后阶数改为 2 ～8，则出现如表 11.4.3 到表 11.4.9 所示的结果。

表 11.4.3　二阶格兰杰因果关系检验的结果

Pairwise Granger Causality Tests

Date：08/13/15　Time：07：23

Sample：1978 2013

Lags：2

Null Hypothesis：	Obs	F-Statistic	Prob.
Y does not Granger Cause X	34	2.21973	0.1268
X does not Granger Cause Y		26.8340	3.E—07

表 11.4.4　三阶格兰杰因果关系检验的结果

Pairwise Granger Causality Tests

Date：08/13/15　Time：07：24

Sample：1978 2013

Lags：3

Null Hypothesis：	Obs	F-Statistic	Prob.
Y does not Granger Cause X	33	3.14550	0.0421
X does not Granger Cause Y		23.3635	2.E—07

表 11.4.5　四阶格兰杰因果关系检验的结果

Pairwise Granger Causality Tests

Date：08/13/15　Time：07：26

Sample：1978 2013

Lags：4

续表

Null Hypothesis:	Obs	F-Statistic	Prob.
Y does not Granger Cause X	32	3.05703	0.0371
X does not Granger Cause Y		19.5981	4.E-07

表 11.4.6 五阶格兰杰因果关系检验的结果

Pairwise Granger Causality Tests

Date:08/13/15 Time:07:27

Sample:1978 2013

Lags:5

Null Hypothesis:	Obs	F-Statistic	Prob.
Y does not Granger Cause X	31	2.66812	0.0527
X does not Granger Cause Y		13.3583	8.E-06

表 11.4.7 六阶格兰杰因果关系检验的结果

Pairwise Granger Causality Tests

Date:08/13/15 Time:07:28

Sample:1978 2013

Lags:6

Null Hypothesis:	Obs	F-Statistic	Prob.
Y does not Granger Cause X	30	2.21661	0.0920
X does not Granger Cause Y		10.6096	6.E-05

表 11.4.8 七阶格兰杰因果关系检验的结果

Pairwise Granger Causality Tests

Date:08/13/15 Time:07:29

Sample:1978 2013

Lags:7

Null Hypothesis:	Obs	F-Statistic	Prob.
Y does not Granger Cause X	29	0.95976	0.4950
X does not Granger Cause Y		8.02025	0.0005

表 11.4.9   八阶格兰杰因果关系检验的结果

Pairwise Granger Causality Tests

Date：08/13/15   Time：07：30

Sample：1978 2013

Lags：8

Null Hypothesis：	Obs	F-Statistic	Prob.
Y does not Granger Cause X	28	1.01188	0.4790
X does not Granger Cause Y		8.76783	0.0008

　　从上面各阶格兰杰因果关系的检验可以看到，对于所有的滞后阶数，都拒绝了"X 不是 Y 的格兰杰原因"，即均认为 X 是 Y 的格兰杰原因；而对于原假设"Y 不是 X 的格兰杰原因"，除了滞后阶数为 2 和 3 的检验外，其余阶数下的格兰杰因果检验都没有拒绝这一假设，因此可以认为 Y 不是 X 的格兰杰原因。

　　综合上面的检验结果，可以认为我国居民的实际可支配收入是居民实际消费支出的格兰杰原因，而不是相反，即国民收入的增加更大程度地影响消费的增加。

三、应用 R 软件进行格兰杰因果关系检验

　　在 R 软件中，lmtest 包中提供了进行格兰杰因果关系检验的函数——grangertest( )，其使用格式为：

grangertest(x, y, order = 1, na.action = na.omit, …)

　　其中，x 是自变量的数据构成的向量；y 是因变量的数据构成的向量；order 是滞后的阶数；其他参数请参见该函数的在线帮助。

　　对于例 11.4.1，先将居民实际可支配收入与实际消费支出的数据录入到 EXCEL 的两列中，变量名分别为 X 和 Y，并保存为 CSV 文件，文件名为"居民实际总量消费与可支配收入.csv"。则做一阶格兰杰因果关系检验，可以在 R 中输入代码：

```
a＝read.csv("居民实际总量消费与可支配收入.csv")
attach(a)
library(lmtest)
grangertest(X,Y,order＝1)
grangertest(Y,X,order＝1)
```

运行结果为：

Granger causality test

Model 1：Y ~ Lags(Y，1:1) + Lags(X，1:1)

Model 2：Y ~ Lags(Y，1:1)

Res.Df Df   F   Pr(>F)

1   32

2   33 −1 41.108 3.315e−07 * * *

Signif. codes：0 '＊＊＊' 0.001 '＊＊' 0.01 '＊' 0.05 '.' 0.1 ' ' 1

Granger causality test

Model 1：X ~ Lags(X，1:1) + Lags(Y，1:1)

Model 2：X ~ Lags(X，1:1)

  Res.Df Df   F   Pr(>F)

1   32

2   33 −1 3.343 0.07683 .

Signif. codes：0 '＊＊＊' 0.001 '＊＊' 0.01 '＊' 0.05 '.' 0.1 ' ' 1

可以看到,这里的结果与上面用 Eviews 所做的一阶格兰杰因果关系检验的结果是完全相同的。

将上面代码中的"order"参数依次设定为 2~8,则可以得出二阶到八阶的格兰杰因果关系检验的结果。这里请读者自行验证,可以看到所做的结果与 Eviews 完全相同。

第五节　模型设定偏误的检验

一、基本理论概述

模型的设定偏误主要包括三种类型,一是模型包含了无关的解释变量;二是模型遗漏了重要解释变量;三是模型函数形式的选取存在偏误。其中,第一种设定偏误可以通过模型整体显著性的 F 检验和变量的 t 检验来判断;第二种和第三种设定偏误一般用拉姆齐(Ramsey)于 1969 年提出的 RESET 检验来判断。

设有模型：

$$Y_t = \beta_0 + \beta_1 X_t + u_t \tag{11.5.1}$$

RESET 检验是通过在该模型中引入 $\hat{Y}$ 的若干次幂来判断模型是否遗漏了重要解释变量或函数形式设定是否有误的,即考虑模型:

$$Y_t = \beta_0 + \beta_1 X_t + \alpha_1 \hat{Y}_t^2 + \alpha_2 \hat{Y}_t^3 + \cdots + \alpha_{m-1} \hat{Y}_t^m + v_t \tag{11.5.2}$$

若 $\alpha_1, \alpha_2, \cdots, \alpha_{m-1}$ 至少有一个不为 0,则可以认为模型遗漏了重要的解释变量或函数形式设定有误,反之,若 $\alpha_1, \alpha_2, \cdots, \alpha_{m-1}$ 全为 0,则表明模型的设定是正确的。而如何判断 $\alpha_1, \alpha_2, \cdots, \alpha_{m-1}$ 是否全为 0,RESET 检验实际上是应用本章第一节介绍的受约束回归的 F 检验来判断的。

另外,关于(11.5.2)式中 $\hat{Y}$ 的阶数 m 一般取 3,也可以通过观察 $\hat{Y}$ 与 (11.5.1)式的残差 e 的散点图来确定。

二、应用 EViews 进行 RESET 检验

下面以上一节的例 11.4.1 的数据为例,来介绍 EViews 中如何进行 RESET 检验。首先,作 Y 关于 X 的回归,然后在得到的方程窗口依次点击 View →Stability Diagnostics→Ramsey RESET Test,则出现如图 11.5.1 所示的对话框,在该框中填入要引入 $\hat{Y}$ 的幂的个数(即 $m-1$)。在本例中,我们填入 2,则出现如表 11.5.1 所示的结果。

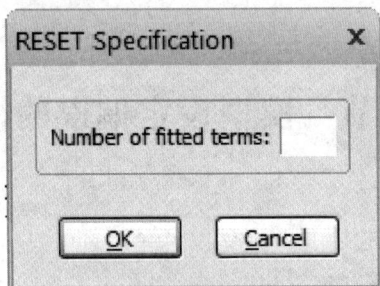

图 11.5.1 RESET 检验设置框

表 11.5.1 模型(11.5.1)的 RESET 检验结果($m=3$)

Ramsey RESET Test

Equation：UNTITLED

Specification：Y C X

Omitted Variables：Powers of fitted values from 2 to 3

	Value	df	Probability
F-statistic	41.51340	(2, 32)	0.0000
Likelihood ratio	46.05945	2	0.0000

从表 11.5.1 所示的结果可以看到，F 统计量的值为 41.5134，对应的 p 值几乎为 0，因此拒绝 $\hat{Y}^2$ 和 $\hat{Y}^3$ 的系数全为 0 的原假设，即认为 α_1,α_2 至少有一个不全为 0，这意味着模型遗漏了重要解释变量或函数的设定存在偏误。

考虑到例 11.4.1 的数据为时间序列数据，居民实际总量消费支出(X)与可支配收入(Y)有着共同的随时间一致变动的趋势，如图 11.5.2 所示。因此，可以考虑在模型中加入反映趋势的时间项。为了确定加入的时间项的幂次，可以重复上面的 RESET 检验，直到 RESET 检验显示没有设定偏误为止。经过反复地试算，这里我们提出在模型(11.5.1)的基础上引入 T 和 T^7(T 为时间项)，即将模型设定为：

$$Y_t=\beta_0+\beta_1 X_t+\gamma_1 T_t+\gamma_1 T_t^7+\varepsilon_t \tag{11.5.3}$$

其中 ε 为模型的随机误差项。

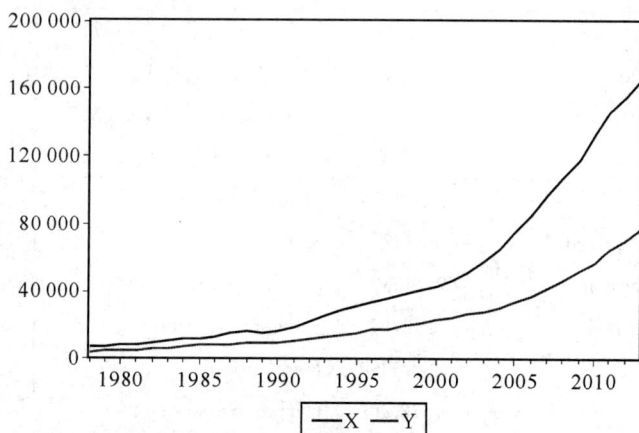

图 11.5.2 我国居民实际总量消费支出与可支配收入的折线图

对模型(11.5.3)进行 RESET 检验,检验的结果如表 11.5.2 所示。可以看到,RESET 检验的 F 统计量为 0.09583,对应的 p 值为 0.9089,因此不拒绝原假设,即可以认为模型(11.5.3)不存在设定偏误。

表 11.5.2   模型(11.5.3)的 RESET 检验结果($m=3$)

Ramsey RESET Test

Equation：UNTITLED

Specification：Y C X T T⁻7

Omitted Variables：Powers of fitted values from 2 to 3

	Value	df	Probability
F-statistic	0.095830	(2，30)	0.9089
Likelihood ratio	0.229260	2	0.8917

表 11.5.3 给出了模型(11.5.3)的估计结果,根据表中的结果可以看到,模型的 F 检验和 t 检验均很显著,拟合优度很高,这也说明模型(11.5.3)是比较合理的。

表 11.5.3   模型(11.5.3)的估计结果

Dependent Variable：Y

Method：Least Squares

Date：08/13/15   Time：17：24

Sample：1978 2013

Included observations：36

Variable	Coefficient	Std. Error	t-Statistic	Prob.
C	1310.260	271.5161	4.825717	0.0000
X	0.223148	0.021287	10.48309	0.0000
T	418.4752	44.06679	9.496387	0.0000
T⁻7	3.04E−07	3.27E−08	9.311315	0.0000
R-squared	0.998969	Mean dependent var		23335.26
Adjusted R-squared	0.998872	S.D. dependent var		20175.49
S.E. of regression	677.6039	Akaike info criterion		15.97944
Sum squared resid	14692707	Schwarz criterion		16.15539
Log likelihood	−283.6300	Hannan-Quinn criter.		16.04085
F-statistic	10332.26	Durbin-Watson stat		0.639507
Prob(F-statistic)	0.000000			

二、应用 R 软件进行 RESET 检验

在 R 软件中，lmtest 包中提供了进行 RESET 检验的函数——resettest()，其使用格式为：

resettest(formula, power = 2:3, type = c("fitted", "regressor","princomp"), data = list())

其中，formula 为待检验的模型公式；power 为要引入的变量的幂次，默认引入 2 到 3 次幂；type 为要引入的变量类型，默认值为"fitted"，表示在原模型中引入被解释变量的拟合值；data 为数据列表。

对模型(11.5.1)进行 RESET 检验，可以在 R 软件中输入代码：

a＝read.csv("居民实际总量消费与可支配收入.csv")

attach(a)

library(lmtest)

resettest(Y～X,power=2:3)

运行结果为：

　　　RESET test

data：　Y ～ X

RESET = 41.5134，df1 = 2，df2 = 32，p－value = 1.287e－09

对模型(11.5.3)进行 RESET 检验，可以在 R 软件中输入代码：

T＝1:36

resettest(Y～X＋T＋I(T^7),power=2:3)

运行结果为：

　　　RESET test

data：　Y ～ X ＋ T ＋ I(T^7)

RESET = 0.0958，df1 = 2，df2 = 30，p－value = 0.9089

可以看到，上面 R 软件得出的结果与 EViews 的结果是完全相同的。

附录 A   本书用到的 R 程序包与函数

附表一   已有的 R 程序包和函数

函数名	用途	首次出现所在的章节	所在程序包	程序包的性质
abline	低水平作图函数,加直线	第一章第二节	graphics	基本程序包
abs	求绝对值	第一章第二节	base	基本程序包
acf	计算时间序列的自相关系数或自协方差	第八章第一节	stats	基本程序包
adf.test	进行 ADF 检验	第八章第一节	tseries	扩展程序包
ADF.test	进行 ADF 检验	第八章第一节	uroot	扩展程序包
apply	应用函数,计算数组的各种运算	第一章第二节	base	基本程序包
ar	拟合时间序列的自回归模型	第八章第二节	stats	基本程序包
arima	拟合时间序列的 ARIMA 模型	第八章第二节	stats	基本程序包
arma	拟合时间序列的 AR-MA 模型	第八章第二节	tseries	扩展程序包
as.matrix	转化为矩阵	第三章第二节	base	基本程序包
attach	连接数据框或列表函数	第一章第二节	base	基本程序包
axis	低水平作图函数,边上加标记	第一章第二节	graphics	基本程序包
bgtest	进行 LM 检验(也称为 BG 检验)	第四章第二节	lmtest	扩展程序包
c	向量建立函数	第一章第二节	base	基本程序包
chind	按列合并矩阵	第一章第二节	base	基本程序包

续表

函数名	用途	首次出现所在的章节	所在程序包	程序包的性质
chow.test	进行邹检验	第十一章第二节	gap	扩展程序包
coef	提取回归系数	第二章第一节	stats	基本程序包
confint	计算回归系数的置信区间	第二章第一节	stats	基本程序包
cor	计算相关矩阵	第五章第二节	stats	基本程序包
data.frame	生成数据框	第一章第二节	base	基本程序包
det	计算矩阵的行列式	第一章第二节	base	基本程序包
deviance	提取残差平方和	第二章第一节	stats	基本程序包
diag	提取矩阵的迹，或根据向量生成对角矩阵	第一章第二节	base	基本程序包
diff	计算序列的差分（默认是滞后1期的1阶差分）	第八章第一节	base	基本程序包
dwtest	进行 DW 检验	第四章第二节	lmtest	扩展程序包
eigen	求矩阵的特征值与特征向量	第一章第二节	base	基本程序包
fitted	提取模型的拟合值	第九章第二节	stats	基本程序包
fixef	提取模型的固定效应	第十章第三节	plm	扩展程序包
forecast	用于时间序列模型的预测	第八章第二节	forecast	扩展程序包
glm	计算广义线性模型的函数	第九章第二节	stats	基本程序包
gqtest	进行 G－Q 检验	第三章第二节	lmtest	扩展程序包
grangertest	进行格兰杰因果关系检验	第十一章第四节	lmtest	扩展程序包
help	帮助函数	第一章第二节	utils	基本程序包
I	改变一个对象的类	第二章第二节	base	基本程序包
install.packages	安装程序包的函数	第一章第二节	utils	基本程序包
ivreg	进行工具变量回归	第六章第一节	AER	扩展程序包
jarqueberaTest	进行 JB 检验	第十一章第三节	fBasics	扩展程序包

续表

函数名	用途	首次出现所在的章节	所在程序包	程序包的性质
jbTest	进行 JB 检验	第十一章第三节	fBasics	扩展程序包
kappa	计算矩阵的条件数	第五章第二节	base	基本程序包
ks.test	进行 K-S 检验	第十一章第三节	stats	基本程序包
legend	增加图例的函数	第六章第二节	graphics	基本程序包
length	计算向量的长度	第一章第二节	base	基本程序包
lht	linear.hypothesis 的简写，用于线性约束检验	第十一章第一节	car	扩展程序包
library	加载程序包的函数	第一章第二节	base	基本程序包
linear.hypothesis	进行线性约束检验	第十一章第一节	car	扩展程序包
lines	画直线；低水平作图函数，在原图上加线	第一章第二节	graphics	基本程序包
list	生成列表	第一章第二节	base	基本程序包
lm	作线性回归	第二章第一节	stats	基本程序包
lm.ridge	作岭回归	第五章第二节	MASS	扩展程序包（但不需安装，只需载入内存即可）
lrtest	进行似然比检验	第九章第二节	lmtest	扩展程序包
matrix	生成矩阵	第一章第二节	base	基本程序包
max	求数据的最大值	第一章第二节	base	基本程序包
mean	计算数据的算术平均值	第一章第二节	base	基本程序包
median	计算数据的中位数	第一章第二节	base	基本程序包
min	求数据的最小值	第一章第二节	base	基本程序包
names	用来获取或设置对象的名称	第六章第一节	base	基本程序包
ncol	取矩阵的列数	第一章第二节	base	基本程序包
nrow	取矩阵的行数	第一章第二节	base	基本程序包

续表

函数名	用途	首次出现所在的章节	所在程序包	程序包的性质
numeric	创建数值型的向量	第四章第二节	base	基本程序包
order	计算顺序统计量的下标	第一章第二节	base	基本程序包
par	图形参数设置函数	第一章第二节	graphics	基本程序包
pchisq	计算卡方分布的分位数	第三章第二节	stats	基本程序包
pdim	检查面板数据是否平衡	第十章第二节	plm	扩展程序包
pf	计算 F 分布的分位数	第四章第二节	stats	基本程序包
pFtest	固定效应的 F 检验	第十章第三节	plm	扩展程序包
phtest	面板数据模型的 Hausman 检验	第十章第三节	plm	扩展程序包
plm	作面板数据的线性回归	第十章第三节	plm	扩展程序包
plm.data	生成面板数据	第十章第三节	plm	扩展程序包
plmtest	固定效应与随机效应的 LM 检验	第十章第三节	plm	扩展程序包
plot	绘制散点图（基本用法）	第一章第二节	graphics	基本程序包
points	低级水平作图函数，加点	第一章第二节	graphics	基本程序包
predict	模型预测	第二章第一节	stats	基本程序包
princomp	计算主成分分析	第五章第二节	stats	基本程序包
prod	连乘积函数	第一章第二节	base	基本程序包
pvcm	估计变系数面板数据模型	第十章第三节	plm	扩展程序包
qqline	在正态 QQ 图中添加合适的直线	第十一章第三节	stats	基本程序包
qqnorm	作正态 QQ 图	第十一章第三节	stats	基本程序包
rbind	按行合并矩阵	第一章第二节	base	基本程序包

续表

函数名	用途	首次出现所在的章节	所在程序包	程序包的性质
read.csv	读取 EXCEL 表的 CSV 文件	第一章第二节	utils	基本程序包
rep	产生重复的数列	第一章第二节	base	基本程序包
resettest	进行 RESET 检验	第十一章第五节	lmtest	扩展程序包
resid	提取回归模型的残差	第二章第一节	stats	基本程序包
rownames	提取矩阵行的名称	第五章第二节	base	基本程序包
rstandard	计算标准化残差	第十一章第三节	stats	基本程序包
sd	计算样本标准差	第一章第二节	stats	基本程序包
select	用于岭回归岭迹的选取	第五章第二节	MASS	扩展程序包（但不需安装，只需载入内存即可）
seq	产生等间隔数列	第一章第二节	base	基本程序包
shapiro.test	进行 Shapiro — Wilk 检验	第十一章第三节	stats	基本程序包
solve	解线性方程组、矩阵求逆	第一章第二节	base	基本程序包
sort	计算顺序统计量	第一章第二节	base	基本程序包
source	从文本文件中读取代码并运行	第三章第二节	base	基本程序包
sqrt	开方函数	第一章第二节	base	基本程序包
step	作逐步回归	第五章第二节	stats	基本程序包
sum	求和函数	第一章第二节	base	基本程序包
summary	泛型函数，用于提取模型信息	第二章第一节	stats	基本程序包
Surv	创建一个生存的对象，通常用来作为一个模型响应变量	第九章第一节	survival	扩展程序包
survreg	进行生成分析的函数	第九章第一节	survival	扩展程序包
systemfit	估计联立方程模型	第七章第二节	systemfit	扩展程序包

续表

函数名	用途	首次出现所在的章节	所在程序包	程序包的性质
t	矩阵的转置函数	第一章第二节	base	基本程序包
text	低水平作图函数，加文字	第一章第二节	graphics	基本程序包
title	低水平作图函数，加标记	第一章第二节	graphics	基本程序包
tobit	估计 Tobit 回归模型	第九章第一节	AER	扩展程序包
ur.df	进行单位根检验	第八章第一节	urca	扩展程序包
urdfTest	进行单位根检验	第八章第一节	fUnitRoots	扩展程序包
var	计算样本方差	第一章第二节	stats	基本程序包
vif	计算线性回归模型的方差膨胀因子	第五章第二节	car	扩展程序包
waldtest	进行 Wald 检验	第十一章第一节	lmtest	扩展程序包

附表二　本书自编写的 ecosup 包中的 R 函数及其用途

函数名	用途	所在章节
almon.trans	阿尔蒙变换下的系数转换函数	第六章第三节
BGtest	进行 LM 检验（也称为 BG 检验）	第四章第二节
cross	计算交叉相关系数	第六章第三节
gdm	实现基于科克伦——奥科特迭代下的广义差分法	第四章第二节
GQtest	进行 G－Q 检验	第三章第二节
hautest	豪斯曼内生性检验函数	第六章第一节
pdl	实现阿尔蒙变换的函数	第六章第三节
prc.trans	主成分回归模型的系数转换函数	第五章第二节
whtest	进行 White 检验	第四章第二节

附录 B 检验用表

附表一 t 分布分位数表（上侧）

df \ α	0.100	0.050	0.025	0.010	0.005	0.001	0.0005
1	3.0777	6.3138	12.7062	31.8205	63.6567	318.3088	636.6192
2	1.8856	2.9200	4.3027	6.9646	9.9248	22.3271	31.5991
3	1.6377	2.3534	3.1824	4.5407	5.8409	10.2145	12.9240
4	1.5332	2.1318	2.7764	3.7469	4.6041	7.1732	8.6103
5	1.4759	2.0150	2.5706	3.3649	4.0321	5.8934	6.8688
6	1.4398	1.9432	2.4469	3.1427	3.7074	5.2076	5.9588
7	1.4149	1.8946	2.3646	2.9980	3.4995	4.7853	5.4079
8	1.3968	1.8595	2.3060	2.8965	3.3554	4.5008	5.0413
9	1.3830	1.8331	2.2622	2.8214	3.2498	4.2968	4.7809
10	1.3722	1.8125	2.2281	2.7638	3.1693	4.1437	4.5869
11	1.3634	1.7959	2.2010	2.7181	3.1058	4.0247	4.4370
12	1.3562	1.7823	2.1788	2.6810	3.0545	3.9296	4.3178
13	1.3502	1.7709	2.1604	2.6503	3.0123	3.8520	4.2208
14	1.3450	1.7613	2.1448	2.6245	2.9768	3.7874	4.1405
15	1.3406	1.7531	2.1314	2.6025	2.9467	3.7328	4.0728
16	1.3368	1.7459	2.1199	2.5835	2.9208	3.6862	4.0150
17	1.3334	1.7396	2.1098	2.5669	2.8982	3.6458	3.9651
18	1.3304	1.7341	2.1009	2.5524	2.8784	3.6105	3.9216
19	1.3277	1.7291	2.0930	2.5395	2.8609	3.5794	3.8834
20	1.3253	1.7247	2.0860	2.5280	2.8453	3.5518	3.8495

续表

df \ α	0.100	0.050	0.025	0.010	0.005	0.001	0.0005
21	1.3232	1.7207	2.0796	2.5176	2.8314	3.5272	3.8193
22	1.3212	1.7171	2.0739	2.5083	2.8188	3.5050	3.7921
23	1.3195	1.7139	2.0687	2.4999	2.8073	3.4850	3.7676
24	1.3178	1.7109	2.0639	2.4922	2.7969	3.4668	3.7454
25	1.3163	1.7081	2.0595	2.4851	2.7874	3.4502	3.7251
26	1.3150	1.7056	2.0555	2.4786	2.7787	3.4350	3.7066
27	1.3137	1.7033	2.0518	2.4727	2.7707	3.4210	3.6896
28	1.3125	1.7011	2.0484	2.4671	2.7633	3.4082	3.6739
29	1.3114	1.6991	2.0452	2.4620	2.7564	3.3962	3.6594
30	1.3104	1.6973	2.0423	2.4573	2.7500	3.3852	3.6460
40	1.3031	1.6839	2.0211	2.4233	2.7045	3.3069	3.5510
60	1.2958	1.6706	2.0003	2.3901	2.6603	3.2317	3.4602
120	1.2886	1.6577	1.9799	2.3578	2.6174	3.1595	3.3735
∞	1.2816	1.6449	1.9600	2.3263	2.5758	3.0902	3.2905

注：$P(t > t_\alpha(df)) = \alpha$，其中 α 为显著性水平，df 为自由度。

附表二　卡方分布分位数表(上侧)

df＼α	0.995	0.975	0.20	0.10	0.05	0.025	0.02	0.01	0.005	0.002	0.001
1	0.0000393	0.000982	1.642	2.706	3.841	5.024	5.412	6.635	7.879	9.550	10.828
2	0.0100	0.0506	3.219	4.605	5.991	7.378	7.824	9.210	10.597	12.429	13.816
3	0.0717	0.216	4.642	6.251	7.815	9.348	9.837	11.345	12.838	14.796	16.266
4	0.207	0.484	5.989	7.779	9.488	11.143	11.668	13.277	14.860	16.924	18.467
5	0.412	0.831	7.289	9.236	11.070	12.833	13.388	15.086	16.750	18.907	20.515
6	0.676	1.237	8.558	10.645	12.592	14.449	15.033	16.812	18.548	20.791	22.458
7	0.989	1.690	9.803	12.017	14.067	16.013	16.622	18.475	20.278	22.601	24.322
8	1.344	2.180	11.030	13.362	15.507	17.535	18.168	20.090	21.955	24.352	26.124
9	1.735	2.700	12.242	14.684	16.919	19.023	19.679	21.666	23.589	26.056	27.877
10	2.156	3.247	13.442	15.987	18.307	20.483	21.161	23.209	25.188	27.722	29.588
11	2.603	3.816	14.631	17.275	19.675	21.920	22.618	24.725	26.757	29.354	31.264
12	3.074	4.404	15.812	18.549	21.026	23.337	24.054	26.217	28.300	30.957	32.909
13	3.565	5.009	16.985	19.812	22.362	24.736	25.472	27.688	29.819	32.535	34.528
14	4.075	5.629	18.151	21.064	23.685	26.119	26.873	29.141	31.319	34.091	36.123
15	4.601	6.262	19.311	22.307	24.996	27.488	28.259	30.578	32.801	35.628	37.697
16	5.142	6.908	20.465	23.542	26.296	28.845	29.633	32.000	34.267	37.146	39.252
17	5.697	7.564	21.615	24.769	27.587	30.191	30.995	33.409	35.718	38.648	40.790
18	6.265	8.231	22.760	25.989	28.869	31.526	32.346	34.805	37.156	40.136	42.312
19	6.844	8.907	23.900	27.204	30.144	32.852	33.687	36.191	38.582	41.610	43.820
20	7.434	9.591	25.038	28.412	31.410	34.170	35.020	37.566	39.997	43.072	45.315
21	8.034	10.283	26.171	29.615	32.671	35.479	36.343	38.932	41.401	44.522	46.797
22	8.643	10.982	27.301	30.813	33.924	36.781	37.659	40.289	42.796	45.962	48.268
23	9.260	11.689	28.429	32.007	35.172	38.076	38.968	41.638	44.181	47.391	49.728
24	9.886	12.401	29.553	33.196	36.415	39.364	40.270	42.980	45.559	48.812	51.179
25	10.520	13.120	30.675	34.382	37.652	40.646	41.566	44.314	46.928	50.223	52.620
26	11.160	13.844	31.795	35.563	38.885	41.923	42.856	45.642	48.290	51.627	54.052
27	11.808	14.573	32.912	36.741	40.113	43.195	44.140	46.963	49.645	53.023	55.476
28	12.461	15.308	34.027	37.916	41.337	44.461	45.419	48.278	50.993	54.411	56.892
29	13.121	16.047	35.139	39.087	42.557	45.722	46.693	49.588	52.336	55.792	58.301
30	13.787	16.791	36.250	40.256	43.773	46.979	47.962	50.892	53.672	57.167	59.703

注：$P(\chi^2 > \chi^2_\alpha(df)) = \alpha$，其中 α 为显著性水平，df 为自由度。

附表三 F 分布分位数表(上侧,$\alpha = 0.05$)

f_2 \ f_1	1	2	3	4	5	6	7	8	9	10	20	∞
1	161.448	199.500	215.707	224.583	230.162	233.986	236.768	238.883	240.543	241.882	248.013	254.313
2	18.513	19.000	19.164	19.247	19.296	19.330	19.353	19.371	19.385	19.396	19.446	19.496
3	10.128	9.552	9.277	9.117	9.013	8.941	8.887	8.845	8.812	8.786	8.660	8.526
4	7.709	6.944	6.591	6.388	6.256	6.163	6.094	6.041	5.999	5.964	5.803	5.628
5	6.608	5.786	5.409	5.192	5.050	4.950	4.876	4.818	4.772	4.735	4.558	4.365
6	5.987	5.143	4.757	4.534	4.387	4.284	4.207	4.147	4.099	4.060	3.874	3.669
7	5.591	4.737	4.347	4.120	3.972	3.866	3.787	3.726	3.677	3.637	3.445	3.230
8	5.318	4.459	4.066	3.838	3.687	3.581	3.500	3.438	3.388	3.347	3.150	2.928
9	5.117	4.256	3.863	3.633	3.482	3.374	3.293	3.230	3.179	3.137	2.936	2.707
10	4.965	4.103	3.708	3.478	3.326	3.217	3.135	3.072	3.020	2.978	2.774	2.538
11	4.844	3.982	3.587	3.357	3.204	3.095	3.012	2.948	2.896	2.854	2.646	2.404
12	4.747	3.885	3.490	3.259	3.106	2.996	2.913	2.849	2.796	2.753	2.544	2.296
13	4.667	3.806	3.411	3.179	3.025	2.915	2.832	2.767	2.714	2.671	2.459	2.206
14	4.600	3.739	3.344	3.112	2.958	2.848	2.764	2.699	2.646	2.602	2.388	2.131
15	4.543	3.682	3.287	3.056	2.901	2.790	2.707	2.641	2.588	2.544	2.328	2.066
16	4.494	3.634	3.239	3.007	2.852	2.741	2.657	2.591	2.538	2.494	2.276	2.010
17	4.451	3.592	3.197	2.965	2.810	2.699	2.614	2.548	2.494	2.450	2.230	1.960
18	4.414	3.555	3.160	2.928	2.773	2.661	2.577	2.510	2.456	2.412	2.191	1.917
19	4.381	3.522	3.127	2.895	2.740	2.628	2.544	2.477	2.423	2.378	2.155	1.878
20	4.351	3.493	3.098	2.866	2.711	2.599	2.514	2.447	2.393	2.348	2.124	1.843
21	4.325	3.467	3.072	2.840	2.685	2.573	2.488	2.420	2.366	2.321	2.096	1.812
22	4.301	3.443	3.049	2.817	2.661	2.549	2.464	2.397	2.342	2.297	2.071	1.783
23	4.279	3.422	3.028	2.796	2.640	2.528	2.442	2.375	2.320	2.275	2.048	1.757
24	4.260	3.403	3.009	2.776	2.621	2.508	2.423	2.355	2.300	2.255	2.027	1.733
25	4.242	3.385	2.991	2.759	2.603	2.490	2.405	2.337	2.282	2.236	2.007	1.711
26	4.225	3.369	2.975	2.743	2.587	2.474	2.388	2.321	2.265	2.220	1.990	1.691

续表

f_1 / f_2	1	2	3	4	5	6	7	8	9	10	20	∞
27	4.210	3.354	2.960	2.728	2.572	2.459	2.373	2.305	2.250	2.204	1.974	1.672
28	4.196	3.340	2.947	2.714	2.558	2.445	2.359	2.291	2.236	2.190	1.959	1.654
29	4.183	3.328	2.934	2.701	2.545	2.432	2.346	2.278	2.223	2.177	1.945	1.638
30	4.171	3.316	2.922	2.690	2.534	2.421	2.334	2.266	2.211	2.165	1.932	1.622
40	4.085	3.232	2.839	2.606	2.449	2.336	2.249	2.180	2.124	2.077	1.839	1.509
50	4.034	3.183	2.790	2.557	2.400	2.286	2.199	2.130	2.073	2.026	1.784	1.438
60	4.001	3.150	2.758	2.525	2.368	2.254	2.167	2.097	2.040	1.993	1.748	1.389
80	3.960	3.111	2.719	2.486	2.329	2.214	2.126	2.056	1.999	1.951	1.703	1.325
100	3.936	3.087	2.696	2.463	2.305	2.191	2.103	2.032	1.975	1.927	1.676	1.283
125	3.917	3.069	2.677	2.444	2.287	2.172	2.084	2.013	1.956	1.907	1.655	1.248
150	3.904	3.056	2.665	2.432	2.274	2.160	2.071	2.001	1.943	1.894	1.641	1.223
300	3.873	3.026	2.635	2.402	2.244	2.129	2.040	1.969	1.911	1.862	1.606	1.150
500	3.860	3.014	2.623	2.390	2.232	2.117	2.028	1.957	1.899	1.850	1.592	1.113
∞	3.841	2.996	2.605	2.372	2.214	2.099	2.010	1.938	1.880	1.831	1.571	1.000

注:$P(F > F_{0.05}(f_1, f_2)) = 0.05$,其中 f_1 为分子自由度,f_2 为分母自由度。

附表四　**D.W.检验临界值表（$\alpha=0.05$）**

T	$k=1$		$k=2$		$k=3$		$k=4$		$k=5$	
	d_L	d_U	d_L	d_U	d_L	d_U	d_L	d_U	d_L	d_U
15	1.08	1.36	0.95	1.54	0.82	1.75	0.69	1.97	0.56	2.21
16	1.10	1.37	0.98	1.54	0.86	1.73	0.74	1.93	0.62	2.15
17	1.13	1.38	1.02	1.54	0.90	1.71	0.78	1.90	0.67	2.10
18	1.16	1.39	1.05	1.53	0.93	1.69	0.82	1.87	0.71	2.06
19	1.18	1.40	1.08	1.53	1.97	1.68	0.86	1.85	0.75	2.02
20	1.20	1.41	1.10	1.54	1.00	1.68	0.90	1.83	0.79	1.99
21	1.22	1.42	1.13	1.54	1.03	1.67	0.93	1.81	0.83	1.96
22	1.24	1.43	1.15	1.54	1.05	1.66	0.96	1.80	0.86	1.94
23	1.26	1.44	1.17	1.54	1.08	1.66	0.99	1.79	0.90	1.92
24	1.27	1.45	1.19	1.55	1.10	1.66	1.01	1.78	0.93	1.90
25	1.29	1.45	1.21	1.55	1.12	1.66	1.04	1.77	0.95	1.89
26	1.30	1.46	1.22	1.55	1.14	1.65	1.06	1.76	0.98	1.88
27	1.32	1.47	1.24	1.56	1.16	1.65	1.08	1.76	1.01	1.86
28	1.33	1.48	1.26	1.56	1.18	1.65	1.10	1.75	1.03	1.85
29	1.34	1.48	1.27	1.56	1.20	1.65	1.12	1.74	1.05	1.84
30	1.35	1.49	1.28	1.57	1.21	1.65	1.14	1.74	1.07	1.83
31	1.36	1.50	1.30	1.57	1.23	1.65	1.16	1.74	1.09	1.83
32	1.37	1.50	1.31	1.57	1.24	1.65	1.18	1.73	1.11	1.82
33	1.38	1.51	1.32	1.58	1.26	1.65	1.19	1.73	1.13	1.81
34	1.39	1.51	1.33	1.58	1.27	1.65	1.21	1.73	1.15	1.81
35	1.40	1.52	1.34	1.58	1.28	1.65	1.22	1.73	1.16	1.80
36	1.41	1.52	1.35	1.59	1.29	1.65	1.24	1.73	1.18	1.80
37	1.42	1.53	1.36	1.59	1.31	1.66	1.25	1.72	1.19	1.80
38	1.43	1.54	1.37	1.59	1.32	1.66	1.26	1.72	1.21	1.79
39	1.43	1.54	1.38	1.60	1.33	1.66	1.27	1.72	1.22	1.79

续表

T	$k=1$		$k=2$		$k=3$		$k=4$		$k=5$	
	d_L	d_U	d_L	d_U	d_L	d_U	d_L	d_U	d_L	d_U
40	1.44	1.54	1.39	1.60	1.34	1.66	1.29	1.72	1.23	1.79
45	1.48	1.57	1.43	1.62	1.38	1.67	1.34	1.72	1.29	1.78
50	1.50	1.59	1.46	1.63	1.42	1.67	1.38	1.72	1.34	1.77
55	1.53	1.60	1.49	1.64	1.45	1.68	1.41	1.72	1.38	1.77
60	1.55	1.62	1.51	1.65	1.48	1.69	1.44	1.73	1.41	1.77
65	1.57	1.63	1.54	1.66	1.50	1.70	1.47	1.73	1.44	1.77
70	1.58	1.64	1.55	1.67	1.52	1.70	1.49	1.74	1.46	1.77
75	1.60	1.65	1.57	1.68	1.54	1.71	1.51	1.74	1.49	1.77
80	1.61	1.66	1.59	1.69	1.56	1.72	1.53	1.74	1.51	1.77
85	1.62	1.67	1.60	1.70	1.57	1.72	1.55	1.75	1.52	1.77
90	1.63	1.68	1.61	1.70	1.59	1.73	1.57	1.75	1.54	1.78
100	1.65	1.69	1.63	1.72	1.61	1.74	1.59	1.76	1.57	1.78

注:1.α 表示显著性水平,T 表示样本容量,k 表示模型中解释变量的个数(不包括常数项);

2.d_U 和 d_L 分别表示 D.W.检验上临界值和下临界值。

附表五   ADF 检验临界值表

模型	统计量	样本容量	显著性水平			
			0.01	0.025	0.05	0.10
1	τ_δ	25	−2.66	−2.26	−1.95	−1.60
		50	−2.62	−2.25	−1.95	−1.61
		100	−2.60	−2.24	−1.95	−1.61
		250	−2.58	−2.23	−1.95	−1.61
		500	−2.58	−2.23	−1.95	−1.61
		>500	−2.58	−2.23	−1.95	−1.61
2	τ_δ	25	−3.75	−3.33	−3.00	−2.62
		50	−3.58	−3.22	−2.93	−2.60
		100	−3.51	−3.17	−2.89	−2.58
		250	−3.46	−3.14	−2.88	−2.57
		500	−3.44	−3.13	−2.87	−2.57
		>500	−3.43	−3.12	−2.86	−2.57
	τ_α	25	3.41	2.97	2.61	2.20
		50	3.28	2.89	2.56	2.18
		100	3.22	2.86	2.54	2.17
		250	3.19	2.84	2.53	2.16
		500	3.18	2.83	2.52	2.16
		>500	3.18	2.83	2.52	2.16

续表

模型	统计量	样本容量	显著性水平			
			0.01	0.025	0.05	0.10
3	τ_δ	25	−4.38	−3.95	−3.60	−3.24
		50	−4.15	−3.80	−3.50	−3.18
		100	−4.04	−3.73	−3.45	−3.15
		250	−3.99	−3.69	−3.43	−3.13
		500	−3.98	−3.68	−3.42	−3.13
		>500	−3.96	−3.66	−3.41	−3.12
	τ_a	25	4.05	3.59	3.20	2.77
		50	3.87	3.47	3.14	2.75
		100	3.78	3.42	3.11	2.73
		250	3.74	3.39	3.09	2.73
		500	3.72	3.38	3.08	2.72
		>500	3.71	3.38	3.08	2.72
	τ_β	25	3.74	3.25	2.85	2.39
		50	3.60	3.18	2.81	2.38
		100	3.53	3.14	2.79	2.38
		250	3.49	3.12	2.79	2.38
		500	3.48	3.11	2.78	2.38
		>500	3.46	3.11	2.78	2.38

注:这里的模型 1,2,3 分别对应的是第八章第一节的模型(8.1.4)～模型(8.1.6)。

附表六 协整检验临界值表

N	模型形式	α	f_∞	s.e.	f_1	f_2
1	无常数项,无趋势项	0.01	−2.5658	(0.0023)	−1.960	−10.04
		0.05	−1.9393	(0.0008)	−0.398	0.0
		0.10	−1.6156	(0.0007)	−0.181	0.0
1	常数项,无趋势项	0.01	−3.4336	(0.0024)	−5.999	−29.25
		0.05	−2.8621	(0.0011)	−2.738	−8.36
		0.10	−2.5671	(0.0009)	−1.438	−4.48
1	常数项,趋势项	0.01	−3.9638	(0.0019)	−8.353	−47.44
		0.05	−3.4126	(0.0012)	−4.039	−17.83
		0.10	−3.1279	(0.0009)	−2.418	−7.58
2	常数项,无趋势项	0.01	−3.9001	(0.0022)	−10.534	−30.03
		0.05	−3.3377	(0.0012)	−5.967	−8.98
		0.10	−3.0462	(0.0009)	−4.069	−5.73
2	常数项,趋势项	0.01	−4.3266	(0.0022)	−15.531	−34.03
		0.05	−3.7809	(0.0013)	−9.421	−15.06
		0.10	−3.4959	(0.0009)	−7.203	−4.01
3	常数项,无趋势项	0.01	−4.2981	(0.0023)	−13.790	−46.37
		0.05	−3.7429	(0.0012)	−8.352	−13.41
		0.10	−3.4518	(0.0010)	−6.241	−2.79
3	常数项,无趋势项	0.01	−4.6676	(0.0022)	−18.492	−49.35
		0.05	−4.1193	(0.0011)	−12.024	−13.13
		0.10	−3.8344	(0.0009)	−9.188	−4.85
4	常数项,无趋势项	0.01	−4.6493	(0.0023)	−17.188	−59.20
		0.05	−4.1000	(0.0012)	−10.745	−21.57
		0.10	−3.8110	(0.0009)	−8.317	−5.19
4	常数项,趋势项	0.01	−4.9695	(0.0021)	−22.504	−50.22
		0.05	−4.4294	(0.0012)	−14.501	−19.54

续表

N	模型形式	α	f_∞	s.e.	f_1	f_2
		0.10	−4.1474	(0.0010)	−11.165	−9.88
5	常数项,无趋势项	0.01	−4.9587	(0.0026)	−22.140	−37.29
		0.05	−4.4185	(0.0013)	−13.641	−21.16
		0.10	−4.1327	(0.0009)	−10.638	−5.48
5	常数项,趋势项	0.01	−5.2497	(0.0024)	−26.606	−49.56
		0.05	−4.7154	(0.0013)	−17.432	−16.50
		0.10	−4.4345	(0.0010)	−13.654	−5.77
6	常数项,无趋势项	0.01	−5.2400	(0.0029)	−26.278	−41.65
		0.05	−4.7048	(0.0018)	−17.120	−11.17
		0.10	−4.4242	(0.0010)	−13.347	0.0
6	常数项,趋势项	0.01	−5.5127	(0.0033)	−30.735	−52.50
		0.05	−4.9767	(0.0017)	−20.883	−9.05
		0.10	−4.6999	(0.0011)	−16.445	0.0

注:1.临界值计算公式是 $C_{(\alpha)} = \varphi_\infty + \varphi_1 T^{-1} + \varphi_2 T^{-2}$,其中 T 表示样本容量。

2.N 表示协整回归式中所含变量个数,α表示检验水平。

图书在版编目(CIP)数据

计量经济学实验教程:**基于 EViews 和 R 软件的应用**/汪朋,张剑雄编著.
一厦门:厦门大学出版社,2015.9(2021.1 重印)
ISBN 978-7-5615-5715-0

Ⅰ.①计…　Ⅱ.①汪…②张…　Ⅲ.①计量经济学-实验-高等学校-教材
Ⅳ.①F224.0-33

中国版本图书馆 CIP 数据核字(2015)第 188158 号

官方合作网络销售商:　dangdang 当当.com　亚马逊 amazon.cn　JD.COM 京东

厦门大学出版社出版发行

(地址:厦门市软件园二期望海路 39 号　邮编:361008)
总 编 办 电 话:0592-2182177　传真:0592-2181406
营销中心电话:0592-2184458　传真:0592-2181365
网址:http://www.xmupress.com
邮箱:xmup @ xmupress.com
厦门集大印刷厂印刷
2015 年 9 月第 1 版　2021 年 1 月第 3 次印刷
开本:720×1 000　1/16　印张:19.25　插页:2
字数:330 千字
定价:42.00 元
本书如有印装质量问题请直接寄承印厂调换